폭락장에도
텐배거는 있다

10 BAGGER

주식을 이기고 싶은 개인 투자자를 위한 필독서

폭락장에도 텐배거는 있다

강준혁 지음

해의시간

추천의 글

이상화 선수는 2010년 밴쿠버 동계올림픽에서 '여자 스피드스케이팅 500미터' 부문 금메달을 획득했다. 2013년에는 이 분야 세계신기록도 세웠다. 마른 땅 위를 걷는 것보다 빙상 위에서 더 자유롭게 활개를 펴는 선수였다. 그런 그녀가 모 TV 프로그램 피겨스케이팅을 배우는 이벤트에서 시청자 모두를 깜짝 놀라게 했다. 얼음 위에서 제대로 서지도 못하고 넘어질까 봐 덜덜 떨다가 꽈당 하며 여러 차례 엉덩방아를 찧었기 때문이다. 스케이팅이 다 비슷할 거라고 생각했는데, 스피드스케이팅과 피겨스케이팅은 전혀 다른 세계라고 한다. 같은 스피드스케이팅이라도 거리에 따라 자신을 특화해야 우승 확률도 높아진다는 것이다. 필요한 신체 조건, 호흡이나 속도를 조절하는 포인트가 각기 다르기 때문일 것이다.

　이런 당연한 이야기를 하는 이유는 주식 투자에서 이 상식이 안 지켜지고 있기 때문이다. 그래서 저자는 "당신은 어떤 투자자입니까?"라는 질문을 독자에게 던진다. 그리고 선택한 투자 방향에 충실해야 한다고 주장한다. 투자자가 돈을 잃지 않고 투자에 성공하려면 자기가 잘할 수 있는 분야를 선택해서 투자 방식도 그에 맞게 특화해야 한다는 것이다. 그런데 일반 투자자들은 투자 방식을 선택해야 한다는 생각은 하지도 않고 분야를 여기저기 넘나들며 수익을 내고 싶어 한다. 그러다 대부분 돈을 잃고 주식 시장을 떠나거나 의도치 않은 장기 투자자가 되어 속을 끓인다. 이런 태도는 마치 별다른 훈련 없이 스피드 스케이팅과 피겨스케이팅을 넘나들거나 100미터, 500미터, 1000미터 등 여기저기 출전해서 우승하려는 것과 비슷하다. 선수라면 누가 봐도 비난받을 만한 자세다. 현실에서는 국가대표 선발전에서 탈락할 것이 뻔하다. 그런데 주식 투자자들은 자신이 그런 선수와 유사하다는 것을 깨닫지 못하고 있다. 이것이 저자가 이 책을 쓴 이유다.

그는 투자 전문가로서 오랜 기간 강의와 상담을 해오면서 투자자들에게 가장 심각한 문제가 자신의 투자 스타일을 정하지 못해 우왕좌왕하는 것임을 알아챘다. 자신에게 맞지 않는 방식을 고집해서 실패하는 사람도 너무 많이 만났다고 한다. 스스로 어떤 투자자인지 규정하지 않은 채 투자를 하는 탓에 실패를 거듭하는 것이 소위 개미 투자자들의 공통된 문제라는 것이다. 그런데 이 문제를 콕 집어 설명하는 책이 없어서 본인이 쓸 수밖에 없었다고 한다.

《폭락장에도 텐배거는 있다》는 주식 투자의 종류를 매매와 투자로 분류한다. '매매'란 일반적으로 스캘핑과 단타 투자로 부르는 방식을 통칭하는 것이다. '투자'란 중장기 투자를 의미한다. 그는 투자자들이 먼저 어떤 투자 방식이 자신에게 맞는지를 고민하라고 조언한다. 직장을 다니면서 업무 중에 가끔 MTS로 거래한다면 순간적인 판단과 거래가 중요한 단타 투자 방식과는 맞지 않다는 것이다. 그리고 자신의 투자 방식을 결정했다면 그에 맞게 안정적인 수익을 낼 수 있을 때까지 연습해서 습관으로 만들어야 한다고 강조한다. 그런데 많은 초보자가 몇 권의 책으로 단편적인 지식만 공부하고는 주식에 대해 안다고 생각한다. 그리고 자신이 어떤 방식에 더 유리한 조건을 가지고 있는지 생각도 않고 연습도 충분히 하지 않은 채 거래를 시작하는 것이 문제라는 것이다.

저자는 자신의 투자 방향을 결정한 사람들에게 실질적인 조언도 잊지 않는다. 단기 투자형 매매를 하는 사람들이 실제 궁금해하는 여러 질문에 답한다. 예를 들어 '외국인과 기관은 언제 어떤 종목에 주목할지', '오늘 시장은 상승할지 하락할지', '기관과 외국인의 매수 종목 중 무엇이 더 유리할지' 등의 궁금증에 해답을 제시한다. 중장기 투자를 하려는 사람들에게는 더 실질적인 조언을 한다. 가치주, 성장주, 배당주 가운데 무엇에 투자할지를 결정하고 선택한 대상의 정보를 수집하고 그것의 행간을 읽으라고 한다. 단일상품에 투자할지 집합상품에 투자할지 등 구체적인 조언도 잊지 않는다.

마지막으로 그가 중요시하는 것은 경제적 안정성을 유지하기 위해 일정한 현금흐름이 가능하도록 포트폴리오를 짜라는 것이다.

수년 전 한국경제TV에서 방영한 〈올댓머니〉의 진행을 맡은 적이 있다. 거시경제적 변화를 설명해 중장기적 투자에 도움을 주기 위한 프로였다. 강준혁 저자를 이 프로그램에서 만났다. 그가 개인 투자자들에게 꼭 필요한 책을 썼다고 추천사를 부탁해왔다. 나는 읽기도 전에 쓰겠다고 했다. 성실한 인품과 평소 펀더멘털의 변화에 관심이 많은 그의 모습 때문이다. 책을 세 번 읽고 그와 책에 대한 의견도 나누었다. 그의 말대로 투자자들에게 반드시 필요한 책이라는 생각이 들었다.

투자자들에게 강조하는 그의 주장을 정리하면 다음과 같다.

> 투자 방식을 정하고 해당 방식에서 승률을 높이도록 연습하되 습관이 될 때까지 하라. 그리고 안전한 현금흐름이 만들어지는 포트폴리오를 짜라. 그렇게 하여 자본을 이용한 경제적 자유를 획득해야 한다.

저자는 모든 사람이 열심히 공부해서 좋은 회사에 들어가 좋은 월급쟁이노동자가 되려고 노력하는 만큼, 주식 투자에도 열과 성을 다하라고 조언한다. 투자의 승률을 높이기 위한 여러 실질적인 방법도 기록했다. 그의 저술 의도를 염두에 두고 읽으면 이 책이 수많은 주식 책들과 무엇이 다른지 눈에 들어온다. 그리고 자본의 자유를 획득하는 길이 다가온 것 같아 설렘으로 숙독하게 된다. 경제적 자유를 얻는 데 매우 유용한 책이다.

윤덕룡(KDI 초빙연구위원, 전 국제금융학회장)

책을 펴내며

'왜 나는 주식에 항상 실패할까?'
고민하는 주식 금쪽이들에게 보내는 가장 현실적인 해결책

주식을 통해 돈을 버는 것은 누구나 할 수 있고, 아주 쉬운 일이다. 그런데 아쉽게도 개인 트레이더와 투자자들이 돈을 잃었다는 소식을 자주 듣곤 한다. 코로나 시대 동학개미들은 수익이 나는 듯했지만 어느덧 손실의 늪에 빠져 있다는 기사가 나오고, 미국에 투자하는 서학개미와 암호화폐 매매자도 큰 손실을 봤다.

작년만 하더라도 은행 저축보다 주식이 새로운 문화가 되는 듯 너도나도 언론에서 떠들었지만, 개인 투자자 중 주식으로 수익을 냈다는 사람은 거의 없고 대다수가 손실을 보고 있다. 왜 그럴까?

나는 이 책을 통해 "주식은 이렇게 쉬운 것이다"라는 것을 알려주고 싶다.

2020년 잡코리아에서 발표한 대한민국 근로자의 평균 연봉은 3828만 원이다. 30년 근속을 한 경우 11억 4000만 원 정도다. 한 푼 안 써도 집 한 채 마련할까 말까다. 아이를 양육하거나 부모님을 모시는 경우는 노후자금을 모을 여유도 없다. 그래서 노후 복지가 잘되어 있는 독일이나 북유럽이 아닌 대한민국에서 주식을 통한 재테크, 주식을 통한 현금흐름 창출은 선택이 아니라 필수다. 필수가 되었음에도 아직도 주식을 두려워하는 그대들에게 주식 경력 30년이 되어가는 나의 내공을 전수해주고 싶었다. 주식이 얼마나 좋은지 얼마나 많은 것을 안겨줄 수 있는지 말이다.

수많은 주식, 제테크, 경제 관련 책들을 보면 안타까운 마음이 커지기만 한다. 주식을 쉬우면서도 제대로 하는 방법을 담은 책을 찾을 수가 없어서다. 주식 강의를 하거나 방송을 하면서 많은 수강생에게는 알려주었지만, 나의 방송과 강연을 보지 못한 이들에게는 그것을 전할 수 없어 언제나 안타까웠다.

하지만 나 강준혁은 시장에서 '검증된' 주식 전문가니까, 없는 시간을 쪼개서 사명감을 갖고 책 한 권을 완성했다.

지금까지의 비슷비슷한 주식 책들은 잊어도 좋다. 제대로 된 투자별 접근 방법을 알려주고자 한다. 그동안 많은 방송과 강연회를 통해 내가 보는 주식, 재테크, 경제에 대한 관점들이 사실이라는 것이 증명되었다. 내가 시장을 보고 투자하듯이 또는 매매하듯이, 주식을 하는 개인 투자자들도 시장의 핵심을 안다면 지금 주식 시장의 하락은 고통이 아니라 기회로 볼 수 있다. 하지만 이미 말했듯이 대부분의 주식서는 항상 후행적으로 "그때는 이렇게 했어야 했는데" 등의 이야기만 할 뿐, 앞을 보며 어떻게 해야 하는지를 알려주지 않는다. 너무도 답답한 마음에 이 책을 쓰기 위해 방송 프로그램도 몇 개 하차하고, 유튜브 채널을 위한 영상 촬영도 중지하고, 온라인 강의도 최소화했다. 그만큼《폭락장에도 텐배거는 있다》에 열의를 쏟았다. 나의 모든 지혜와 혜안을 담았다고 해도 과언이 아니다.

주식에서 수익을 내고 싶다면, 먼저 어떤 방식으로 낼 것인지를 정해야 한다. 독자들에게 우선 묻겠다.

"당신은 주식 트레이더인가? 아니면 주식 투자자인가?"

"주식 투자자라면 지금 하는 것은 가치 투자인가, 성장주 투자인가? 랜덤워크를 추종하는 투자인가? 아니면 배당 투자인가?"

구분이 안 되어 답을 제대로 할 수 없다면, 당신이 매번 주식에서 손실을 보는 것은 당연한 일이다.

질문에서 말한 투자들은 모두 '주식'이라는 카테고리 안에 묶여 있지만 투자 방식과 사고 방법, 분석 툴이 모두 다르다. 이 책에는 내가 어떤 투자자가 되는 것이 유리한지, 어떤 사고 체계를 가지고 어떤 공부를 하며 숙달하기 위해 어떻게 노력해야 하는지를 적어두었다. 이것만 구분해도 주식으로 수익을 낼 준비는 되었다고 본다.

이 책을 통해 내 환경에서 내 성격은 어떤 투자를 해야 하는지를 깨닫게 되길 바란다. 그 후에는 매매든 가치 투자든 성장주 투자든 거기에 숙달되기 위해 어떻게 해야 하는지도 파악하길 바란다. 그러고 나면 주식 시장에서 돈을 잃고 싶어도 잃을 수가 없다. 결국 이 책에는 주식 투자의 마지막 목표인 경제적 자유를 위해 '현금흐름을 어떻게 만들 수 있는지' 그 방법을 세세하게 담았다. 내가 직접 일하지 않더라도, 부지런히 수익을 내려고 애쓰지 않더라도 현금흐름을 계속 창출할 수 있는 가장 쉬운 수단이 주식임을 알려주고 싶다.

모든 이가 나와 같이 돈으로부터 자유롭기를 바라며 이 책을 권한다.

강준혁

Chapter 3

매매와 투자의 차이만 알아도
부자개미에 가까워진다

Chapter **4**

경기 불황일수록 기회가 되는 주식 투자

Chapter **5**

시대의 흐름에 맞춰
돈도 흐르게 하라

경제적 자유는
노동으로 얻을 수 없다

자본 자유의 기본은
경제적 능력

이전에 아마존 부족이 등장하는 다큐멘터리를 보며 뼈저리게 느낀 점이 있다. 대략적인 내용은 이렇다. 아마존에서 사냥을 하고 열매를 따 먹고 물고기도 잡으며 살던 부족이 문명의 침입과 기후 변화로 망가져가는 그곳의 개발로 인해 이주지원금을 받고 도시로 와서 생활하는 모습을 보여준 영상이었다. 밀림에서는 사냥을 잘하는 남성이 최고의 신랑감이 자 가장이었고, 그런 남편이나 부모가 없는 여성과 아이들은 직접 물고기를 잡아 구워 먹고 열매를 따 먹는 것이 이들의 자급자족 수단이자 경제 능력이었다. 하지만 도시에서 이런 능력은 거의 쓸모가 없다. 할 수 있는 게 아무것도 없는 이들은 결국 노숙자가 될 처지에 놓인다.

밀림에서 살 때의 경제적 능력과 발전된 도심에서 살 때의 경제적 능력은 엄연히 다를 수밖에 없다. 아마존에서 생활할 때는 사냥 능력, 채집 능력, 어로漁撈 능력이 삶에 자유를 가져다주는 수단이라면, 현대의 문명

사회에서 그 능력은 '돈'으로 나타난다. 가지고 있는 자본에 따라 삶에서 누릴 수 있는 것들이 달라진다. 그래서 현재 우리가 살아가는 세상은 자본의 자유, 즉 경제적 자유가 없다면 사실 자유가 있다 하더라도 없는 것과 마찬가지다.

프랑스의 저명한 철학자인 사르트르는 이렇게 말했다.

"사람은 이 세상에 아무렇게나 내던져진 존재다. 어느 길을 가든 자유다. 하지만 그 선택에 책임을 져야 한다."

예컨데 우리가 피아노를 자유자재로 치고 싶다면 일정 기간 연습을 해서 건반을 파악하고 악보를 볼 수 있는 능력을 키워야 한다. 또한 캔버스 위에 자신이 생각하는 이미지를 자유롭게 표현하려면 그림을 어느 정도 그릴 수 있는 수준이어야 된다. 그러려면 최소한의 훈련이 필요하다. 결국 자유는 노력하는 만큼 커지는 것이다. 특히 자본주의 사회에서의 자유는 자본에서 얼마나 자유로워지는가와 직결되며, 그 자유를 위해 먼저 자본에 대한 이해가 필요하다.

사회가 말하는 대로만 하면
자유를 얻을 수 없다

우리는 왕이 나라를 다스리던 왕정사회와 계급제인 봉건사회를 지나 자
본주의 사회에 살고 있다. 왕정사회에는 왕과 왕을 잘 먹고 잘 살게 하
는 평민이라는 계급이, 봉건사회에는 왕과 영주 그리고 농노 계급이 존
재했고, 자본주의 사회에는 자본가와 생산수단을 가진 소위 사업가, 노
동자 계급이 있다. 다행히 우리는 삶에 자유가 없는 백성이나 농노가 아
니라 계급간의 이동이 가능한 시대에 살고 있다.

문제는 대다수의 국민인 노동자들이 그 '노동자'라는 계급에서 더 위
로 올라갈 생각을 하지 않는 데 있다. 우리가 노동자가 되는 교육만 받
아와서 그런지도 모른다. 원래 교육의 목적은 사회를 구성하는 대다수
의 국민이 사회 구성원으로서 효과적으로 행동하며 사회를 유지하는 데
있다. 따라서 국민의 대다수를 노동자 또는 연봉을 많이 받는 양질의 노
동자로 만드는 것이 그 목적이라고 할 수 있다. 그래서 좋은 대학을 나

와서 높은 연봉을 받는 노동자가 되어 열심히 자본을 모으고 난 다음, 아이들을 또 자신과 비슷한 노동자로 만들기 위해 자본을 쓴다. 시간이 지나면 그 아이가 좋은 대학을 나와 높은 연봉을 받는 노동자가 되고 또 자신의 아이를 노동자로 만들기 위해 노력한다. 계층간의 이동은 자유롭지만, 노동자는 노동자를 되물림하고 자본가는 자본가라는 계급을 아이들에게 물려준다. 따라서 재테크는 단순히 지금 당장 돈을 더 벌고 더 많은 소비를 위해 하는 행위가 아니라, 이 쳇바퀴에서 벗어나 나와 나의 아이들이 사업가나 자본가가 되어 진정한 경제적 자유를 누리는 것에 목적을 두어야 한다.

최근의 사회 현상 중 심각한 문제는 자녀들을 양질의 노동자로 만들기 위해 부모가 모아둔 자본의 많은 부분을 써버려서, 정작 자신의 노동력이 감소하거나 퇴직한 후에는 자본빈곤으로 추락하는 경우다.

가장 바람직한 재테크의 기능은, 현재는 자신이 노동으로 연간 5000만 원을 벌더라도 세월이 흘러 노동 가치가 떨어졌을 때 그전에 만들어놓은 자본이 그 부족분을 채우는 거라 할 수 있다.

자본빈곤으로 추락하지 않더라도 사람들은 정년퇴직 이후 다시 저임금 노동을 시작하거나 프랜차이즈로 피자, 치킨, 커피 전문점을 차리기도 한다. 문제는 대부분이 '사업가'로의 교육을 받은 적이 없어 노동자 마인드로 사업을 시작하는 데 있다.

사업가는 기본적으로 자신이 가진 생산수단으로 타인의 노동을 이용해서 자본을 만드는 이들을 지칭한다. 기본적으로 타인을 고용할 때 고용인의 임금은 그 사람이 생산수단을 이용해서 만들어내는 이익의 30% 수준으로 잡아야 한다. 다시 말해 200만 원의 월급을 주기 위해서는 노동자가 생산수단을 이용해서 600만 원 이상은 벌어야 한다는 이야기다. 주변에서 "난 연봉이 1억이야" 하고 으스대는 친구가 있다면, 그는 회사의 생산수단을 이용해서 3억이라는 돈을 회사에 벌어주기 때문에 1억 원을 받는 거라고 생각해야 한다. 그런데 문제는 사람들이 프랜차이즈 사업을 할 때, 자신의 자본과 노동을 이용해서 타인의 브랜드를 이용하는 사용료 등을 계산하는 경우 자신의 노동 가치를 최저임금 수준 또는 일할 곳만 있어도 좋다는 마인드로 낮게 잡고 계산을 한다는 것이다. 자신의 노동이 들어간다면 그에 대한 가치 계산도 타인의 노동 가치와 똑같이 해야 된다. 알바생보다 못한 돈을 벌어가는 편의점주는 사실 편의점을 해서는 안 된다는 이야기다.

더 큰 문제는 자신의 노동으로 자본가가 될 기회를 스스로 버리고, 아이들을 노동자로 만들기 위해 자본을 사용했음에도 불구하고 아이가 취직을 못해 자본 창출의 기회를 만들지 못하는 경우다.

보통 자녀 1명을 대학까지 공부시키는 데 드는 비용이 4억 원 수준이라고 한다. 여기에 어학연수까지 생각하면 몇 억이 더 들 수도 있다. 그

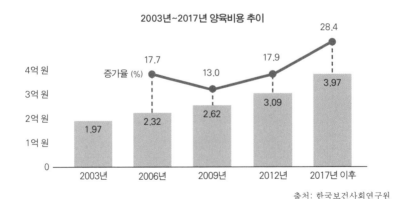

2003년~2017년 양육비용 추이

출처: 한국보건사회연구원

렇게 교육을 시켜도 자녀는 취직조차 변변히 못하는 경우가 많다.

하지만 4억 원을 5%의 이자를 주는 채권 또는 배당주에 투자한다면, 1년에 2000만 원의 이자를 받을 수 있다. 서울에서 아이들을 양육하기 위해 쓴다는 사교육비를 포함한 양육비는 10억 원 정도라고 하는데, 이 금액은 후에 배당 투자에서도 설명하겠지만, 매년 7000만 원의 연봉을 주는 황금거위로 만들 수도 있다.

그런데도 대부분의 부모는 자녀들을 다른 사람을 위해 일하는 노동자로 만들기 위해 가족과 추억을 쌓을 시간도 반납한 채 돈을 벌고, 아이들은 그에 부응해 잠을 줄이며 공부에 매진한다.

자본에 대한 공부는 앞서 말한 이상한 행태로부터 자유를 찾아줄 수 있다. 가족과 즐거운 시간을 보내고 아이들은 아이들이 하고 싶은 놀이를 통해 자신의 길을 찾으면서 부모는 아이에게 연간 2000만 원 이상을 꾸준히 낳는 황금거위를 선물할 수 있는 것이다. 그 방법은 뒤에서 자세히 설명하겠다.

노동하지 않아도
돈을 버는 방법

우리는 좋은 노동자가 되는 방법을 배우고, 그 방법을 자식들에게 대물림한다. 나는 종종 만난 사람들에게 "아이들의 경제 관념을 키우기 위해 어떤 교육을 하나요?"라고 묻는다. 그러면 보통은 방을 정리하면 얼마, 신발장을 정리하면 얼마를 주는 식이며, 몇몇은 용돈기입장을 쓰는 것을 가르친다고 한다. 이것은 노동을 통해 돈을 벌고 그 돈을 쪼개서 쓰는 방법을 가르치는 것이다.

아이들에게 스스로 노동을 하지 않더라도 돈이 돈을 벌 수 있다는 것을 가르쳐야 한다. 자녀가 세뱃돈을 받으면 보통 엄마들은 "엄마한테 맡겨두면 네가 컸을 때 줄게"라고 말한다. 앞으로는 이렇게 해보자. 자녀가 내게 돈을 맡기면 1년이 될 때마다 몇 %의 이자를 준다. 이율이 시장과는 다르지만, 이런 식으로 한 달 용돈이 그 세뱃돈이나 맡긴 돈에서 나올 수 있음을 가르쳐야 한다. 굳이 스스로 정리를 하지 않아도, 방청소를 하지 않아도, 심부름을 하지 않아도 자신이 투자한 돈이 돈을 벌 수 있다는 것을 가르쳐줘야 한다.

그리고 아이들이 사고 싶은 물건이 있다면 사게 해줘라. 대신 그들이 가진 돈이 모자라면 부모가 얼마를 대출해주는 형식으로 해야 한다. 그 물건을 얼마나 갈구하고 있고, 그것을 갖게 되면 어떤 효과가 있을지 프리젠테이션은 아니라더라도 자꾸 이야기하게 만들어라. 그리고 대출을 받아 물건을 산 후 느끼는 단기적인 기쁨이 장기적으로 자신의 용돈을 얼마나 줄어들게 하는지를 어릴 때부터 가르쳐야 한다.

이런 방식을 통해 내가 일하지 않아도 돈을 만들 수 있고, 내가 열심히 일을 해도 그 돈이 내 주머니가 아니라 다른 사람 주머니로 들어갈 수 있다는 것도 알려줘야 한다. 노동의 가치를 알려주는 것이 아니라 돈의 가치에 대해 어릴 때부터 학습시켜야 한다. 그렇다고 '대출'이라는 단어는 무엇인지, '이자'는 무슨 뜻인지를 가르치려고 하지 마라. 중요한 것은 단어가 아니라 경험이다. 영어를 가르치는 가장 쉬운 방법이 영어학원과 과외가 아니라 외국인과의 대화 경험이듯이, 단어보다는 많은 경험을 할 수 있는 환경을 어릴 때부터 마련해줘야 한다. 단어는 성장하면서 자연스럽게 배우게 된다.

가장 이상적인
투자 시나리오

개인 투자자들은 왜 주식에서 실패하는 걸까? 공부를 적게 해서 혹은 열정이 적어서 그럴까? 내 생각은 다르다. 열정이 아니라 방향이 잘못된 경우가 많다. 서울에서 부산까지 자동차를 이용해 내일 출발해서 가장 먼저 도착하는 사람에게 상금을 주겠다고 했다 치자. 개인은 새벽부터 준비하고 출발한다. 그런데 북쪽으로 출발했다면, 아무리 일찍 출발했어도 남들보다 먼저 도착하기는 어려울 것이다. 개인의 주식 투자 또는 매매가 그런 형국이다.

예를 들어 흔히들 바둑판과 바둑알로 바둑 말고도 오목을 하거나 알까기를 하기도 한다. 알다시피, 오목을 하는 방법과 바둑을 하는 방법은 엄연히 다르다. 그런데 어떤 이가 오목을 둘 거면서 그것을 잘하기 위해 바둑을 배운다면 적절하다고 할 수 있을까?

많은 사람이 유독 주식 매매와 투자를 헷갈려 한다. 그래서 매매를 할 거면서 투자를 배우는 경우가 많다.

주식 투자는 크게 현재 가치보다 주가가 낮게 형성되어 싸게 사서 비싸게 파는 가치 투자, 아직은 어떤 가치도 없지만 향후 크게 성장할 것 같은 기업에 투자해서 회사가 충분히 성장할 때까지 기다리는 성장주 투자, 회사의 성장이나 가치보다는 안정적인 배당을 주는 배당 투자로 나눌 수 있다.

매매는 이런 가치 혹은 성장에 초점을 맞추기보다는 많은 사람이 관심을 가져서 주가의 등락이 큰 주식을 거래하는 것을 말한다. 이런 경우 일반적으로는 비싸게 사서 더 비싸게 판다는 개념을 가지는 것이 중요하다. 요컨대 투자와 매매는 그 기본 개념이 완전히 다르다는 것부터 알아야 한다.

투자든 매매든 경제적 자유를 원한다면 주식은 필수다. 소위 주식 투자는 위험하니깐 부동산에 투자해야 한다 혹은 채권에 투자해야 한다, 금에 투자해야 한다 등 말이 많지만, 주식이 위험한 이유는 그것에 대해 제대로 모르고 투자하기 때문이다.

시장에서 자본이 돈을 벌게 하는 방법은 한국인이 사랑하는 부동산 투자와 주식 투자가 있다. 채권에 투자한다든지 금과 같은 귀금속에 투자하는 방법도 있으나 일반적으로는 부동산에 투자하는 경우가 많으니 잠시 주식과 부동산을 비교해보겠다.

주식 강의를 하다 "주식으로 돈을 벌면 무엇을 하고 싶나요?"라고 물어보면 대부분 갓물주('건물주'를 신에 빗댄 신조어)가 되고 싶어 한다.

그런데 사실 건물 수익률은 우리가 생각하는 것보다 그다지 높지 않다. 월 139만 원 정도의 오피스텔 월세를 받기 위해서는 다음 쪽의 한

부동산 투자 수익률

구분	2018년	2019년	2020년	2021년	전년 대비
오피스	7.61	7.67	6.01	8.34	2.33
중대형 상가	6.91	6.29	5.10	7.02	1.92
소규모 상가	6.35	5.56	4.62	6.12	1.50
집합 상가	7.23	6.59	5.40	6.58	1.18

(전국 기준, 단위 %, 전년 대비 %p)   출처: 한국부동산원

국부동산원에서 제공한 자료 중 2021년 오피스텔 최고 수익률 8.34%
를 적용해도 최소 20억 원의 기초 자금이 필요하다. 사실 건물로 받는
따박따박 월세는 그 기초자금이 커야 한다는 점이 함정이다. 또한 세금
과 부동산 중계료, 월세를 주기 위한 인테리어비와 수리비를 고려한다
면 앞에 나온 수익률에 못 미칠 가능성이 높다. 하물며 공실이 되면 나

코스피와 아파트 매매가격 지수 비교

━━ 코스피 15.4배(연평균 8.9%)   ━━ 물가(CPI) 3.2배(연평균 3.7%)
━━ 서울 강남 아파트 6배(연평균 5.8%)   ━━ 서울 강북 아파트 3.7배(연평균 4.1%)
━━ 전국 아파트 4.6배(연평균 4.9%)

출처: KB주택가격지수, 삼성자산운용

가는 비용만 추가될 것이다.

일반적으로 부동산은 가격이 잘 오르는 것처럼 느끼고, 주식은 변동성이 커서 위험하다고 생각하는 사람이 많다. 물론 주식은 변동성이 큰 것은 사실이지만, 앞의 차트에서 보는 것처럼 주식 시장의 장기적인 상승은 부동산과 마찬가지로 잦은 매매를 하지 않고 보유만 해도 인플레이션은 물론 부동산 상승률을 능가한다는 것을 알 수 있다. 여기서 중요한 것은 앞의 예시는 주식 매매가 아니라 주식 투자라는 점을 기억해야 한다.

사실 주식 투자는 자본을 충분히 모으지 못했는데 이미 정년퇴직을 할 나이가 되었거나 경제 교육을 받지 못한 금수저가 아닌 사회 초년생 혹은 나는 흙수저이지만 내 아이는 금수저가 되었으면 하고 막연히 바라기만 하는 사람은 사실 자본이 없기 때문에 당장 투자를 시작해서 원하는 만큼의 이익을 내기는 어렵다. 하지만 이 책을 끝까지 읽고 주식 매매와 투자에 대한 개념과 접근 방식을 바꿀 수만 있다면 향후 나의 미래를 그리고 내 아이의 삶을 바꿀 수 있을 것이다.

가장 이상적인 투자 시나리오는 다음과 같다. 먼저 어릴 때부터 아이들에게 자본주의 교육, 다시 말해 돈에 대한 교육을 하고 그 아이들이 사회에 성공적으로 진입해서 그동안 만든 자본을 통한 이득과 일을 통한 노동 이익으로 먼저 배당주에 투자하여 자본을 불리게끔 한다. 중년이 되면 그동안 가진 혜안과 여유자금으로 가치주와 성장주에 투자를 하고, 노년에는 단기 매매를 병행하며 자본에 대한 자유를 충분히 누리며 자신이 좋아하는 일을 하는 것이다. 일부에게만 해당되는 일이지만, 누군가는 실현하고 있는 일이다.

부자가 되려면
하차감보다는 승차감

부자가 되고 싶은 사람과 자본 자유를 얻고 싶은 사람은 많다. 하지만 그 방법을 아는 사람은 매우 적다. 먼저 부자가 되고 싶은데 자본이 없는 사람은 자신에게 집중할 필요가 있다. 자신이 무엇을 하면 즐거운지, 스트레스가 쌓이면 어떤 행동 또는 어떤 사고를 하는 게 좋은지, 내 취미는 무엇인지 등등 타인과의 관계에서가 아니라 온전히 자신에게 집중할 필요가 있다. 그저 "아이들이 즐거우면 저도 좋아요." "와이프가 기뻐하니 만족합니다." 이런 태도는 위험하다. 다른 사람의 즐거움을 이입받는 것이 아니라 내 자신이 무엇을 해야 즐거운지를 알아야 한다. 예를 들어 새벽에 바다에서 일출을 보면 맘이 편해진다든지, 스트레스가 쌓이면 베토벤의 템페스트를 크게 틀어놓고 들으면 마음이 풀린다든지 하는 것들 말이다.

왜 부자가 되는 데 이런 게 필요할까? 자본을 투자할 때 부자들은 여웃돈으로 투자하라는 이야기를 많이 한다. 그런데 애초에 여윳돈이라는 게 있는가? 돈은 항상 부족하다. 100만 원을 버는 사람은 '1000만 원이면 풍족할 텐데'라고 생각하지만, 실제로 1000만 원을 번다면 그때는 '5000만 원이면 풍족할 텐데' 하고 바라게 될 것이다.

우리는 타인의 시선 때문에 혹은 체면 때문에 돈을 쓰는 경우가 많다. 제목으로 쓴 '하차감'이 바로 그것인데, '하차감이 좋다'는 말은 원래 차에서 내릴 때 타인의 부러워하는 시선을 느낄 때 드는 흐뭇한 감정을 뜻한다. 사실 '나는 이 정도 되는 사람이야' 하는 느낌 말이다. 그것보다는 승차감이라든지 내가 중요하게 생각하는 것들에 집중하는 것이 중요하다. 하차감 때문에 8000만 원 정도 되는 차를 탈 수도 있지만, 그것을 포기하고 승차감이 나쁘지 않은 2000만 원하는 차를 샀다면 하차감과 승차감 사이의 6000만 원이 바로 여윳돈이 된다.

사람들은 목돈을 만들 때 잘못된 방식으로 돈을 아끼는 경우가 많다. 꼭 써야 될 때도 무작정 쓰지 않고 돈을 모으는 것은 나중에 큰돈이 한 번에 나가는 일을 만들 수도 있다. 예를 들어 병에 걸렸지만 돈을 아끼기 위해 병원에 가지 않는다면 목돈이 모였을 때 키워진 병에 의해 큰돈이 나가게 된다.

돈을 모은다는 개념은 필요한 곳에는 반드시 쓰지만 타인의 시선을 신경쓰느라 과하게 필요없는 소비를 하지 않는다는 것이다.

그리고 평소에 돈을 잘 모으는 친구에게 돈을 빌려달라고 해보라. 대부분은 돈이 없다고 할 것이다. 실제로 그 사람은 돈이 없는가 아니면 '나에게 빌려줄' 돈이 없는 것인가. 아마 그 친구는 나에게 빌려줄 돈이 없지 자기 쓸 돈도 없는 것은 아닐 것이다. 즉 자신의 경제적 자유를 위해 쓸 돈은 있지만, 일시적인 감정이나 타인의 시선을 만족시키기 위해 또는 체면을 위해 돈을 쓰지는 않는 것이다.

경제 주체인 개인은 소비를 하고 기업은 투자를 하고 국가는 부를 재조정한다고 한다. 그래서 개인은 노후를 보장 받지 못하고 기업은 계속 이익을 낸다. 당연히 기업을 운영하는 사업가들은 이익을 내고 개인의 노후는 부의 재조정을 통해 국가가 책임지는 형태로 진행된다. 기업이 이익을 내는 것에 우리의 시각은 그다지 긍정적이지 않다. 하지만 개인이 자신의 자금으로 주식에 투자를 한다면 기업이 부자가 되는 만큼 개인도 부자가 될 가능성이 높아진다. 주식에 투자를 한다는 것은 바로 이런 개념이다.

자본주의 사회에서는 누구나 부자가 될 수 있고 누구나 자본가가 될 수 있다. 하지만 누구도 그런 교육을 하지 않고, 사회 분위기는 기존의 자본을 가진 이들만 계속 부를 쌓아가는 구조로 되어 있다.

갇혀 있는 사고의 틀을 깬다면 누구나 자본 자유를 얻을 수 있다.

주식이 돈을 벌게 만들려면
알아야 할 것들

경제학자들이
주식을 보는 관점

경제를 아는 것이 주식에 도움이 된다는 것은 명확한 사실이다. 하지만 주식 매매에는 어떨까?

주식으로 돈을 많이 벌은 것으로 알려진 영국의 경제학자들은 데이비드 리카도David Ricardo와 존 메이너드 케인스John Maynard Keynes 정도다. 데이비드 리카도는 애덤 스미스의 이론을 발전시켜 고전 경제학을 완성한 인물이다. 그는 주식을 투자의 관점으로 접근했다면 존 메이너드 케인스는 매매의 관점으로 접근했다. 케인스의 묘비에는 '노동하지 않고 부를 쌓은 자, 여기에 잠들다'라고 적혀 있다는 말이 있을 정도로 주식으로 부를 만든 공인된 경제학자 중 하나라고 할 수 있다. 그는 이런 말도 했다. "단기적인 주식 투자는 미인선발 대회에서 누가 1등이 되는지 맞추는 것과 같다." 사실 매매를 잘하기 위해 필요한 것은 그의 말에 모두 담겨 있다. 해석해보자면, 단기적인 주식 투자는 기업의 가

'거시 경제학의 아버지'로 불리는 존 메이너드 케인스

치보다 투자자들의 심리를 이용해 매매하는 것을 의미한다. 대회에 나올 만큼의 종목들은 실적이나 성장성, 모멘텀이 좋기 때문에 사람들은 믿고 매수하지만, 그런 종목들은 매수할 것이 아니라 그냥 대회에 나올 자격이 있는 정도로만 여기는 것이 옳다. 그리고 그중의 1등을 예측하는 것은 대중과 심사위원이 볼 때의 1등이 누구인지를 맞추는 것이다. 내가 아니라 그들이 볼 때의 1등을 선택해야 한다는 말이다. 최근 방송에 오디션 프로그램이 많은데, 거기에서 1등을 맞추는 것과 비슷하다고 보면 된다.

이런 면에서 우리 주식 시장은 미국 시장보다 쉽다. 코스피, 코스닥 종목들은 외국인과 기관 투자자가 많은 비중을 차지하는데, 이들이 심사위원이라 생각하면 '1등 종목'을 찾기 쉬워진다. 그들이 사는 종목을 선택하는 것이 수익을 올리는 한 방법이다.

매매냐 투자냐에 따라
심리도 달라진다

다시 강조하지만, 많은 사람이 주식 투자와 매매를 헷갈려 한다. 중요한 것은 이 둘을 명확하게 구분하지 못하면 기본부터 잘못된 것이다. 가장 기본적인 정의로 기업의 가치에 기반을 두거나 투자자의 현금흐름cash flow에 초점을 맞추는 것을 '투자', 기업의 가치 또는 시장 상황에 따라 주식을 하는 사람들의 심리 변화에 초점을 맞추는 것을 '매매'라고 한다. 다시 말해 심리를 이용한 투자는 매매라고 기준을 잡으면 좋겠다.

주식 투자를 보통 일기예보와 비교해서 말하는 경우가 많다. 그만큼 맞추는 게 어렵다는 뜻이다. 그런데 실제로 내일 날씨를 정확히 맞춘다고 해도, 다시 말해 기업의 실적이라든지 앞으로 나올 호재를 미리 안다고 해도 매매에서 수익을 올리기는 어렵다. 일기예보를 경제 예측 또는 실적 예측이라고 해보자. "내일 날씨가 맑을 것으로 예상됩니다"는 "올해 이 기업의 실적이 사상 최대로 나올 것입니다"라는 것과 비슷한 이야기일 것이다. 그런데 주식 시장에서는 종종 기업의 실적이 최대로 나왔음에도 불구하고 주가가 하락하는 경우가 많다. 이런 경우 실제로는 매매를 하지만 투자를 한다고 스스로를 오해하고 있는 사람들은 혼란에 빠지기 쉽다. 왜 실적이 좋게 나왔는데 주가는 하락할까? 이미 선반영되어서 파는 것인가? 아니면 내가 모르는 다른 악재가 있어서 주가가 하락하는 것인가? 혹은 기업의 실적은 사상 최대로 나왔지만, 시장의 컨센서스(증권사 애널리스트들이 예상하는 실적의 평균)를 하회했기 때문에 주가가 하락하는 것인가?

사실 이 단기 하락/단기 상승이라는 것은 기업의 가치에 의해 주가가 결정되는 것이라기보다는 주식을 사고파는 사람들의 심리에서 기인하는 경우가 많다. 아내에게 "이번 생일은 특별히 내가 1000만 원을 줄 테니 당신 마음에 드는 걸 사봐"라고 생일 한 달 전에 말했다고 해보자. 하지만 실제 생일날 일이 생겨 원래 준다고 했던 1000만 원 대신 500만 원을 줬다면 아내는 어떤 기분이 들까? 원래 준다고 했던 것보다 적어서 실망할 수도 있고 혹시 남편에게 무슨 일이 있나 걱정이 되어 기분이 좋지 않을 수도 있다. 소득이 있더라도 이렇게 심리에 따라 누구에게는 기쁜 상황이 누구에게는 안 좋은 상황이 될 수도 있다.

비슷한 예로, 이번 주말 날씨가 좋을 것이라는 일기예보를 듣고 그 기간에 휴가를 가려 했더니 선임도 가겠다 하여 휴가가 뒤로 밀렸다 해보자. 그런데 주말에 예보와 달리 비가 많이 온다면 기분이 어떨까? 당연히 좋을 것이다.

시장에서는 호재라고 인식을 하면 종목을 매수하게 된다. 매수가 많을수록 당연히 양봉이 나온다. 앞에서와 같이 날씨가 좋을 거라 예상했다는 것은 실적이 좋을 거라고 예상하는 것과 같다. 그런데 실적이 부정적으로 나왔음에도 양봉이 뜨며 주가가 상승한다는 것은 심리에 기반한 것이다.

주가는 모든 것을 반영한다

- 일반적 호재 ➡ 시장가 매수 ➡ 양봉 ➡ 추세적 상승
- 일반적 호재 ➡ BUT 심리에 기반한 시장가 매도 ➡ 음봉

"호재라고 매수 또는 홀딩이 맞을까?"

- 일반적 악재 ➡ 시장가 매도 ➡ 음봉 ➡ 추세적 하락
- 일반적 악재 ➡ BUT 심리에 기반한 시장가 매수 ➡ 양봉

"악재가 나왔으니 무조건 매도가 맞을까?"

시장에서 매매를 할 때는 내 기준에서 호재라고 생각되는 것들이 호재가 아닌 경우도 많고, 내 기준에서 악재라고 생각했던 것들이 실제로는 악재가 아닌 경우도 많다. 모든 것이 상대적이라 보면 된다.

결국 주식을 매매하기 위해서 가장 기본적으로 기억해야 할 명제가 있다. '주가는 호재/악재와 심리 등의 모든 것을 반영하고 있다'는 점이다. 호재가 있음에도 불구하고 또는 실적이 좋음에도 불구하고 주가가 하락을 하면 많은 사람이 '이 종목은 호재가 있는데 사람들이 바보처럼 매도하는구나! 나는 실적을 보고 버텨야지' 라고 판단한다. 앞에서 주가는 모든 것을 반영한다는 뜻은 그 호재를 반영하고서도 하락한다는 것으로 이해해야 한다는 점이다. 당연히 매매의 관점에서는 매도가 맞을 것이다. 악재가 있음에도 불구하고 주가가 상승하는 경우도 마찬가지다. '이 종목은 악재가 있는데 사람들이 매수를 하네…. 나는 하지 말아

야지'라고 보통 생각하지만, 일부는 악재가 있음에도 불구하고 주가는 상승한다고 생각하고 매매에 임하는 것이다. 따라서 호재나 악재가 나오는 것 자체에 주목하기보다는 나오고 난 다음 그 종목을 매매하는 사람들의 심리가 양봉이냐 음봉이냐에 주목할 필요가 있다.

종목을 보유하고 있는데 악재가 나왔음에도 불구하고 주가가 오른다면 굳이 주식을 매도할 이유가 없다. 반대로 호재가 나옴에도 불구하고 음봉이 뜬다면 그 주식을 매수할 이유도 없다.

종목 선택보다
중요한 운용

대부분의 개인 트레이더들은 매매에서 가장 중요한 것이 종목이라고 생각하며, 아마 독자들도 그럴 것이다. 하지만 자산을 성공적으로 운영하는 사람들은 "종목이 중요한 것이 아니라, 자산을 어떻게 관리할 것인가를 정할 때 그 포트폴리오가 수익이 날지 아닐지의 70% 정도가 결정된다"고 말한다.

형빈이와 예진이가 주식 거래를 했다고 치자. 같은 수수료, 같은 종목, 같은 단가에 둘이 같은 횟수와 수익/손실률로 매수-매도-매수-매도를 했는데, 예진이는 수익이 났지만 형빈이는 깡통을 찼다. 왜일까? 둘다 1000만 원을 가지고 거래했다고 가정해보자. 첫 번째 매매에서는 종목이 100% 수익을 내며 매도를 했고, 두 번째 종목에서는 둘 다 50% 손실을 보고 매매를 종료했다. 먼저 형빈이는 자기 돈 1000만 원에 타인에게 빌린 돈 1000만 원을 합쳐 총 2000만 원으로 거래해 100% 수익인 4000만 원을 만들었다. 여기서 빌린 자금 1000만 원을 돌려주면 1000만 원에서 100% 수익으로 3000만 원을 만든 것이 된다. 다시 한번 3000만 원에 다시 빌린 돈 3000만 원을 합쳐 6000만 원으로 거래했다. 아쉽게도 50% 손실이 나서 자금은 3000만 원이 되었고, 빌린 돈 3000만 원을 갚고 나자 깡통이 되었다.

예진이는 1000만 원 중 절반인 500만 원으로 주식을 매수하고 500만 원은 현금으로 가지고 있었다. 첫 100% 수익으로 500만 원은 1000만 원이 되었고, 여기 기존에 가지고 있던 현금을 합치면 첫 매매로 1500만 원을 만든 셈이 된다. 다시 한 번 1500만 원의 절반인 750만 원으로 주식을 매수하고 나머지 750만 원은 현금으로 가지고 있었다. 주식을 매수한 750만 원은 -50% 손실로 375만 원이 되었고 가지고 있던 현금과 합치면 두 번째 매매 후에 남은 돈은 1125만 원이 된다. 결국 12.5%의 수익을 올린 셈이다.

보통 1000만 원이 있으면 1000만 원을 모두 이용해서 100% 수익으로 2000만 원을 만들고, 그다음 매매에서 -50% 손실을 입으면 2000만 원에서 도로 1000만 원이 되는 경우가 많다. 결국 주식 매매에서 가장 중요한 것은 종목이 아니다. 그 종목을 얼마의 자금으로 어떤 식으로 매수하고 매도할지의 운용 계획이 가장 중요하다. 지금부터라도 내 매매 포트폴리오를 어떻게 구성하고, 얼마의 비중으로 거래할 것인가를 고민해보자.

호재가 들리는 종목은 계속 오를 거라는 착각

주식 시장으로 유입되는 자금은 유한할까, 아니면 무한히 공급될 수 있을까? 당연히 자금은 유한하다. 예를 들어 딱 10명의 투자자가 있다고 해보자. A라는 종목에 2명은 장기 투자로 이미 종목을 매수했다면 종목은 이전에 하락하고 있었다고 하더라도 이들의 매수로 일단 하락이 멈출 것이다. 이 종목이 저평가되었다며 2명이 더 매수했다면 주가는 또 상승했을 것이다. 널리 알려지지 않은 회사의 긍정적인 이슈를 듣고 2명이 더 매수했다면, 주가는 더 상승했을 것이다. 이 이슈를 가지고 증권사 애널리스트가 긍정적인 리포트를 쓰고, 이 리포트에 반응해 2명이 더 매수했다. 당연히 주가는 이전 처음 2명이 매수했을 때보다 더 상승했을 것이다. 자, 이제 대망의 증권TV 또는 경제전문지 차례다. 이 종목이 충분히 저평가된 상태에서 긍정적인 이슈와 증권사 리포트가 있고, TV에서도 좋은 종목이라는 이야기를 듣고 마지막 2명이 또 종목을 매수했다. 주가는 더 상승했을 것이다.

하지만 이제 이미 10명의 투자자가 다 매수했기 때문에 앞으로 호재가 나온다고 하더라도 주가는 상승하기보다는 변동성이 커질 가능성이 높아지며, 상승보다는 하락할 가능성이 높아진다. 왜냐하면 호재에 반응해서 이 주식을 사줄 사람이 없기 때문이다.

월스트리트 역사상 가장 성공한 펀드매니저이자 투자자인 피터 린치의 '칵테일이론'이라는 게 있다. 술 한잔하러 바를 갔는데, 주식을 모르는 바텐더가 주식에 대한 이야기를 한다면 그때 시장은 이미 고점일 가

출처: 위)www.fnguide.com, 아래)키움증권HTS

2018.10.08	삼성전기-IT 사이클이 아닌 4차산업 사이클	6	이규하	NH투자증권	BUY	210,000
2018.10.04	삼성전기-실적 서프라이즈 기대	6	김동원 외2	KB증권	BUY	220,000
2018.10.04	Samsung Electro-Mechanics-Another positive ear...	9	박강호	대신증권	BUY	220,000
2018.10.04	삼성전기-숫자로 증명	7	이동주	KTB투자증권	BUY	200,000
2018.10.04	삼성전기-깜짝 놀래줄 거다. 그것도 계속	3	권성률	DB금융투자	BUY	210,000
2018.10.04	삼성전기-또 깜짝 실적(어닝 서프라이즈)~	8	박강호	대신증권	BUY	220,000

증권사의 긍정적인 리포트가 나왔던 2018년 말부터 2019년의 삼성전기 주가 변동

능성이 높다는 것이며, 이 바텐더가 투자자 중 마지막 2명에 해당된다는 것이다.

예를 들어 '삼성전기'의 주가는 긍정적인 이야기가 나온 2018년 10월부터 2019년 8월까지 36% 하락했는데 1억 원을 투자했다면 6800만 원 정도의 손실이다.

사람들이 매매하는 종목은 계속 바뀔 수밖에 없다. 특히 호재가 나옴에도 불구하고 주가가 하락할 때는 앞의 내용을 반드시 기억하자.

실적이 좋으면 주가가
금방 오를 거라는 착각

많이들 하는 착각이 실적이 좋으면 주가가 계속 오를 거라는 생각이다. 실상은 그렇지 않다. 단순히 실적이 좋아진다고 주가가 오른다면, 주식 매매는 간단하게 실적이 좋은 종목을 매수해서 수익이 나면 팔면 되니 세상에서 가장 쉬운 거래가 될 것이다.

착각을 깨주는 예를 들어보자. 2014년 NAVER 주식을 다음해 실적이 더 좋을 것이라는 전망에 88만 원에 매수했다. 차트1처럼 주가가 좀 흔들린다고 하더라도 실적이 좋아진다고 했으니 버텨보자고 충분히 생각할 수 있다. 실제로 많은 개인이 이렇게 매매한다.

2015년 NAVER는 전년 대비 매출액은 14% 이상 증가, 영업이익은 9.4% 증가, 순이익은 14% 증가한 양호한 실적을 보여줬다. 하지만 2015년 종가인 64만 1000원을 기준으로 보면 주가는 27.15% 손실로, 1억을 투자했다면 2700만 원 이상 손실이다. 최저점 수준인 45만

차트1. NAVER의 2014년~2015년 주가 변동   출처: 키움증권HTS

8000원을 기준으로 보면 −48%인 거의 절반의 손실을 보인 후 주가는
상승했다. 1억 원 기준으로 보면 거의 5000만 원까지 반토막의 손실을
입은 것이다.

이런 경우 개인투자자들은 다시 2016년 실적을 체크해본다. 2016년
NAVER의 예상실적은 매출액이 4조 226억 원, 영업이익 1조 1020억
원, 순이익은 7591억 원으로 2015년보다 좋다. 그래서 한 번 더 버텨보
기로 했다.

차트2를 보면 2016년 8월 10일의 종가는 77만 5000원으로, 손실은
전년 대비 많이 줄었다. 1억을 기준으로 보자면 1200만 원 정도 손실이
다. 물론 고점 기준으로는 18만 원 이상 상승하면서 2.2% 수익을 노린
구간도 있었다. 역시 실적이 답이고 주식은 버티는 게 정답이라고 생각
하며 희망이 생겼을 수도 있다.

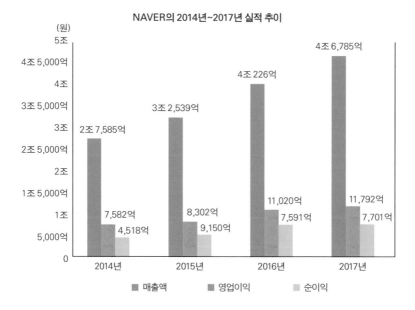

NAVER의 2014년~2017년 실적 추이

(원)

	2014년	2015년	2016년	2017년
매출액	2조 7,585억	3조 2,539억	4조 226억	4조 6,785억
영업이익	7,582억	8,302억	11,020억	11,792억
순이익	4,518억	9,150억	7,591억	7,701억

■ 매출액   ■ 영업이익   ■ 순이익

2017년 실적을 한 번 체크해보자. 그해 역시 2016년 실적보다는 좋다. 그럼 다시 버텨볼 수 있다. 실적이 좋은 종목의 주가는 결국 상승한다고 믿으니까. 2017년에는 한때 10% 넘는 수익을 올리기도 했으나 종가 기준으로는 100만 원 정도 손실로 마무리되었다. 하지만 3년간 영업이익도 좋아지고 순이익도 좋아졌지만 2018년에는 영업이익, 순이익 모두 감소한다.

'실적이 좋아지면 주가가 상승한다'는 주식 시장의 일반적인 이론으로 3년동안 투자해서 마음고생과 100만 원 정도의 손실을 얻었다. 이제는 실적이 줄어든다고 하니 어떻게 하는 게 옳겠는가? 일단 매도하는 게 옳을까 아니면 3년동안 기다린 게 아까워서 보유하는 것이 옳을까?

답은 실적이 좋다고 무조건 주가가 오른다는 순진한 생각을 버리는 것이다. 이를 증명하는 예는 상당히 많이 발견된다.

차트2. NAVER의 2015년~2016년 주가 변동   출처: 키움증권HTS

차트3. NAVER의 2016년~2017년 주가 변동   출처: 키움증권HTS

차트4 한전KPS의 경우를 보자. 사실 NAVER에 투자한 사람은 운이 좋았던 것인지도 모른다. 다음 페이지의 실적 그래프에서 보는 것처럼 한전KPS는 2016년을 최저 실적으로 턴어라운드를 시작해 2017년부터 2019년까지 영업이익과 당기순이익이 모두 증가했다. 하지만 주가는 2016년 8만 원 수준에서 2019년 2만 8000원을 지나 2020년에는 2만 4500원까지 하락했다. 이것은 -65% 손실이다. 1억 원을 투자했다면 자그만치 6500만 원 손실이다! 그후 2020년 실적이 하락하면서 주가는 2만 4500원까지 하락했다.

주식 매매에서 실적이 좋은 종목이 상승한다고 순진한 생각을 하며 트레이딩을 하고 있다면, 그런 맹목적인 믿음을 가질 것이 아니라 실적이 좋은 종목은 '주가가 상승할 확률이 높다'고 생각하라. 실적은 주가 상승의 필요 충분 조건이 아니라 필요 조건일 뿐이다.

차트4. 한전KPS의 2010년~2020년 주가 변동   출처: 키움증권HTS

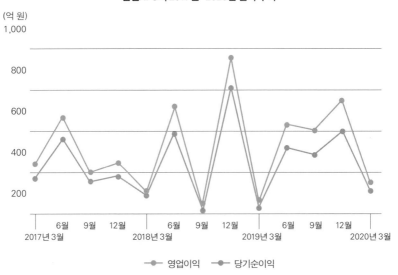

한전KPS의 2017년~2020년 실적 추이

(억 원)

영업이익   당기순이익

기법보다 중요한 습관

《논어》 '학이편'은 이렇게 시작된다.

子曰, 學而時習之 不亦說乎(자왈, 학이시습지 불역열호)?
공자께서 말씀하셨다. 배우고 때때로 그것을 익히니 즐겁지 아니한가?

요즘 주식 매매를 주제로 한 유튜브 채널과 책이 넘쳐난다. 하지만 여러 채널과 책을 통해 배워봐도 수익이 안 난다고 사람들은 이야기한다. 주식은 매매 방법을 배우는 것으로만 수익이 나지 않는다. 사실 사람들은 잘 알고 있다. 의대를 나온다고 명의가 되지 못한다는 것을. 경영학과를 나왔다고 기업의 경영을 바로 잘 할 수 없듯이 말이다. 마찬가지로 기법을 하나 배웠다고 항상 승리하는 매매자가 될 순 없다.

주식 서적을 본다, 기법을 배운다 하는 것은 어떻게 보면 운전을 하려는 사람이 이제 방금 운전면허증을 딴 것과 같다고 할 수 있다. 초보운전일 때가 생각나는가? 좌회전을 편하게 할 수도 없고, 신호등에 노란불이 들어오면 가야 할지 말아야 할지 고민했던 때를 말이다.

지금은 어떠한가. 운전을 하면서 통화를 하거나, 스마트폰으로 검색을 하고, 끼지 말아야 할 자리라도 급하면 끼어들 수 있지 않는가? 이는 이미 운전이 습관이 되었기 때문이다. 운전을 처음 배울 때는 운전대를 잡을 때의 가슴 떨림이 있다. 그러나 어느 정도 익숙해지면 그런 떨림은 점차 사라지고, 누가 운전을 해달라면 때로는 귀찮기까지 한다.

주식 매매에서 수익이 나는 것도 이런 현상과 비슷하다. 주식을 매수하고 '종목이 오르면 그 수익으로 무엇을 할까?'라는 기분 좋은 떨림 혹은 '갑자기 몇 배로 오르면 어떻게 하지?'라는 설렘이 있다면 아직 매매가 습관이 되지 않은 것이다.

초보운전일 때는 그다지 큰 사고가 나지 않는다고 한다. 속도를 높여서 달리지 않고 조심해서 하기 때문이다. 운전을 할 때 가장 중요한 시기는 시작한 지 1~2년 정도라고 한다. 초보 딱지는 떼었지만, 아직 그렇게 운전을 잘하는 상태는 아닌 이 시기에 사고가 날 가능성이 많다. 주식도 마찬가지다. 섣불리 배운 상태에서 잘 안다고 생각하곤 멋모르고 했다가는 큰 손실을 볼 수 있다. 항상 배워나간다는 마음으로 주식에 임했으면 한다. 성공적인 매매 방식이 습관이 될 때까지.

연습에도 전략이
필요하다

최근 3년 정도 1년에 한 달 정도를 제주도에서 보내고 있다. 누군가가 SNS에 올린, 제주도 오름 길에서 강아지와 산책하는 사진을 보면 강아지를 키우는 사람들은 대부분 부러워한다. 그래서 '나도 한 번'이라는 단순한 생각에 강아지와 제주의 오름을 오르면 소위 진드기 지옥을 맛볼 가능성이 높다. 나 역시 오름에 다녀온 다음 진드기 40마리 정도를 강아지에게서 떼어내고, 동물병원으로 바로 달려간 경험이 있다. 모든 일이 곁에서 보는 것과 실제로 그것을 하는 것의 차이는 매우 크다. 주식 역시 마찬가지다. 따라서 본격적으로 시작하기 전에 생각하지 못했던 변수와 실수를 체크하는 것이 중요하다.

주식 시장을 이기는 사람들이 자주 하는 말이 있다. 자산의 50% 이상의 손실이 나는 경험을 2번 이상은 해봐야 성공적인 트레이더가 된다고 말이다. 그래서 많은 사람이 실전 거래를 하기 전에 '모의투자'를 권한다. 하지만 나는 모의투자가 매매를 숙달하는 데 그다지 도움이 되지 않는다고 본다. 주식 거래의 기본은 마인드를 잡는 데 있기 때문이다. 자기 돈으로 매매를 한 것이 아니면 손실이 났을 때의 통증을 제대로 느끼지 못한다. 반대로 수익이 났을 때도 진정한 환희를 느끼지 못한다. 무엇보다 그 손실이 실제로 내 자본에 마이너스 요인이 되지 않으므로, 그것을 만회하려는 노력 또는 실수를 곱씹는 복기 행위를 하지 않게 된다. 그래서 모의투자를 많이 했더라도 실제 트레이딩에서는 수익을 내지 못하는 경우가 많다. 그럼 어떻게 해야 할까?

연습도 전략이 필요하다. 예를 들어 훈련 삼아 1000만 원으로 주식을 한다고 가정해보자. 이때 50% 손실이 나면 배우는 게 있을 것이다. 하지만 그렇게 두세 번 실패를 맛보면 주식의 '주'자도 보기 싫어진다. 그리고 주식은 위험한 것이라는 생각이 지배하게 된다. 그럼 이렇게 해보는 건 어떨까? 원금이 1000만 원인 경우 500만 원을 7% 현금흐름이 나올 수 있는 상품에 투자하고 350만 원으로 매매를 한다. 만약 10% 손실을 입으면 왜 손실이 났는가를 분석하며 일단 매매를 멈춘다. 손실이 난 35만 원은 초기 투자한 500만 원의 7% 현금흐름으로 원금을 회복한 다음에 매매에 나선다.

이런 식으로 연습을 시작해서, 머릿속으로 '이렇게 하면 수익이 날 거야'라고 했던 부분 중 실제로 해보니 어디가 잘못됐는지 혹은 시장에서 어느 부분이 통용되지 않는지를 살펴보면 상상 이상으로 큰 훈련이 될 것이다.

외국인과 기관 매수에 관한
통설을 무조건 믿지는 마라

외국인과 기관이 팔고 있는지 사고 있는지 보다 그들의 매매 자체가 왜 중요한지 생각해보자. 우선 관련된 통설을 살펴보자.

"외국인이 꾸준히 사고 있다면 좋은 신호다. 그들은 손실을 보지 않기 때문에 혹은 손실을 보지 않으려고 하기 때문에 그들이 산 가격 이하로는 내려가지 않는다." "내려 가더라도 금방 회복된다."

이것은 개인들의 자본금을 거덜내버릴 시장의 거짓말 중의 하나다. 외국인이나 기관은 한 명이 아니다. 한 명이라면 앞의 이야기가 맞을 수도 있다. 그리고 외국인이 꾸준히 사고 있는 것처럼 보이더라도, 첫날은 미국계 외국인이 사고, 둘째 날은 미국계 외국인은 팔지만 영국계 외국인이 더 매수를 한다면, 다음 날에는 미국계와 영국계는 다 팔지만 중국계 자금이 유입된 것일 수도 있다. 이렇게 순매수가 유입되는 것이 좋을까?

매매 단가도 역시 외국인이 한 명이라면 딱 그 단가 근처가 외국인의 단가라고 할 수 있지만, 실제로 무수히 많은 외국인이 서로 사고파는 시장에서 외국인이 사기 시작한 가격이나 그들이 많이 산 것처럼 보이는 가격이 '외국인 단가'라고 할 수 있을까? 알 수 없는 것은 그냥 모른다고 두어야 할지도 모른다. (《논어》에 그런 말도 나온다. "아는 것을 안다고 하고 모르는 것을 모른다고 하는 것이 아는 것이다"라고.) 소크라테스가 델포이 신전에서 "소크라테스보다 더 지혜로운 사람은 없다"는 신탁을 전해 듣고 "다른 지식인들은 자신이 모른다는 것을 모르지만 나는 내가 모른다는 것을 안다"라고 한 말도 유명하다.

주식은 점쟁이의 영역이 아니다. 알 수 없는 것을 알려고 하기보다는 아는 것에 집중하는 것이 중요하다.

외국인과 기관을 중시하는 이유는 하나다. 그들의 자금은 한번 유입되면 일정 기간 유입될 가능성이 높기 때문이다. 외국인은 소위 외국계 자산 운용사의 자금, 기관은 국내 자산운용사의 자금이라고 정리하면 좀 더 쉬워진다. 쉽게 표현하지만 사실 미국 내에서도 여러 자산 운용사가 있고 국적별로도 미국, 영국, 룩셈부르크, 싱가포르, 중국, 일본, 사우디 등 여러 나라로 구성되어 있다.

앞에서 "외국인이 중요한 이유는 장기 자금 때문이다"라고 말했는데, 이들 국가 중 미국과 유럽을 제외하면 사실 다른 외국의 경우에는 크게 중요하지 않다. 미국과 유럽은 연금제도 때문에 장기적으로 투자되는 자금이 많은 반면, 중국은 정치적으로 움직이는 경향이 있는 국부 펀드, 일본의 경우 '와타나베 부인(해외 고금리 자산에 투자하는 개인 중 주부가 많아 붙여진 명칭)'으로 불리우는 개인들의 비중, 사우디는 왕실 자금의 성격이 강해 장기 자금으로 보기 어렵기 때문이다.

국가별 상장주식 보유 현황

(단위 : 십억 원, %, 결제 기준)

국적	'19년 말	'20년 말	'21.12월 말	증감률[1]	비중
미국	251,678	317,435	316,228	△0.4	40.3
영국	47,876	61,007	65,831	7.9	8.4
룩셈부르크	38,479	52,113	53,686	3.0	6.8
싱가포르	34,069	40,916	53,350	30.4	6.8
아일랜드	22,391	33,248	33,709	1.4	4.3
캐나다	17,296	22,053	22,970	4.2	2.9
네덜란드	18,003	25,007	22,389	△10.5	2.9
노르웨이	15,007	20,358	20,847	2.4	2.7
중국	12,534	17,665	17,064	△3.4	2.2
호주	14,482	17,255	17,005	△1.4	2.2
일본	13,987	16,603	16,463	△0.8	2.1
케이맨제도	11,136	13,264	15,865	19.6	2.0
스위스	9,162	14,303	15,376	7.5	2.0
홍콩	8,012	11,506	14,910	29.6	1.9
사우디	7,863	12,729	12,533	△1.5	1.6
쿠웨이트	4,982	7,880	9,087	15.3	1.2
스웨덴	4,761	7,357	7,933	7.8	1.0
기타	61,474	73,628	69,982	△5.0	8.9
합계	593,191	764,329	785,227	2.7	100.0

주1) 전년 말 대비 증감률
주2) 반올림에 따른 오차가 있을 수 있음.

출처: 금융감독원

외국인 자금 중 펀드 자금이 중요하다고 할 때, 듣도 보도 못한 동전 주(1000원 미만의 저가 주식)로의 외국인의 매수는 의미가 있을까? 이것은 일반적으로 이야기하는 "외국인이 매수하니깐 이 종목은 안정적이다" 혹은 "좋다"의 범주에는 들지 못할 것이다. 우리가 펀드에 가입하면,

펀드매니저가 주가가 1000원 정도로 형성되어 있는 주식을 사진 않는다. 그러므로 동전주를 사는 외국인이 누구인지 궁금해할 필요도 없다. 그런 자금은 장기 자금일 가능성이 낮기 때문이다.

기관 역시 마찬가지다. 펀드에서 동전주를 매수하진 않는다. 그리고 참고로 대부분 펀드의 매수 종목은 애널리스트의 의견, 다시 말해 증권사 리포트가 있는 종목이라고 생각해도 크게 다르지 않다. 외국인과 기관의 매수를 고려해서 좀 더 수익이 쉽게 나고 싶다면, 동전주보다는 리포트가 하나라도 나와 있는 종목을 선택하는 것이 옳다.

호구가 될 것인가,
고수가 될 것인가

주식은 철저히 기울어진 운동장에서 경기를 치루는 것이다. 이는 소리 없는 전쟁이자 개인과 기관, 개인과 외국인의 전쟁일 뿐만 아니라 개인과 개인의 전쟁이기도 하다.

모든 경기는 초급/중급/고급, 또는 아마추어/프로 등으로 구분되는 경우가 많다. 하지만 주식은 그렇지 않다. 특히 외국인도 기관도 없는 저가 시장은 오늘 계좌를 개설한 사람과 주식을 10년간 해오면서 노하우를 갈고닦은 사람 또는 이제 유튜브 한두 개와 책 한두 권 읽은 사람과 시행착오를 통해 다져진 자신만의 철저한 원칙이 있는 고수의 전쟁이다.

주식을 10년간 해온 사람이 팔면, 오늘 계좌를 개설한 사람이 산다. 초보가 팔면, 고수가 산다. 사실 초보자는 시장에 돈을 대주는 호구 역할을 한다. 시중에 가장 많이 팔린 주식 책도 초급용이다. 중급 이상의 책은 사실 찾아보기 어렵다. 주식 시장에도 중급자가 가장 적은데 이는 주식을 시작하고 3개월쯤 버티다가 1년쯤에는 대부분 주식을 접기 때문이다. 하지만 계속 새로운 호구들이 앞사람이 떠나간 자리를 메꿔서 시장의 자금줄은 마르지 않는다.

이제는 생각해볼 때다. 나는 시장에 돈을 대고 있는 호구가 될 것인가? 아니면 고수가 될 것인가?

호구로 남지 않으려면 떠나야 할 타이밍을 알아야 한다. 예전에 화장실이 없던 시기에는 똥지게를 지는 사람들이 있었다. 당연히 왠만한 사람은 그것을 지기 싫어해서 그 일이 돈이 되는 시기가 있었다. 하지만 세상 일이 그렇듯, 돈이 된다는 소문이 나면 하려는 사람이 많아지고 결국 그때부터는 돈이 되지 않는다. 피자가게가 처음 유행할 때, 커피전문점과 PC방이 처음 유행하기 시작하면 일정 기간은 돈이 되지만, 너도나도 그 업을 하는 순간부터는 돈이 되지 않는다. 당연한 이야기다.

주식 또한 마찬가지다. 이미 많은 사람이 알고 있는 종목은 아수라장을 연상케하고 수익은 나지 않는다. 주식 상담을 하다 보면 아쉬운 점이, 손실이 나서 고민하는 그 종목이 나쁜 종목이 아니라는 것이다. 다시 말해 모멘텀이 있어 향후 성장성이 좋은 종목인데도 이미 그 내용을 모두가 알고 매수한 경우, 그래서 주가가 이미 오를 만큼 오른 경우가 많다.

끝나지 않는 연회는 없다. 누군가 "어디서 모이자"라고 해서 맛난 고깃집에 갔다고 해보자. 연회가 지속되고 한두 사람 떠나기 시작하면 나도 신발끈을 묶을 타이밍을 잡아야 한다. 연회에 취해 끝까지 있다 보면 그 연회비는 전부 내가 내야 한다는 점을 기억하자.

1년의 시작은 1월,
주식의 시작은 3월

주식 초보자는 조력자가 필요하다. 가장 좋은 조력자는 바로 외국인과 기관이다. 이들은 일반적으로 연말에 다음해의 투자 섹터와 종목을 선택하고 그때부터 꾸준히 사 모으는 경향이 있다. 그 꾸준히 매수하는 초입에 우리도 매수한다면, 다시 말해 발빠르게 숟가락을 올리는 전략을 취한다면 외국인과 기관이 관심을 갖지 않는 종목보다는 쉽게 수익을 올릴 수 있다.

그래서 일반적으로 이들이 어떻게 움직이는지를 알아둘 필요가 있다. 외국인과 기관은 실적에 따라 움직이는 경향이 있다. 성장성이 부각되는 종목을 매수하는 경향도 있지만 기본적으로는 그런 기업 중에서도 투자하는 해부터 실적이 좋아질 가능성이 높은 종목을 선호한다.

그럼 기업의 올해 실적은 어떻게 알 수 있을까? 애널리스트들은 어떻게 올해의 실적이 어떨지를 예측할 수 있을까? 순서는 이러하다. 보통 11월부터 기업은 IR, 즉 투자자를 대상으로 하는 홍보 활동investor relations을 시작한다. 증권사의 애널리스트를 불러놓고 내년에 우리 기업이 어떻게 영업을 하고 얼마의 실적을 올릴지를 설명하고 홍보하는 것이다.

국내 증권사들이 종목에 관해 매도 리포트를 잘 쓰지 않는 이유도 여기에 있다. 애초에 매도 관련 자료가 없으니 말이다. 타 증권사의 자료를 보고 쓰지 않는 한…. 그리고 당신이 홍보 담당이라면 우리 기업에 대해 매도 리포트를 쓰는 애널리스트를 기업 IR에 초청하겠는가? 그래서 눈치가 있는 고수들은 증권사에서 목표 주가를 낮추거나 의견을 '매수'에서 '홀딩'으로 전환하면 매도 의견으로 생각하는 경우도 있다.

어쨌든 이런 IR 자료를 가지고 애널리스트는 내년의 실적을 가늠한다. 그리고 애널리스트에 따라 그 IR 자료를 다 믿고 내년의 실적을 추정할 수도 있고, 믿지 못해 하향 평가하거나 더 좋게 평가할 수도 있다.

새해가 오면 대부분은 '금연을 하겠다' 또는 '더 열심히 일해서 돈을 많이 벌겠다', '다이어트를 하겠다' 등의 다짐을 한다. 사실 기업도 마찬가지다. 사실 IR 자료라는 것은 기업의 포부 및 희망이라고 생각하면 좋을 듯하다.

간혹 2년 뒤, 3년 뒤 예상실적으로 매매나 투자를 하려는 사람들도 있다. 이건 마치 아이들이 중학교 때 "저 나중에 서울대 갈 거예요"라고 하는 말을 그냥 신뢰하는 것과 같다. 본론만 말하면 믿을 수 없다. 그래서 제대로 된 성적표가 필요하다. 기업은 일 년에 네 번의 사업보고서를 낸다. 기업이 IR에서 올해는 50억 원의 영업이익을 올렸지만 내년에는 100억 원을 내겠다고 했다고 해보자. 1분기 실적이 15억 원 정도면 좀 애매해지기 시작한다. 또는 1분기 실적이 5억 원이라면 IR 자료를 믿을 수 있겠는가? 만약 40억 원 정도의 영업이익이라면 정말 이 기업은 이전 IR에서 발표한 것처럼 올해는 작년에 비해 두 배 성장이 가능하겠다는 생각이 들 것이다.

옥석이 가려지는 것이 바로 1분기 실적이다. 참고로 1분기 실적의 발표기한은 5월 15일, 2분기는 8월 15일, 3분기는 11월 15일, 4분기 실적은 다음해 3월 30일까지 발표해야 한다. 그럼 1분기 실적이 발표되는 5월까지 기다려야 할까?

예전에 기업 실적 자료를 엑셀로 정리하며 투자를 한 적이 있는데 정리를 하다 보면 투자할 시간이 없다. 1분기 실적을 정리하면 2분기가 되고 2분기 실적을 정리하다 보면 3분기가 되는 식이다. 그래서 애널리스트 리포트를 이용하는 것이다. 애널리스트는 기본적으로 기업의 실적을 맞추는 직업이다. 모멘텀이 어쩌고, 성장성이 어쩌고 또는 환율이 어쩌고 해도 결국은 실적을 맞추는 것이 중요하다. 기업 실적 발표 이후의 어닝쇼크earning shock(기업이 시장의 예상보다 저조한 실적을 발표하는 것) 또는 어닝서프라이즈earning surprise(예상보다 크게 상승한 실적을 발표하는 것)도 이전 기업 실적에 대한 것이 아니라 애널리스트들의 의견이다. 애널리스트들은 기업의 실적에 부합하는 예상치와 의견을 제시하려고 노력한다. 그래서 2월 중순이 넘어가기 시작하면 애널리스트의 종목에 대한 투자 의견 변화, 실적 추정치 변경 리포트가 쏟아지기 시작한다. 왜냐하면 이전에 리포트가 기업의 IR을 기반으로 한 리포트라면, 2월 중순이 넘어가면 1분기 실적을 충분히 맞출 가능성이 높아지기 때문이다. 주목해야 할 것은 이 시기의 애널리스트 리포트다.

모든 리포트를 체크할 필요는 없다. 원래는 '홀드' 의견이었던 종목을 2월 중순에서 3월까지 '매수'로 의견을 높이거나 추정치를 높이는 종목들을 체크해봐야 한다. 우리가 각 기업의 1분기 실적이 어떻게 변화하는지 알기는 어렵지만, 애널리스트는 가능하다. 그리고 우리는 그 애널리스트들을 이용할 자격이 있다.

1분기 실적 추정이 변경되는 종목들이 10월, 11월까지 꾸준히 상승하는 경향이 있다. 그래서 주식 투자의 시작은 1월이 아니라 3월이 되는 것이다. 이 시기에는 반드시 애널리스트 리포트를 살펴보도록 하자.

내가 아는 정보는
이미 다들 아는 것

사람들에게 "외국인과 기관은 수익을 잘 내는데 개인은 왜 그러지 못할까요?"라는 질문을 해보면 가장 많은 답변이 "개인은 정보가 늦어서 그런 것 아닐까요?"라는 답변이 많다. 하지만 요즘은 정보의 평등화가 많이 이루어져 기관이 아는 정보도 개인에게 거의 실시간으로 공개된다. 단지 어디서 정보를 찾느냐의 문제다.

주식을 시작하는 개인은 보통 종합지의 경제면이나 경제신문 또는 경제방송을 통해 정보를 찾는다. 하지만 매일 쏟아지는 많은 정보를 모두 다루기에는 매체들도 그 면적이 부족하다. 그러니 제약 바이오에 관심이 있다면 약업신문을, 철강에 관심이 있다면 철강금속신문을, IT에 관심이 있다면 전자신문을 보는 것이 종합지나 경제신문을 보는 것보다 더 풍부하고 빠르게 정보를 얻을 수 있다.

그리고 증권사 리포트에서 이슈되는 부분을 찾는 것보다는 정부의

출처: KDI 한국개발연구원

보도자료를 보는 것이 빠르다. 예를 들어 위와 같은 수소 관련 자료는 2019년 3월부터 보도자료가 나왔지만 시장에서는 그다지 관심을 가지지 않았다. 당시 수소탱크를 만드는 기술을 보유한 자회사가 있던 일진다이아의 주가도 2020년 1분기까지는 지속적으로 하락하다 그 후부터 7배 정도 올랐다. 이 보도자료를 보고 시장에서 반응이 없을 때, 즉 아직 주가가 오르지 않았을 때 야금야금 모은 사람은 큰 수익을 봤을 것이다.

앞서 말한 자료들은 누구나 무료로 볼 수 있는 자료다. 하지만 경제지

일진다이아의 2019년~2020년 상반기 주가 변동   출처: 키움증권HTS

나 경제방송에서 주가 상승기에 말하는 모멘텀은 대부분 이미 나온 내용들이 많다. 이때 초보와 고수의 반응이 차이나는데, 초보는 주가 상승기에 본 정보를 특급자료라고 생각하지만 고수는 주가가 오르기 전에 이미 그 내용을 체크한 경우가 많다.

긍정적인 증권사 리포트가 나와도
주가가 오르지 않는 이유

왜 증권사 리포트 내용은 긍정적으로 나오는데, 주가는 별로 오르지 않는 걸까? 어떻게 보면 그건 당연한 이치다. 평소에 애널리스트들이 왜 고액의 연봉을 받는지 생각해본 적이 있는가? 기업을 조사하고 분석하여 자료를 작성한다고 그만큼의 연봉을 받을 수 있을까?

애널리스트는 기업에 대한 조사·분석 자료를 작성하고 그 애널리스트가 속한 증권사 브로커, 즉 영업자가 실적을 올릴 수 있도록 그 자료를 제공하며, 더불어 펀드매니저에게도 그 자료를 제공해 실제적인 증권 매매 수수료를 얻을 수 있게 한다.

애널리스트의 의견이 정말 논리정연하고 실제로 그 분석이 맞다고 하더라도, 그 자료를 받는 브로커의 역량이 부족하여 개인이 매수하지 못하거나 그 자료를 받은 펀드매니저가 공감하지 못해 매수를 하지 않는다면 당연히 주가는 오르지 못한다. 심지어 리포트가 사실에 근거한

증권사 리포트가 나오는 경로

애널리스트	영업사원 (브로커)	펀드매니저
조사·분석 자료 작성	애널리스트 자료 및 서비스 제공, 그 외 다양한 서비스 지원	애널리스트 의견 및 각종 정보를 활용하여 펀드 운영

정교한 논리를 폈다고 하더라도 펀드매니저들은 해당 주식을 매도할 수도 있다. 그럼 당연히 주가는 하락할 것이다.

하루에 애널리스트 리포트는 200개 정도 나온다. 그 리포트에 의해 모든 종목이 움직인다는 생각은 개인 투자자들만 갖는 너무 순진한 생각이다. 긍정적인 증권사 리포트가 나온다고 주가가 상승하는 것이 아니라 그것을 본 펀드매니저가 매수를 할 것인지 안 할 것인지가 주가에 큰 영향을 끼친다고 볼 수 있다. 자산운용사는 360곳 정도 된다. 그중에서 삼성자산운용, 미래에셋자산운용, KB자산운용, 한화자산운용, 신한자산운용이 운용자산 상위권에 드는 곳이다. 당연히 이들과 관련이 있는 증권사의 리포트를 먼저 찾아보는 것이 긍정적인 리포트에 긍정적인 주가 흐름을 보여줄 확률이 높다.

반면에 소형 증권사의 경우에는 대형 증권사가 가지지 못한 독립적인 시각으로 시장을 보는 리포트에 주목할 필요가 있다.

주식도 행간을 읽는
힘이 필요하다

브라질에 비가 내리면 스타벅스 주식을 사라는 말이 있다. 브라질에 비가 내리는 것과 스타벅스 주식을 사는 것이 무슨 상관일까?

주식을 할 때도 행간을 읽는 힘이 필요하다. 세계 1위의 커피 생산국인 브라질의 날씨가 가물면 커피콩 생산량이 줄어들 수밖에 없다. 생산량이 줄어들면 당연히 커피콩 가격은 상승하게 된다. 그럼 스타벅스는 "커피콩의 가격 상승으로 어쩔 수 없이 커피 가격을 인상합니다"라는 문구를 내건다. 이런 인상에 소비자들의 저항은 크지 않다. 다음해에 브라질에 비가 내려 커피콩의 생산이 증가하면 당연히 그 가격은 하락한다. 하지만 스타벅스는 올렸던 커피값을 내리진 않는다. 당연히 실적은 좋아질 수밖에 없다.

조금 어려울 수도 있지만, 이런 연계 사고는 주식 종목 선택에 중요한 역할을 한다.

예를 들어 중국의 최근 경제성장률이 좋지 않다는 뉴스가 들린다. 중국은 GDP 성장률 5.5%를 목표로 하고 있는데, 오미크론의 확산으로 인해 상하이와 북경의 일부 지역이 봉쇄되었다. 이런 뉴스를 보면 단순히 '중국 경제가 좋지 않구나…'라고 느끼기만 하고 말 것이 아니라 관련해서 사고를 확장하는 것이 중요하다. GDP성장률을 결정하는 요인은 크게 투자, 순수출, 소비라고 할 수 있다. 봉쇄는 당연히 공장 가동률을 감소시키기 때문에 수출이 증가하지 않을 것이다. 그리고 사람들이 갇혀 있으니 소비가 증가하기도 어려울 것이다. 그럼 남아 있는 것은 투자다. 중국은 목표한 경제성장률을 어떻게 해서든 달성하는 국가로 알려져 있다. 상반기 GDP 성장률이 4%대가 나오면, 중국은 투자를 통해 하반기 6% 이상을 내어야 목표하는 5.5% 성장을 맞출 수 있다. 당연히 인프라 등의 토목, 건설 투자가 증가할 수 있는 환경을 만들려고 노력할 것이다. 결국 중국이 인프라 투자를 하기 위해서는 시멘트, 철강석, 철강석을 녹일 수 있는 석탄 등이 필요할 수밖에 없다. 그런데 중국은 환경 문제로 인해 최근까지 석탄광산, 철광석광산의 폐광을 진행했다. 그럼 이들 자재는 어디서 들여와야 할까? 바로 호주라든지 동남아시아 같은 해외에서 들여올 수밖에 없다. 당연히 그것을 운반하는 벌크선이 바빠질 것이다. 벌크선 운임지수인 발틱운임지수도 상승할 가능성이 높다. 다시 말해 중국의 GDP 성장률이 낮다는 이야기는 이번에는 벌크선 관련주를 관심있게 봐야 한다는 뜻이 된다.

또 다른 예를 보도록 하자. 2022년 2월, 우크라이나와 러시아 간의 전쟁이 발발했다. 우크라이나는 나토NATO에 가입하고 싶어 하지만 러시아는 그것을 반대하고 있다. 표면상으로는 이런 문제들 때문에 전쟁이 발발했다. 이상한 것은 예전에 이라크가 쿠웨이트를 침공할 당시 미국은 이라크를 군사적으로 응징했지만 이번은 좀 다른 양상이다. 경제로만 제재를 가하고 있다. 이런 뉴스를 보며, '전쟁이라니… 우크라이나 국민들이 불쌍하다… 서방국가들의 제재가 좀 미흡한 것 아닌가?' 정도로만 생각하고 만다면 돈을 벌긴 어렵다.

주식을 하는 사람의 시선으로 다시 보자. 미국이 군사적으로 지원을 하지 않고 있다는 점에 주목해야 한다. 나토는 나토에 가입되어 있는 국가가 침공을 받게 되면 모든 회원국이 전쟁에 참여하는 것이 기본이다. 하지만 나토의 국방력은 대부분 미국이 책임지고 있다. 2022년 기준 전 세계 군사력 순위를 보면 미국, 러시아, 중국, 인도, 일본, 대한민국, 프랑스, 영국, 파키스탄, 브라질, 이탈리아 순이다. 자, 그럼 생각을 해보자. 자유민주진영, 다시 말해 제1세계 진영에서는 미국이 세계의 경찰을 자처하며 무력투쟁이 일어나는 곳은 항상 미군이 군사력으로 침공하는 나라를 응징해왔다면, 이제는 그 군사력을 통한 응징을 할 수도 있고 그렇지 않을 수도 있다는 이야기다. 이는 즉 각국 정부의 군사력 확장을 가져올 가능성이 높다는 것으로 들린다.

그러므로 국내 국방 관련주라고 할 수 있는 LIG넥스원, 한국항공우주, 한화에어로스페이스, 대우조선해양 같은 종목들에 관심을 기울여야 하는 시기라고 할 수 있다.

수익을 올리려면 이렇게 뉴스를 표면적으로만 보지 말고 주식 종목과 연관지어 생각하는 노력이 필요하다.

오르는 종목은
항상 있다

청나라 학자 오초재와 오조후가 쓴 《고문관지》라는 산문집에 이런 말이
나온다.

世宥伯樂, 然後有千里馬(세유백락, 연후유천리마)

이는 "세상에 백락이 있은 후에야 천리마도 있다"는 뜻이다. '백락'은
중국 주나라 때 말 감정을 잘하기로 소문난 전설의 감별사인데, 그의 안
목이 너무 뛰어나 고르는 말은 백이면 백, 명마였다고 한다. 하지만 그와
같은 안목이 없는 사람들은 명마가 있더라도 그것을 알아보지 못하여,
그 명마는 결국 마구간에서 보통 말들과 나란히 죽게 되어 천리마가 되
지 못한다는 이야기다.

주식 종목도 그렇다. 상승할 종목은 항상 있으나 사람들이 구분하지

못해 오를 종목을 매수하지 못할 뿐이다. 그러니 이미 수익이 난 종목을 매수할 기회를 놓쳤다고 안타까워할 필요가 없다.

2021년 하반기부터 2022년 현재까지(7월 기준) 시장이 하락하고 있다. 시장이 하락하면 수익이 날 종목을 찾기 어렵다거나 찾을 수 없다고 생각할 수도 있다. 그래도 최근 시장에서 주식을 매매해서 수익이 날 수 있는 방법을 예를 들어 설명해보겠다. 미국의 긴축으로 인해 지금 경제 상황은 MSCI이머징마켓(모건스탠리캐피털인터내셔널 지수가 분류한 신흥국)에서 선진국으로 돈이 흘러가는 구조가 기본이다. 이 시장에서 외국인들도 당연히 매도를 할 수밖에 없는 상황이며, 해당 종목들은 이 매도세로 인해 하락할 가능성이 높다. 이때 인덱스index(지수) 투자한 자금이 빠져나간다는 말이다. 우리나라의 인덱스는 KOSPI200지수, KRX300지수가 대표적인데, 여기에 해당하는 종목들은 아무리 실적이 좋다고 하더라도 외국인 매도에 의해 주가가 하락할 가능성이 높다는 점을 인지해야 한다.

두 번째는 연기금과 기관을 생각해보자. 특히 기관의 경우 개인의 환매로 중요도가 많이 약해진 것은 사실이지만, 2022년 3월 기준 주식혼합형펀드 자금 규모는 4조 원, 채권 혼합형의 경우 9조 4000억 원 정도다. 이들 자금은 주식 보유를 제로로 만들 수 없다. 일정 부분은 주식에 투자를 해야 하는 것이다.

그럼 지금 상황에서 이 두 가지를 고려해 전략을 잡아본다면, 당연히 코스피 대형주의 경우 호재 때문에 기관의 매수가 유입되더라도 외국인의 매도로 인해 주가 상승이 상쇄 또는 하락할 우려가 있으니 일단은 피한다. 반면 코스닥의 경우 외국인의 매도세가 약하니 코스닥에서 기관이 매수하는 종목은 상대적으로 수익이 날 가능성이 높다. 또한 코스피 대형주 내에서도 외국인의 인덱스 매도에도 불구하고 매수 폭이 증가하고, 기관의 매수가 증가하는 종목은 주가 상승의 가능성이 높다. 이들을 관심 종목으로 두고 매매 타이밍을 잡으면, 수익을 낼 가능성이 높아진다.

백락이 천리마를 알아보듯, 시장을 제대로 체크할 힘이 있고 그 힘이 습관이 된다면 시장에는 수익이 날 기회가 항상 있다.

나이대별
투자 전략

물고기는 아무리 노력해도 하늘을 날기 어렵고, 새는 물새가 아닌 이상 헤엄치기는 힘들다. 물고기는 물에서 헤엄치는 것으로 삶을 영위하고 새는 하늘을 나는 것으로 삶을 영위하듯, 주식을 하는 사람도 마찬가지여야 한다. 회사를 다니지만 데이트레이딩도 하고 싶다고 어설프게 두 가지를 하다 보면 성공하지 못할 가능성이 높다. 주식 투자를 고려하면서, 수수료가 싼 증권사만 찾는 것은 어리석은 일이다. 차라리 더 많은 양질의 정보를 제공하는 증권사가 결국에는 이득이 될 것이다.

회사를 다니며 주식을 하고 싶은 사람은 어느 증권사의 MTS가 좋은지를 찾기보다는 자신이 생각한 대로 거래를 해줄 수 있는 증권사 직원을 찾는 것이 시간을 낭비하지 않는 길이다.

자신의 주변 환경이 어떤지에 따라 주식을 하는 방법도 달라져야 한다. 물고기가 하늘을 나는 새가 멋져 보인다고 긴 시간 새를 관찰하고 노력한다 해도 새처럼 날 수는 없다. 날치 정도는 될 수 있으려나. 불가능한 것을 꿈꾸며 헛되이 노력할 시간에 자신의 환경과 성격에 적합한 방식을 찾는 것이 더 중요하다.

20~30대에 취직해서 일을 하며 주식에 매달리다 보면 회사 업무에 소홀해질 가능성이 높고, 그 나이대에는 아직 넉넉한 자본금이 없는 경우가 많다. 그러므로 이때는 주식 매매보다는 투자를, 투자에서도 배당 투자를 하길 권한다. 뒤에서 다시 설명하겠지만, 올바른 배당 투자는 절대 손실을 볼 일이 없으면서 은행에 투자하는 것보다 더 높은 수익률을 낼 수 있다. 또한 목돈으로 살 수 없는 부동산에 비해 적은 금액으로 투자가 가능하다. 특히 배당 투자의 묘미는 세월이 흐름에 따라 드러난다. 20~30대는 중년층, 노년층에 비해 자금은 없지만, 그들이 가지지 못한 시간이란 힘을 가지고 있다. 시간은 투자에 있어 강력한 수익의 원칙이 된다는 것을 잊지 말자. 20~30대에는 무엇보다도 잃지 않으면서 조금씩 모아가는 투자를 해야 한다.

40~50대에는 부동산이든 채권이든 주식이든 돈이 스스로 일정 부분의 자산을 창출하는 시기가 되면, 많은 시간을 들이지 않고 경제 사이클이나 전망에 기초한 투자가 가능해질 것이다. 주식을 통해 어느 정도 현금흐름을 만들었다면, 나머지 현금성 자산을 통해 가치주에 투자할 수도 있고, 전체가 아닌 일부 자산은 '하이리스크 하이리턴'인 성장주 투자도 가능하다. 성장주 투자는 10배, 20배, 100배까지의 수익을 노려볼 수도 있지만, 모두 잃을 수도 있다는 점을 고려해야 한다. 그래도 이 나이대에는 아직 손실이 있어도 충분히 회복할 수 있는 힘과 능력이 있기 때문에 가능한 투자라고 볼 수 있다.

정년퇴임을 하면 본격적인 정보 습득과 주식 매매가 가능하다. (물론 이것도 주식을 통한 기본 생활이 가능한 현금흐름을 만들었을 때의 이야기다.) 주식으로 돈을 벌지 못하는 가장 큰 이유가 이미 강조했듯이, 주식을 투자의 대상으로 접근하는 것이 아니라 매매의 관점으로 접근하기 때문이다. 예를 들어 투자의 경우에는 자본을 10개의 종목에 나눠서 한 경우 실제로 한 종목이 상장폐지가 되어야 10% 손실이 확정된다. 그렇지만 종목이 상폐를 당하는 것은 그리 자주 있는 일이 아니다. 하지만 매매에서는 종목을 사고팔고 하다 보면 하루에 10% 손실은 비일비재다. 또한 투자는 시시각각 신경쓰지 않아도 되지만, 매매는 그렇지 않다. 증권사에서 나오는 리포트와 각종 뉴스며 기술 동향 등 체크해야 할 것이 많으며, 장중에는 시장과 종목의 주가 흐름을 체크해야 하니 여러 개를 제대로 하려면 시간이 오래 걸린다. 퇴임을 한 후에는 시간도 여유로우니 주식에 시간을 쏟기 딱 좋은 시기다.

노년에는 자연을 벗삼아 쉴 수도 있고 취미생활만 하며 지낼 수도 있지만, 그동안 쌓은 내공을 이용하여 더 활발한 매매가 가능하다. 매수·매도 키를 누를 힘만 있으면 가능하니 얼마나 좋은가. 계산과 예측을 하느라 치매 예방도 저절로 될 것이다.

이제 본격적으로 주식 매매와 투자는 각각 어떻게 접근해야 될지 알아보도록 하자.

매매와 투자의 차이만 알아도
부자개미에 가까워진다

리스크 관리가
최우선이다

1998년, 골프 선수 박세리가 'US여자오픈'에서 미스샷 이후에도 포기하지 않고 양말을 벗고 연못에 들어가 샷을 치던 모습을 우리는 잊지 못한다.

프로도 실수는 한다. 하지만 멘탈이 강한 사람은 실수를 해도 자책하며 무너져버리기보다는 그것을 어떻게 만회할지 고민하며 다시 도전한다. 복싱 챔피언이 되고 싶은 사람이 펀치를 날리는 것은 좋아하지만 한 대만 맞으면 그냥 다운이 된다고 해보자. 그런 사람이 챔피언이 될 수 있을까? 회사에서 성과를 올리며 승승장구하지만 한 번만 실패하면 해고를 당하는 회사라면 얼마나 버틸 수 있을까? 또는 부인이나 남편에게 항상 잘해줘도 한 번만 실수해도 이혼해야 한다면 그 결혼 생활은 지속될 수 있겠는가. 무슨 이런 말도 안 되는 이야기를 하는가 하겠지만, 많은 사람이 이런 극단적인 생각과 행동으로 주식을 대한다.

브루스 코브너Bruce Kovner라는 미국 헤지펀드매니저가 있다. 2019년 11월 기준 순자산이 53억 달러 정도 되는 실력 있는 사람이다. 그에게 "개인 트레이더는 왜 실패를 할까요?"라고 질문하자 "종목이나 정보 때문에 실패하기보다는 자신에게 적당한 크리(치명타)의 3배 내지 5배 가까이를 매매하기 때문"이라고 답했다. 이 이야기는 자신이 감당할 수 있는 리스크의 몇 배를 지고 매매하기 때문에 한 번만 실패해도 전체 자산을 잃게 되는 경우가 많다는 것이다.

보통 우리는 전문 트레이더의 주식 승률이 60% 이상 되면 '실력 있다'며 인정해준다. 하지만 개인은 80, 90%의 승률은 되어야 수익이 난다고 본다. 왜 60% 정도의 전문 트레이더는 그만큼으로도 수익이 나는 걸까? 리스크 관리에 그 답이 있다.

나는 한 번 매매에 2.5% 이상의 리스크를 담지 않는다. 다시 말해 자산이 1000만 원이라면 매매 한 번에 25만 원 이상 잃지 않도록 조절한다. 예를 들어 종목의 진입 시점이 만 원이고 이탈가격이 9000원이라 해보자. 그럼 손절률은 10%다. 이 종목에 들어가 실패를 하면 10%의 손실을 입는 것이다. 이때 1000만 원 기준의 2.5%인 25만 원 이상 잃지 않으려면 어떻게 해야 할까? 25만 원을 앞의 손실률 10%로 나누면 250만 원이 된다. 그렇게 계산한 금액 정도만 그 종목에 투자한다. 그러면 실패하는 경우에도 전체 자산 1000만 원의 2.5% 이상 손실을 입는 경우를 줄일 수 있다.

그럼 승률 70%인 사람이 손절률을 10% 정도로 잡아보자. 1000만 원을 투자해서 첫 번째 매매에서 실패했다. 900만 원이 남았다. 두 번째에서도 실패했다. 810만 원이 남았다. 세 번째도 실패하여 729만 원이 남았다. 이런 경우 다시 같은 방법으로 매매할 수 있을까? 가능할까? 승률이 70%라고 해도 이렇게 연이어 실패하는 경우가 생길 수 있다. 이렇게 되면 보통은 다른 원칙을 찾아서 다시 처음부터 시작하는 경우가 많다.

기본적으로 개인은 리스크를 생각하지 않고 종목만 잘 찍으면 수익이 난다고 생각하기 때문에 이런 게임의 원칙을 생각하지 않는다. 1년 동안 열심히 투자해서 수익이 난 다음 한 종목만 실패하면 1년 수익이 날라가고, 또 실패하면 원금까지 크게 손실을 입는 경우가 그래서 생긴다.

대부분의 트레이더에게 감각으로 거래하는 것과 원칙을 가지고 거래하는 것 중 어떤 것이 더 수익이 날 가능성이 높을지에 대해 물어보면, 후자가 가능성이 더 높은 것 같다고 말한다. 실제로 그렇다. 감이 아무리 뛰어나서 백전백승인 사람이 얼마나 되겠는가? 결국 주식에서 가장 중요한 것은 종목이 아니라 리스크 관리다.

내 매수 단가와 수익률이
돈을 벌지 못하게 한다

중학교 2학년 때 영어 학원에서 스키터 데이비스Skeeter Davis의 노래 〈세상의 종말The End of the World〉을 배운 적이 있다. '왜 태양은 계속 빛나는 거죠? 파도는 왜 계속 치는 걸까요? 다들 세상이 끝난지를 모르나요? 당신이 더 이상 나를 사랑하지 않는다고 했는데…' 이런 느낌의 가사다. 이 노래를 다시 들으면서 '내가 손실이 나서 힘든 것, 수익이 나서 기쁜 것은 단순히 나만의 감정일 뿐이란 걸 기억하자'라는 생각이 들었다. 이것이 수익을 낼 수 있는 기본 마인드이기 때문이다.

개인이 잘하는 실수가 '매수 후에 손실이 나면 매도한다' 또는 '매수 후에 5% 손실이면 매도한다'와 같이 자신의 손실을 위주로 전략을 잡는 것이다. 하지만 중요한 것은 그 종목을 보고 있거나 투자하는 사람들의 심리 상태다. 내 매수 단가가 중요한 것이 아니라 다른 트레이더들에게 의미 있는 가격, 다시 말해 그들이 생각하는, 무조건 수익이 날 것 같은 가격이 얼마인지가 중요하다는 말이다.

예를 들어 어느 종목의 주가가 만 원에서 만 2000원까지 올랐다고 해보자. 만 원에 주식을 매수한 사람은 이익을 봤더라도 더 사지 않은 것을 아쉬워한다. 만약 매수할까 말까 고민하며 관망한 사람은 그 아쉬움이 더욱 클 것이다. 심지어 만 원에 매도한 사람은 주가가 만 2000원까지 상승하면 실제 손실이 없는데도 괴로워한다.

그럼 당연히 주가가 다시금 만 원으로 하락했을 때는, 이전에 그 가격에 사서 수익을 본 매수자들은 이전보다 더 큰 금액으로 매수를, 관망한 이들은 관망보다는 매수를, 매도자들도 매도보다는 매수를 선택할 가능성이 높다. 그래서 이전에 지지를 받은 가격은 더 많은 매수로 반등하는 경향이 있다.

그런데 주가가 반등을 시작해 만 1500원에 매수한 후 만 500원까지 하락해서 8.69% 정도의 손실을 입었다면 어떻게 해야 할까? 손실이니 본전 생각도 나고 고민이 될 수밖에 없다. 하지만 이 종목에 관심이 있는 이들이 보고 있는 것은 내 단가가 아니라 '만 원'이란 가격임을 생각한다면 고민할 이유가 없다. 매매 관점에서 당연히 홀딩인 것이다.

개인 트레이더들을 교육할 때 단가보다는 주가의 흐름을 강조한다. 주식 매매에서 안정적인 수익을 올리고 싶다면 단가를 잊어야 한다. 흐름이 살아있다면 두려워하지 말고 홀딩한다. 흐름이 깨진다면 종목에 연연하지 말고 과감히 버린다.

내 단가보다는 많은 사람이 중요하게 생각하는 가격에서 주가가 어떻게 움직이는지 분석하는 것이 매매에서 중요한 전략 중 하나다.

무엇을 하고 있는지 모르면
결국에는 깡통이다

'과유불급過猶不及'이란 사자성어는 논어에 나오는 말이다. 자공이 공자에게 "자장과 자하 중에 누가 더 낫습니까?" 하고 물으니 "자장은 지나치고, 자하는 미치지 못한다"고 하였다. 그러자 "자장이 더 낫다는 말씀입니까?"하고 물어보자 공자는 "지나침은 미치지 못한 것과 같다"고 하였다.

시력과 정력 회복에 도움이 되는 장어와 피부미용과 노화 방지, 다이어트 효과가 있는 복숭아를 같이 먹으면, 효과를 보기 전에 설사부터 하게 된다. 장어에는 매우 많은 지방이 들어 있는데, 이는 소장에서 라파아제라는 효소에 의해 지방산으로 분해된다. 그런데 그 전에 복숭아를 먹으면 유기산이 장에 자극을 주기 때문에 설사를 유발한다고 한다. 이런 과유불급의 예는 복통에 그치지만 주식에서는 심각한 자금 손실을 초래한다.

차트1. 삼성전기의 2018년 8월 24일 주가　　　　　　　　　　　출처: 키움증권HTS

　정말 하면 안 되는 것 중 하나이기 때문에, 한가지 예를 더 들어보겠다. 주식에서 개인 트레이더들이 처음 만나는 수익 나는 방법이 대부분은 '이평'(이동평균선)에 의한 방법일 것이다. 1억 원을 가지고 이평을 돌파하면 매수, 이탈하면 매도하는 전략으로 진행했다고 해보자.

　8월 24일 이평(노란 선)을 돌파해 1억 원으로 15만 2500원에 655주를 매수(차트1 참고), 남은 현금은 11만 2500원이다. 이제 매수를 했으니 두근거리는 마음으로 기다려본다. 전략은 20일 이평을 이탈하기 전

차트2. 삼성전기의 2018년 8월 27일 주가　　　　　　　　　　　출처: 키움증권HTS

차트3. 삼성전기의 2018년 8월 28일 주가　　　　　　　　　　출처: 키움증권HTS

홀딩, 이탈하면 매도다.

　27일 주가는 4.26% 올라서 잔고를 보니 425만 7500원 수익!(차트2 참고) 이런 세상이 없다. 하루에 400만 원 수익이면 한 달이면 대략 1억 원 수익이다. 가슴이 뛴다. '왜 이걸 이제 시작했나'하는 생각까지 든다.

　그리고 또 하루가 지나니 주가가 2.2% 하락한 15만 5500원이 되어 420만 원 정도의 수익금이 196만 5000원으로 줄었다(차트3 참고). '아, 어제 팔 걸' 하는 마음도 들고 '역시 욕심내면 안 되겠구나' 하는 생각도

차트4. 삼성전기의 2018년 8월 29일 주가　　　　　　　　　　출처: 키움증권HTS

한다. 그래도 이평이 깨지지 않았으니 한번 버텨보겠다는 마음으로 다음 날을 기다린다.

역시 기다리기를 잘한 것 같다. 29일 주가는 전일 하락을 딛고 다시금 16만 500원으로 상승, 이제 524만 원 수익이다(차트4 참고). 원칙을 지켜야 수익이 난다는 말이 맞는 것 같다는 생각을 해본다.

다음 날도 주가는 16만 1500원으로 상승하여 589만 5000원 수익이다. 내일은 600만 원 이상 수익이 날 것 같다는 생각으로 잠을 이룰수가 없다. 오늘 마침 재테크 이야기가 나와서 자신 있게 "나는 며칠 만에 주식으로 600만 원 정도 벌었다"고 자랑을 했다. 주변인들의 부러운 시선. 나는 주식에 소질이 있는 것 같다는 생각도 해본다.

지루한 하루가 지나고 주가는 16만 1000원이 되었지만 수익은 여전히 550만 원 정도. 하지만 '저번에 밀릴 때도 버텼으니 지금도 원칙이 깨지지 않았으니 버티는 것이 당연하다'고 생각하며 스스로 생긴 내공에 뿌듯하기도 하다.

어제 팔 걸 그랬나⋯ 오늘은 600만 원 이상 수익을 올릴 것으로 생각했는데 주가가 15만 8500원이 되어 수익이 393만 원으로 줄었다. 그냥 600만 원 정도 다시 수익이 나면 팔아야지. 주식은 욕심을 내면 안된다고 하니깐.

역시 원칙을 지키길 잘했다. 600만 원이 넘으면 팔려고 했는데 9월 4일인 오늘 주가가 16만 3000원으로 올라 687만 7500원 수익이다. 남들 한 달 월급 이상을 거의 열흘 만에 벌었다. 돈이 돈을 벌게 한다는 말이 이런 건가 보다. '그냥 대출도 좀 더 받아서 1억 원이 아니라 10억 원을 들여 샀으면 열흘에 7000만 원 정도 수익인데' 하는 아쉬운 생각도 든다. 원래는 600만 원 정도 수익에 매도하려고 했으나 내일 정도 되면 수익이 700만 원을 넘어갈 것 같다. 그리고 아직 이평이 깨지지 않았으니 홀딩해보자.

이틀 동안은 지루한 흐름 후 450만 원으로 수익금이 줄었다가 다시 600만 원 초반이 되었다. 하지만 그 다음 날 주가가 더 하락했다. 이익금이 600만 원대에서 260만 원대로 확 줄었다. 팔아야 할까? 하루만 더 기다려볼까? 다시 600만 원 정도 수익이 나면 정말 팔아야겠다고 생각한다.

차트5. 삼성전기 2018년 9월 10일 주가　　　　　　　　　출처: 키움증권HTS

차트6. 삼성전기 2018년 9월 12일 주가　　　　　　　　　출처: 키움증권HTS

9월 10일, 주가는 15만 3000원으로 하락하여 수익은 32만 7500원으로 줄었다(차트5 참고). 이익이 거의 700만 원 정도까지 올라갔는데 며칠 만에 600만 원 이상 손실이다. 그래도 이평이 깨지지 않으면 홀딩이라고 했으니깐, 힘들지만 버텨보기로 한다.

어제 하루는 이평을 지켜줬는데 오늘은 깨졌다. 이제 수익이 아니라 393만 원 손실이다(차트6 참고).

'아, 저번에 팔 걸!'이라는 생각과 '왜 이렇게 떨어지지?!'라는 고민에 빠져 포털사이트에서 종목 내용도 찾아보기 시작한다. 이평이 깨지면 팔겠다고 했지만 일단은 이유를 좀 알아야 될 것 같다.

그 당시의 증권사 의견을 찾아보니 KB증권에서는 '가파른 이익 성장기에 진입'했다고 의견을 냈다. 현대차증권에서는 'MLCC 시장에 부는 LTA바람'이라면서 목표가를 20만 원으로 상향했다.

가만히 보니 KB증권에서는 목표가를 22만 원, 현대차증권에서는 20만 원으로 상향 조정했다. 이 종목은 팔 종목은 아닌 것 같다는 생각

2018년 9월 초 증권사 의견

작성일	제목	분량	작성자	제공사	투자의견	목표주가(원)
2018년 9월 7일	삼성전기-가파른 이익 성장기 진입	3	김동원 외 4명	KB증권	BUY	220,000
2018년 9월 6일	삼성전기-가파른 이익 성장기 진입	6	김동원 외 2명	KB증권	BUY	▲ 220,000
2018년 9월 6일	삼성전기-MLCC 시장에 부는 LTA 바람	3	노근창	현대차증권	BUY	▲ 200,000
2018년 9월 5일	삼성전기-Smart한 가전, 필요한 부품도 많아진다	3	이동주	KTB투자증권	BUY	200,000

출처: 키움증권

이 들기 시작한다. 욕심내지 말자. 22만 원이 아니라 20만 원 정도까지만 가도 수익은 3100만 원이 넘는다. 이런 상태에 팔면 바보지! 더 사야겠다는 생각이 든다. 역시 찾아보길 잘했다는 생각이 든다. 그리고 4개월이 지났다.

주가는 9만 원까지 하락했다가 9만 2000원까지 올랐다. 15만 2500원에 매수했는데 거의 40% 정도 손실이 나 3960만 원 정도 손실이 났다.

주식이 왜 위험하다고 하는지 알 것 같다. 이제 주식을 하면 성을 갈겠다는 생각도 한다. 주변사람들이 "너 주식 잘한다며? 요즘은 어때?"라고 물어보면 "여전히 잘하고 있어"라고 하지만, 사실 속은 문드러진다. 아니면 '원래 주식은 장기 투자니깐' 하면서 스스로를 위로할지도 모른다.

★★★

매매하기로 전략을 잡았으면 무조건 그렇게 해야 한다. 다른 핑곗거리를 만들면 안된다. 과유불급이다. 이런 경험을 하고 주식은 위험하다고 생각하면 정말 어렵다. 어린아이가 칼을 들고 있으면 무조건 위험하다 생각하지만, 주방에서 요리를 하는 어머니가 칼을 들고 있다고 위험하다 생각하지 않는다. 즉 할 줄 알면 위험하지 않고 할 줄 모르면 위험한 법이다.

매매는 투자보다 어렵다

월가의 전설로 불린 펀드매니저 피터 린치Peter Lynch는 1977년 2200만 달러에 불과했던 마젤란 펀드Magellan Fund를 13년간 운용하면서 연 평균 투자수익률 29.2%를 기록해 1990년 무렵에는 140억 달러 규모의 세계 최대 뮤추얼 펀드로 성장시켰다. 당연히 고객들은 크게 수익을 올렸을 것이다. 하지만 투자자 중 절반 이상은 손실을 보았다.

이유는 충격적으로, 개인들은 주관적인 판단으로 펀드에 가입하고 환매하면서 손실을 봤기 때문이다. 이는 시장이 상승을 해도 손실을 보는 개인이 그만큼 많을 수 있다는 것을 뜻한다. 아무리 아끼고 저축을 해도 기본 자산이 많지 않은 개인은 매매를 통해 일정 부분의 자산을 만들어야 한다. 여기서는 매매에서 이익을 얻으려면 어떤 마인드로 임해야 하는지와 수익을 올릴 수 있는 포인트를 잡아 설명해보기로 한다.

사고 싶으면 사고, 팔고 싶으면 파는 감정적인 방법으로는 절대 매매

1977~1990년 마젤란펀드 vs. S&P500 지수 비교

에서 꾸준한 수익을 올릴 수 없다. 초보자들은 대개 입문하고 3개월 정도 지나면 주식을 포기한다. 2장에서도 언급했듯이, 한국 시장에서의 개인은 대부분 초보자이며 중급 이상을 찾아보기 힘들다. 재미있는 것은 주식 열풍은 이전에도 있었다는 것이다. 시간이 나면 헌책방에 가서 2007년과 2010년 주식 활황기에 나온 서적들을 찾아보라. 그리고 지금과 다른 내용인지도 살펴보자. 놀랍게도 주식 기본서들의 내용은 지금이나 그때나 내가 처음 입문할 때나 전부 비슷하다.

기존의 분석 방법이나 말만 바꾼 기법을 공부해서는 성공적인 트레이더가 되기 힘들다. 올바른 학습과 본인의 마음가짐부터 바꿔야 된다.

손을 보느라 중요한 달을
못 보면 안 된다

'달을 보라고 손가락으로 달을 가리켰더니 달은 잊고 손가락을 본다'는 뜻의 '견지망월見指忘月'이라는 사자성어가 있다. 중국 당나라 때 한 승려의 법어에서 비롯됐다고 알려져 있으며, 자세한 내용은 다음과 같다.

> 진리는 하늘에 있는 달과 같고, 문자는 그 달을 가리키는 손가락과 같다. 손가락으로 달을 가리키지만, 손가락이 없다고 달을 보지 못하는 것은 아니다. 달을 보라고 손가락을 들었더니 달은 보지 않고 손가락만 쳐다보는 격이로다. 즉 일부분보다 본질을 제대로 파악해야 된다는 말이다.

트레이딩은 기본적으로 심리에 기반한다. 이 종목을 사면 돈을 벌 수 있을 것 같다는 생각이 들면 트레이더들은 매수를 시작한다. 매수가 시작된 종목은 당연히 오른다. 반대로 종목을 가지고 있으면 이익이 줄어들거나 손실이 더 커질 것 같은 공포에 빠지면 주식을 팔기 시작한다. 매도가 시작된 종목은 당연히 하락한다. 올해 사상 최대 실적을 내든, 신제품을 개발하든, 아니면 경영자가 능력이 있는 사람으로 바뀌든, 그 기업이 속해 있는 업종의 업황이 좋아지든, 시장에 알려져 있지 않지만 내부자들이 불법적으로 매수를 하든, 어떤 이유이든 탐욕과 욕심으로 매수를 하면 종목은 오른다.

하지만 애초에 왜 매수를 시작했는지 그 명확한 이유는 모른다. 단지 이 종목이 오를 것 같다고 생각하는 심리가 강해졌다는 것만 알 수 있다.

종목을 매도하는 경우도 마찬가지다. 심지어 이 종목이 좋다고 생각해도 매도할 수 있다. 마치 평소에는 짬뽕을 좋아하지만 그날만 왠지 자장면이 먹고 싶어서 선택하는 것처럼, 이 종목이 여전히 좋지만 더 좋아 보이는 종목을 사기 위해 가지고 있어도 좋을 종목을 팔기도 한다. 아니면 종목은 좋지만 급하게 돈을 써야 할 곳이 생겨서 팔 수도 있다.

주식의 상승과 하락의 이유를 뉴스 기사를 통해 모두 알 수 있을 것 같지만, 그것은 틀린 생각이다. 기사들은 종목이 오르면 오른 이유를, 하락하면 그 이유를 붙인다. 아마 이래서 오른 것 같다, 이런 이유로 떨어진 것 같다 정도의 뉘앙스로 받아들이는 게 편하다. 그래서 시장이 하락하면 온통 왜 주가가 내렸는지에 대한 이유만 찾기 때문에 시장에는 악재밖에 없는 것처럼 보이고, 반대로 시장이 오르면 호재밖에 없는 것처럼 느껴지기도 한다.

사실 그 종목을 왜 매수했는지 왜 매도했는지에 대해 정확하게 알기 위해서는 트레이더마다 물어봐야 한다. 하지만 알다시피 그것은 불가능하다. 그래서 매매를 할 때는 왜 주식이 올랐는지, 왜 하락했는지에 대한 이유를 찾기보다는 단순히 '수급'을 가장 중요하게 생각해야 한다. 즉 중요한 달의 실상은 파악하지 않은 채 가리키는 여러 손가락만 보면 안 된다는 말이다.

투자는 그렇지 않지만, 매매는 수급이 매우 중요하다는 것을 항상 염두에 두자.

주식의 바이탈 사인,
'차트'의 목적

차트1. 코스피 지수 차트   출처: 키움증권HTS

주식을 하기 위해 가장 기본적으로 알아야 하는 것이 차트다. 시장에 그 많은 증권사의 HTS(홈트레이딩시스템, home trading system)나 MTS(모바일트레이딩시스템, mobile trading system) 차트 화면은 차트1과 같이 구성되어 있다.

차트에 주가의 등락을 표시하는 캔들은 1717년 일본의 도쿠가와 막부 시대에 태어난 혼마 무네히사로부터 시작되었다고 알려져 있으니, 지금으로부터 300년이 넘은 분석 방법이라 할 수 있다.

주가 이동평균선, 거래량 이동평균선 같은 이평 개념은 제2차 세계대전 중 초기 컴퓨터 응용 분야에서 유래되었다. 이런 이평을 1960년대에 정리해서 이론으로 발전시킨 사람이 기술분석의 대가로 불린 미국의 조셉 E. 그랜빌이다.

IT, 바이오헬스케어, 에너지, 산업재 등 시대마다 기업의 업종도 달라지고 이슈도 달라지지만, 매매를 하는 사람은 항상 차트를 분석한다. 왜 그럴까? 사실 차트를 분석한다는 것은 업종을 분석하고 전망하거나 이슈를 해석하는 것이 아니라 그 정보를 시장 참여자들로 하여금 공포에 빠지게 하느냐, 욕심을 가지게 하느냐에 대한 심리를 분석하는 것이기 때문이다.

그래서 매매에서 '왜 오를까?' '왜 빠질까?'를 고민하는 것은 득보다는 실이 될 때가 많다. 실제로 기술적 분석을 할 때 반드시 알고 이해해야 하는 기본 명제는 다음과 같다.

가격은 모든 것을 반영한다.
가격은 스스로 추세를 이룬다.

역사는 반복된다.

내가 가진 종목이 여러 호재가 있음에도 불구하고 주가가 하락할 때는 '그래도 호재가 있으니 보유하자'가 아니라 '이런 호재에도 불구하고 하락하니 팔아야겠다'라고 생각하는 것이 옳다.

주가는 기본적으로 상승과 하락을 반복한다. 단지 이전 저항을 돌파할 정도로 많이 오르고 조금 하락하고, 다시 이것을 반복하는 것을 '상승추세', 오르고 하락할 때 저점을 이탈하지 않고 다시 상승하지만 이전 고점을 돌파하지 못하고 하락하는 걸 '패턴'이라고 한다. 마지막으로 이것을 반복하는 것을 '하락추세'라고 한다. 다시 말해 종목이나 시장에서 매매자들이 돈을 벌 수 있다는 욕심이 커지는 시장은 직전 저항을 돌파하는 상승추세로 갈 가능성이 높고, 돈을 잃을 것 같다는 공포에 자주 빠지는 시장은 직전 지지선마저도 이탈하는 하락추세를 만들 가능성이 높다.

이런 가격의 흐름은 인위적으로 만들어지지 않는다. 앞서 말한 '역사는 반복된다'보다 '인간의 감정은 변하지 않는다'는 표현이 맞는지도 모르겠다. 시대가 달라져도 인간의 고유 감정은 변하지 않고 반복된다. 그러므로 차트를 통해 인간의 기본적인 심리를 파악하면 매매에 유리해진다. 결국 매매를 위한 분석은 왜를 분석하는 것이 아니라 트레이더들의 심리 방향이 어디로 가는지 그래서 매수/매도를 할 것인지 홀딩을 할 것인지에 대한 전략을 짜는 것임을 '반드시' 기억하자.

상승장일 때와
하락장일 때의 대처법

보조지표를 이용한 매매 기법이나 많은 주식 트레이더들이 말하는 기법은 낚시로 보면 어떻게 하면 월척이나 많은 고기를 낚을 수 있는지를 이야기하는 것과 같다. 낚싯대를 몇 개 두고 할 것인지, 어떤 포인트에서 물고기가 잘 낚이는지를 알려주는 것이라 생각하면 될 것 같다. 그런데 만약 물이 빠진다면 낚시가 가능할까? 낚시에 대해 공부를 하고 서해로 바다 낚시를 갔지만, 때마침 썰물이어서 물이 없다면 어떤 기법을 쓰더라도 성공적인 낚시를 하긴 어려울 것이다. 이때 낚시를 하나의 기법으로 본다면, 물은 시장에 유입되는 자금이다.

주식을 매수하면 그 후 떨어질 확률이 50%, 오를 확률이 50%라는 말을 한다. 그런데 시장이 오르는 시기에 주식을 매수하면 당연히 개별 종목이라도 수익날 확률이 높아지고, 시장이 하락하면 수익보다는 손실 날 확률이 높아진다. 그럼 시장은 언제 상승할까?

간단히 이야기하면, 주식시장으로 돈이 유입될 수 있느냐 없느냐의 판단이 먼저다. 금리가 낮아지면 주식으로 유입되는 자금이 증가할 가능성이 높아진다. 개인의 경우 이자 비용이 감소해서 소비도 증가할 수 있고, 주식으로 자금이 유입될 수 있기 때문이다. 또는 이자 수익이 줄어들어 은행에 있던 자금이 펀드로 이동할 가능성이 높아진다. 시장에서 일반적으로 이야기하는 기관이 이런 펀드를 운용하는 펀드매니저다. 따라서 기관의 매수가 유입될 가능성도 높아진다. 이런 관계로 인해 일반적으로 금리 인하는 시장에 긍정적인 이슈로 작용한다.

환율이 강세를 보일 때는 외국인들의 매수가 유입될 가능성이 높아진다. 환율이 강세를 보인다는 말은 원화의 가치가 달러 가치보다 강해진다는 것이다. 예를 들어 1100원에 1달러인 환율이 1000원에 1달러로 바뀌면 '원화 강세'라고 이야기한다. 1100원에 1달러일 때 조나단이라는 외국인이 만 달러를 원화로 환전한 경우 1100만 원으로 바꿀 수 있다. 원화 강세가 되어 1100원에 1달러가 1000원에 1달러로 바뀌면 1100만 원을 달러로 환전 시 만 1000달러가 된다. 따라서 외국인의 경우 거래하는 통화에 대해 원화가 강세를 보일 가능성이 높아지면 매수할 가능성이 높아진다.

이렇게 시장의 자금 흐름이 지속적으로 유입될 것인지, 아니면 빠져나갈 가능성이 높은지를 먼저 살펴봐야 한다.

코스피, 코스닥 시장에서 중요한 매매 주체는 개인, 외국인, 기관이다. 2022년 정부는 부동산 상승을 규제하고자 금리를 인상하고 대출 한도를 줄이고 있다. 금리를 인상하면 개인의 가처분소득(개인소득에서 개인의 세금과 이자지급 등 비소비지출을 공제하고, 여기에 사회보장금, 연금 등의 이전 소득을 보탠 것)이 줄어들고, 대출한도가 줄어들면 개인이 주식을 매수하기 어려워진다.

고용이 불안해지거나 실업률이 올라가거나 경기 불황으로 인해 가계가 타격을 받으면 가계는 은행에 있던 적금, 보험의 보험상품, 펀드등의

출처: 키움증권HTS

시장구분	개인	외국인	기관계
코스피	+7,933	-914	-7,488
코스닥	+1,169	-560	-520
선물	+4,057	-4,707	+597
콜옵션	+14	-17	+12
풋옵션	-40	+60	-10
주식선물	+419	-396	-15
달러선물	-1,846	+1,892	-46

투자자별 매매 동향도 HTS, MTS에서 검색이 가능하다.

상품을 해지할 가능성이 높아져 기관의 매수 여력도 감소하게 된다.

글로벌 자금 유입은 환율에 따라서 움직이기도 하지만, 최근 동향은 인덱스를 따라 움직이는 경향이 높다. 외국인의 입장에서는 먼저 미국, 영국, 독일 등 선진국에 투자할 것인지, 중국, 한국, 인도와 같은 이머징 마켓에 투자할 것인지를 정하고 각 나라별 투자 비중을 정한다. 이때 중요하게 쓰이는 지표가 바로 인덱스다.

글로벌 투자자들이 인덱스로 추종하는 가장 규모가 큰 지표는 MSCI지수(Morgan Stanley Capital International Index)로, 미국의 모건스탠리 캐피털인터내셔널사가 작성해서 발표하는 세계 주가 지수이며 전 세계를 대상으로 투자하는 대형 펀드, 특히 미국계 펀드 운용에 주요 기준으로 사용되고 있다.

두 번째로 큰 지수는 FTSE지수로 영국의 경제일간지《파이낸셜 타임스》와 런던증권거래소가 1995년 공동으로 설립한 FTSE인터내셔널에서 개발, 산출하는 지수로 전 세계 77개국에 연금펀드와 투자은행, 컨설턴트, 펀드매니저, 증권거래소를 고객으로 두고 있다.

이 두 지수 중 우리가 신경을 써야 할 것은 MSCI지수다. 대한민국은 FESE지수에서는 선진국에 편입되어 있지만, MSCI지수에서는 이머징마켓에 포함되어 있다. 글로벌 경제가 호황일 때는 성장률이 높은 이머징마켓으로 자금 배분이 커지지만, 경기 불황이나 글로벌 긴축 등의 상황이 오면 자금은 성장성은 낮지만 불확실성이 적은 선진국으로 이동한다. 이때 FTSE지수를 추종하는 외국인들은 우리 증시에 남겠지만, MSCI지수를 추종하는 외국자금은 빠져나가 선진국 지수로 이동한다.

특히 앞서 미국계 자금이 이 MSCI지수를 많이 추종한다고 했는데, 우리 증시에서 미국계 자금은 전체 외국인의 40% 정도 수준이다. MSCI지수에 따라서 움직이는 자금이 전체 외국인 자금에서 절반 정도라는 점을 쉽게 생각할 수 있다. 따라서 경제 상황에 따라 외국인의 자금 흐름을 체크하는 데 인덱스 자금의 흐름이 매우 중요하다고 볼 수 있다.

차트1. 코스닥 지수의 2020년~2022년 3월 초 흐름   출처: 키움증권HTS

자금이 유입되며 시장이 상승추세로 갈 경우에는 주식을 매수해서 트레이딩을 하는 기간이 길어져도 크게 무리가 없다. 차트1에서 보듯 2020년 3월부터의 시장이 그랬다. 반대로 2021년 8월을 고점으로 하락추세로 진입하기 시작한다. 시장의 흐름이 바뀌면 트레이딩 방식도 바뀌어야 한다. 마치 밀물 때는 물고기를 낚고, 썰물 때는 조개를 잡는 것과 같은 원리다.

참고로 현금 비중으로 보자면 시장이 상승추세로 갈 때는 0~30%, 패턴으로 움직일 때는 30~50% 그리고 하락으로 갈 때는 50~70%의 현금을 유지하는 것이 편하게 매매할 수 있는 조건이다.

상승추세에 있을 때는 평균적으로 코스피, 코스닥 시장 종목 중 70% 정도가 상승 또는 횡보한다. 반대로 하락추세에 있을 경우 종목 중 70% 정도가 하락 또는 횡보한다. 다시 말해 같은 매매 기법으로 트레이딩하더라도 승률이 확연하게 떨어진다. 개인적으로 '시장이 하락할 때 트레이딩은 가드를 내리고 복싱하는 것과 마찬가지다'라고 생각한다. 이때라고 승리할 수 없는 것은 아니다. 하지만 가드를 내리고 한 대 맞으면 생각하는 것보다 타격이 클 수 있다.

2021년 8월, 한국경제TV 〈나의 투자〉라는 프로그램에 출연하여 "시장이 하락추세로 진입을 해서 현금 비중을 높이는 것이 좋을 것 같다"는 말을 한 적이 있다. 그러자 "그럼 시장이 하락할 때 수익을 주는 ETF인 KODEX 인버스(114800)를 매매하는 건 어떤가요?"라고 질문을 해왔다. 초보자들은 시장이 하락할 것으로 보여도 인버스를 매매하는 것은 반대다. 왜냐하면 인버스를 매수하면 시장은 하락하길 바라면서 내 종목은 상승하길 바라는, 다시 말해 시장이 올라 종목이 오르면 인버스가 하락하여 마인드가 깨지고, 시장이 하락해서 인버스는 상승하더라도 기존 종목의 손실이 커지면 또 절망하게 되기 때문이다. 그래서 인버스는 중급 이상만 매매하길 권유한다.

"인버스를 매수하면 기존 포트폴리오 헷징(가격 변동으로 발생하는 손실을 최대한 줄이기 위해서 하는 다른 거래) 역할도 가능하지 않나요?"라는 질문을 받는다면, "매매는 헷징이 없다"고 답해주고 싶다. 문제는 대부분의 초보자나 개인 트레이더는 자신이 무엇을 하고 있는지 확실히 모른다는 것이다. 주가가 하락해서 안절부절 못한다거나 고통스럽다거나 하는 심리는 주식 투자자가 갖는 심리가 아니다. 그 사람은 매매를 하고 있는 것이다. 매매를 할 때는 헷징은 없다. 흐름이 깨지면 매도하는 것이다.

4월에는 땅에 비료를 주고 5월에 모내기를 하고 6월에 잡초를 제거하고 물관리를 하며 열심히 벼농사를 지었는데, 8~9월에 태풍이 와서 농사를 망치고는 10월에 다시 땅에 비료를 주고 11월에 모내기를 하는 사람은 없다. 겨울이 오면 농기계를 정비하고 다음해에는 어떤 농사를 지을 것인지 고민을 하는 것처럼, 코스피/코스닥 시장이 상승에 하락으로 전환되어 승률이 낮아지는 시기가 오면, 매매 기법을 정비하고 다음 상승장에는 어떤 종목이 유리할 것인지에 대한 고민을 하는 시기로 생각하는 것이 바람직하다.

대부분이 트레이딩을 할 때 수익을 오늘도 내고, 내일도, 다음 달도, 계속 내는 것처럼 이야기하지만, 상승장일 때는 수익이 안 나는 것이 이상한 일이다. 하지만 하락장일 때는 수익을 내는 것이 생각처럼 쉽지 않다. 그러므로 초보자라면 시장이 상승추세에 있을 때는 수익을 끝까지 올릴 수 있는 공격적인 매매를, 시장이 하락으로 전환할 때는 수익난 금

코스닥 지수 변동으로 본 공격과 방어 타이밍　　　　　　　　　　　　출처: 키움증권HTS

액을 지키는 방어 매매를 하길 바란다. 여기서 기억해야 할 점은 시장은 항상 상승과 하락을 반복한다는 점이다. 그래서 하락하고 있어도 실제로 그것을 깨닫는 데는 오래 걸리는 경우가 많다. 또한 시장이 하락으로 전환되어 손실이 커지기 시작하면, 원금 회복에 대한 욕구가 강해져서 하락장에서도 급하게 매매하는 경향이 강해진다. 하락추세로 전환되면 매수를 급하게 하기보다는 추세 전환이 또 일어날 때까지 기다리자. 만원 하던 주식이 50% 하락하면 5000원이 되지만, 5000원인 주식이 다시금 만 원까지 상승하면 100% 수익이다. 하락은 주식을 보유하고 있는 트레이더에게는 공포이겠지만, 현금을 보유하고 있는 트레이더에게는 손실 회복보다 큰 기회가 된다.

종목을 선택할 때
유리한 방법

주식은 앞서 설명한 것처럼, 프로와 아마추어 그리고 초보자가 섞여서 승패를 벌이는 시장이다. 당연히 초보자가 제일 불리할 수밖에 없다. "저는 이제 막 시작했는데요!"라고 외쳐봤자 아무도 도와주지 않는다.

다시 한 번 주가의 상승과 하락에 대해 생각해보자. 주가는 누군가 시장가로 매수하면 상승하고 매도하면 하락한다. 그래서 일반적으로는 오른 만큼 빠지는 것이 정상일 것이다. 하지만 투자자들이 매수한 종목은 어떨까? 주가가 하락하더라도 이들은 주식을 팔지 않는다. 주가의 흐름을 보고 매수한 것이 아니라 기업을 보고 매수했기 때문이다.

이들이 매수한 종목들은 주가가 상승한 다음 일정 수준 하락하지만, 다시금 상승하는 경우가 많다. 따라서 초보자라면 소위 시장에서 '세력'이라 불리는 고수들만 우글우글한 종목을 매매해서 손실을 보기보다는 '투자자'들이 매수할 가능성이 높은 또는 매수한 종목에 관심을 갖는 것이 편하게 수익을 내는 방법일 것이다. 이들이 바로 '기관'과 '외국인'이다. 기관은 펀드를 운용하는 펀드매니저라고 생각하면 되고, 외국인은 외국계 자산운용사의 펀드매니저로 일단 생각해두자.

국내 기관들은 일반적으로 1년 이상, 짧아도 한 분기 정도의 주식 보유 기간을 가지는 것이 보통이다. 어쩌면 너무나도 당연한 일이다. 어떤 펀드매니저가 A라는 종목을 반드시 매수해야겠다고 생각하고는 자신의 상사를 열심히 설득해서 매수를 진행했다고 해보자, 그러고는 다음 날 바로 주식을 팔아야겠다고 다시 상사에게 보고할 수 있을까? 이렇게 펀드를 운용하면 펀드매니저로서 밥줄을 연명하기는 힘들 것이다. 참고로 외국 자금 중 특히 유럽이나 미국의 연금들은 좀 더 장기적인 안목으로 투자하는 경우가 많다.

그럼 국내 기관들은 어떤 종목에 투자할까? 그냥 실적이 좋다고 투자하진 않는다. 실적이 좋다는 것은 기관 투자자들의 투자 기준의 하나일 뿐이다. 예를 들어 펀드 환매가 들어오면 주식을 팔아서 고객에게 환금을 해줘야 하니 환금성이 좋은, 다시 말해 일정 수준의 거래가 있는 종목과 실적이나 성장성이 좋아 누가 봐도 충분히 납득이 가는 종목이 대부분이다.

이런 분석들을 애널리스트들이 한다. 초보자는 일단 그들의 보고서가 있는 종목이 기관 매수가 유입될 가능성이 높으므로, 이것들을 관심종목으로 잡고 타이밍을 노리는 것이 바람직하다. 하지만 애널리스트 리포트가 나온 종목이 장기 종목이라는 관념을 가지고 있다면 깨야 한다. 우리는 이들이 장기적으로 투자하는 종목을 매매하며 승률을 높이는 것이 중요하다.

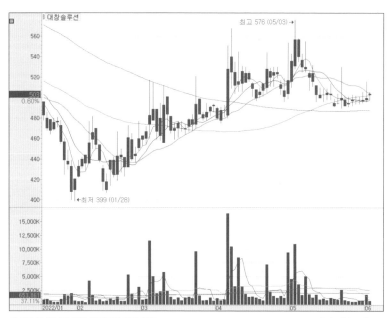

최고 576 (05/03) →

최저 399 (01/28)

저가주 중 하나인 대창솔루션의 주가 차트   출처: 키움증권HTS

만약 당신이 펀드에 가입을 했는데, 펀드매니저가 1000원도 안 되는 종목을 매수한다면 어떤 생각이 들까? 기본적으로 외국인 기관 투자자들은 저가 종목에 투자하지 않는다. 따라서 차트를 분석할 때, 저가주의 경우 외국인과 기관을 분석하는 것은 의미가 없다. 특히 외국인의 경우에는 대부분 시가총액(이하 시총) 상위 종목으로 매수를 진행한다. 다시 말해 외국인이 파는 시장에서는 그 영향을 좀 덜 받는 코스닥(중소기업과 벤처기업의 주식이 모인 시장)이 코스피(대기업, 중견기업 주식)보다 수급상 유리할 수 있다.

초보자는 최소 증권사 리포트가 있는 종목, 외국인과 기관의 매수가 들어올 수 있는 종목들 위주로 매매한다면 수익을 볼 확률이 높아진다.

외국인과 기관은
이런 종목에 주목한다

현재 주식 시장은 길어지는 팬데믹과 전쟁으로 인해 전과 같은 방식으로 추이를 예측하고 거래를 하기란 쉽지 않다. 그래도 기본적으로 일반적인 시장 상황에서는 어떤 종목들을 주목해서 봐야 하는지 생각해보자.

앞서 외국인과 기관 투자자들의 장기 매수세에 기대서 매매한다면 나은 승률을 올릴 가능성이 높다고 했다. 그럼 외국인과 기관이 가장 중요하게 생각하는 건 무엇일까? 바로 '실적'이다. 실적 추정은 증권사 애널리스트의 리포트를 보면 알 수 있다. 올해 뿐만 아니라 심지어는 몇 년 뒤의 실적 추정까지 해둔 것을 볼 수 있다. 방송 매체를 보면 11월이나 12월에는 내년의 실적 추정치를 보고 주식을 해야 한다고도 한다.

하지만 이런 자료는 기업의 IR 자료를 기반으로 하기 때문에 완전히 신뢰하기는 힘들다. 앞서 언급했듯이, IR은 투자를 유치하기 위해 기업에서 하는 홍보 활동이므로, 어느 기업이 IR을 하면서 "내년 우리 기업은 실적이 최악을 기록할 것 같습니다"라고 하겠는가.

증권사 애널리스트가 기업의 IR 자료를 통해 실적을 추정해냈더라도 최소 1분기 실적 성적표를 봐야지만 올해 실적을 정확하게 가늠할 수 있다. 따라서 외국인과 기관 투자자의 매수가 시작되는 3월부터 10월까지는 실적을 기반한 투자 자금이 유입될 가능성이 높다고 할 수 있다.

4분기 정도가 되면 올해 나올 실적 추정은 거의 다 나온 것이기 때문에 그 다음해 실적을 보고 투자하고 싶어도 사실 신뢰가 가지 않는다. 그 기간 동안에는 정부의 정책과 관련된 종목을 매매하는 것이 좋다.

4분기가 되면 행정부는 지금까지의 정책 성과를 발표하거나 주요 정책에 대한 간담회와 정책을 어떻게 진행해 나갈 것인지에 대한 보도자료를 많이 발표한다.

예를 들어 2021년 12월 환경부는 한 간담회에서 〈전기차 배터리 재활용산업 육성 속도낸다〉는 제목의 환경부 보도자료를 발표했다. 여기

환경부가 발표한 2021년 12월 보도자료

보 도 자 료			
환경부 🌀 그린뉴딜 ✳ 한국판뉴딜	보도일시	2021년 12월 23일 10:30 이후부터 보도하여 주시기 바랍니다.	
	담당 부서	환경부 자원재활용과	이나형 과장 / 원빈 사무관
			044-000-0000
	배포일시	2021년 12월 22일 / 총 6매	

전기차 배터리 재활용산업 육성 속도낸다
◇ 환경부-경상북도-포항시, 전기차 사용 후 배터리 자원 순환
클러스터 조성 사업의 성공적 추진을 위한 업무협약 체결

출처: 환경부

에는 에코프로, GS건설, 포스코케미칼 등의 기업이 참여했다. 당연히 이들 종목에 대한 관심을 갖는 것이 바람직하다. 이런 정책 관련주 매매를 다시 2~3월까지 진행하면 더 나은 성과를 올릴 수 있다.

정리하자면, 시장에서 외국인과 기관이 관심을 가질 만한 종목은 시기에 따라 달라질 수 있다. 특히 IR에서 장밋빛 전망을 발표하여, 애널리스트들이 긍정적인 리포트를 내고 기관이 일부 매수했지만 1분기 실적이 IR에서 밝힌 것과 너무 차이가 나는 경우 기관들의 대량 물량이 쏟아지는 경우도 많다. 따라서 3분기에서 다음해 1분기에는 정책 관련 종목으로, 1분기 실적 발표부터 3분기까지는 실적 관련주로 관심종목을 잡고 매매하는 것이 나은 성과를 올리는 데 도움이 된다.

관심종목 잡고
'째리고' 매수

"주식은 항상 타이밍이 중요하다"는 말이 있다. 사실 주식 뿐만 아니라, 성공적인 회사 생활과 인간관계도 타이밍은 중요하다.

증권 관련 매체를 보면, 임상 통과 가능성이 높아 모멘텀이 있다거나 앞으로 변화될 세상의 중심이 될 종목이거나 기술력이 너무 좋아서 향후 실적이 큰 폭으로 좋아진다거나 실적 대비 주가가 저평가되어 있어서 최소 2배 이상 수익이 날 만한 종목에 대한 소개가 많이 나온다. 증권 매체 뿐만 아니라 증권사 애널리스트의 리포트에도 ESG 관련 수혜주, 향후 행정부의 정책 수혜주 또는 인플레이션, 디플레이션 등의 각종 경제 상황에서 실적이 좋아질 종목들에 대한 이야기도 많다.

이런 이야기들을 듣고 있다 보면 나도 모르게 가슴이 설레고, 향후 나에게 큰 돈을 벌어줄 것 같아 생각만으로도 가슴 떨리게 해주는 종목들이 있다. 보통 개인 트레이더들은 이 가슴 떨림에 종목을 산다. 하지만 실적에 비해 저평가된 종목이나 향후 모멘텀이 큰 종목 또는 새로운 기술을 개발해서 시장을 주도해서 향후 제2의 애플이나 구글이 될 것 같아 '이 종목은 꼭 사야겠다!'고 생각이 든다면, 그때는 매매 관점에서 그 종목은 '매수종목'이 아니라 '관심종목'이다.

개인 트레이더들이 주식 매매에서 실패하는 이유 중 하나가 가슴 떨리는 스토리를 가진 기업을 그냥 사버리는 데 있다.

그럼 언제 매수를 해야 할까? 아마 저마다의 매수 타이밍이 있을 것이다. 단순히 금일 종가가 전일 고가를 돌파할 수도, 이평의 골드크로스나 보조지표의 골드크로스를 보고 매수 원칙을 잡을 수도 있다. 그럼 그때부터 그 종목의 주가 흐름이 내가 원하는 타이밍이 올 때까지 째려보는 것, 즉 기다리는 것이 중요하다. 만약 내가 기다리는 매수 타이밍이 오지 않는다면, 그 종목이 지구를 바꿀 실적이 있든 우주를 뒤집을 기술을 가지고 있든 간에 매수하지 않는 것이 옳다.

보통 기술적 분석상의 매매 타이밍은 주가가 상승하는 경우 타이밍이 나온다. (참고로 매매를 하면서 '주가가 밀리면 매수해야지' 하는 생각을 하는 트레이더가 있다면, 트레이딩 자체를 다시 배우기 바란다.) 하지만 실적이든 뉴스든 모멘텀이든 그것이 시장에 먹히지 않으면 당연히 주가는 상승하지 않으며, 당연히 매수 타이밍이 오지 않을 것이다. 매매에서는 이렇게 내가 원하는 타이밍까지 주가가 상승할 수 있는지를 째려봐야 한다. 그리고 타이밍이 온다면 감정이 아니라 원칙으로 매수해야 할 것이다.

그런데 사실 '관심종목으로 정하고 째리고 매수'는 단순히 매매에만 적용되는 것은 아니다. 투자에도 적용된다. 매매는 단지 주가의 상승을 보고 접근한다면, 투자는 주가의 하락을 보고 자금을 투입한다. 먼저 배당 투자의 경우 현대차 종목을 노리고 있다고 생각해보자. 현대차는 평균적으로 4000원 정도의 배당을 줬는데, 5% 정도의 배당을 받으려고 지켜본다 치자. 2022년 6월 28일, 현대차의 주가는 18만 6000원이었다. 그럼 8만 원까지 하락하는 경우 배당 5%를 기대할 수 있을 것이다. 물론 2021년 5000원으로 배당을 올렸다는 점을 감안해서 투자한다면, 10만 원 아래에서는 매수하겠다는 전략을 세우고 째려볼 수 있을 것이다. 물론 그 가격까지 하락하지 않을 수도 있다. 그럼 도도하게 다른 종목을 매수하겠다는 생각을 하면 된다.

　가치 관점에서도 마찬가지다. '카카오'를 생각해보자. 최근 금리인상, 긴축 또는 골목상권에 대한 사회적 관념과 일반주주 입장에서 본 대주주의 부도덕성 등의 이슈로 주가가 하락하고 있다. 2021년 6월 17만 3000원까지 올랐던 주가가 2022년 6월 23일 6만 6700원까지 하락하였다. 그런데 금리가 인상된다고 해서 카카오톡을 쓰지 않을 것도 아니고, 카카오페이를 쓰지 않을 것도 아니다. 물론 소비의 감소는 카카오페이의 실적 감소를 가져올 수도 있다. 하지만 소프트웨어 관련 기업들은 원자재에 드는 비용이 없다는 점을 감안해본다면 다른 제조업 관련 기업들보다 실적 안정세를 보일 가능성이 높지 않을까? 카카오의 실적이 부진해지더라도 대항마가 나오지 않는다면 실적은 유지될 가능성이 높다. 실적이 유지되어 향후 주가가 작년 고점인 17만 3000원 정도를 회복한다면, 6만 원 아래에서 모아가면 충분히 두 배 이상의 수익을 기대할 수도 있을 것이다. 따라서 가치의 관점에서 카카오에 투자한다면 6만 원 아래까지 밀리는지 찬찬히 째려봐야 할 것이다.

앞의 두 예는 좀 거칠게 배당과 가치주 관점에서의 째리기를 표현한 것임을 양해해주기 바란다. 버스에서 가슴 떨리는 이상형을 보았다고, 바로 다가가 "저랑 결혼해주시겠습니까?"하고 물어보면 미친 사람 취급을 받을 것이다. 또 누군가 당신에게 동업을 하자며 간단히 아이템 설명만 하고 계약서를 들이민다면, 선뜻 투자할 수 있겠는가? 그런데 왜 주식은 그렇게 하지 않을까? 주식을 딱 우리가 살아가는 방식대로만 해도 부자가 될 수 있다. '관심종목 잡고 째리고 매수', 간단한 말이지만 수익을 만드는 마법의 주문임을 잊지 말자.

리스크와 손실률에 따른
매매금 계산법

대부분 성공한 주식 트레이더들은 종목이 중요하지 않다고 말한다. 종목이 중요하다고 생각하는 트레이더들은 일단 매매를 멈추고 생각을 정리할 시간을 가져야 한다. 중요한 것은 자산 배분과 리스크 관리다. 앞에서도 잠시 설명했지만, 리스크 관리는 트레이딩에서 몇 번을 강조해도 부족하다. 대부분의 개인 트레이더는 종목의 수익에만 집중하는 경향이 있지만, 사실은 그보다는 적절하게 자산을 분배하고 리스크를 관리하여 계좌를 키우는 것에 집중할 필요가 있다. 내가 산 종목이 상한가를 가는 짜릿함을 맛보기 위해 복권을 사는 그런 마음으로 주식을 하는 건 좀 아니지 않는가?

잘나가는 펀드매니저에게 어떤 기자가 질문을 했다. "만약 보너스를 받는다면 어디에 쓰실 건가요?" 펀드매니저는 "경마장에 가서 경마를 할 겁니다"라고 답했다. 그러자 기자는 어리둥절한 표정으로 "주식을 하는 게 더 돈을 벌 가능성이 높지 않나요?"라고 하자 펀드매니저는 이렇게 말했다. "수익이 아니라 짜릿함을 맛보기 위해 경마장에 가는 겁니다. 돈을 벌기 위해 가는 것이 아니라 경마에 돈을 거는 짜릿함 말입니다. 하지만 주식은 그 느낌이 없죠."

주식을 도박으로 하는가 그렇지 않은가는 트레이딩을 할 때 짜릿함을 맛보기 위해서 하는 것인지 계좌를 불리기 위해 하는 것인지에 대한 답에 따라 달라질 것이다.

매매를 하다 보면, 어떤 종목은 이탈가가 -4%, 어떤 종목은 -7%, 어떤 종목은 -10%로 종목별로 다르다(하단 그래프 참고). 그래서 종목별로 같은 비중으로 접근하는 것도 리스크를 완전히 제거하진 못한다. 이로 인해 전체 누적 수익률은 플러스를 기록하더라도 1~2개의 부적절한 자산 배분으로 전체 계좌가 마이너스를 기록하는 경우도 많다. 따라서 손실의 폭은 일정하게 정하는 것이 중요하다.

예를 들어서 설명해보겠다. 앞에서 설명한 바와 같이 매매에 쓰일 자산을 먼저 결정한다. 다음 페이지 상단의 표처럼, 1000만 원으로 삼성전자 주식을 매매하며 한 번에 안을 계좌 리스크를 5%로 잡는 경우, 손

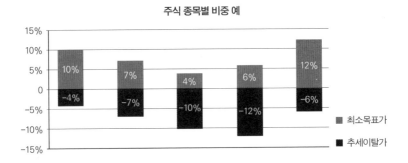

주식 종목별 비중 예

자산	10,000,000원	삼성전자	매매금	
리스크	5%		손실률	7,142,860원
리스크 최대 금액	500,000원		손실금	500,000원

실로 감내할 금액은 50만 원이므로 이 금액을 각 종목의 손실률에 맞춰 매매금을 결정하면 된다(손실금/손실률=투자금, 이때 손실률은 마이너스를 뺀 자연수로 나누면 된다. 위의 경우 7%).

자산	10,000,000원	삼성전자	매매금	3,571,430원	현대차	매매금	3,125,000원
리스크	2.5%		손실률	-7%		손실률	-8%
리스크 최대 금액	250,000원		손실금	250,000원		손실금	250,000원

만약 계좌 리스크를 5%로 두 종목을 동시에 매매할 경우, 바로 위의 표처럼 한 종목당 리스크를 2.5%로 잡고 대응해도 계좌 전체의 리스크 는 5%가 된다. 종목 수와 리스크는 사실 개인 취향대로 잡으면 된다. 하 지만 초보자는 계좌 리스크는 2.5% 정도, 최대로 보더라도 5% 이하로 잡는 것이 안정적이다. 그리고 매수가에서 이탈가까지의 차이가 10% 내외의 종목을 매매하는 것이 안전하다.

모의투자보다 효과적인
'차트 돌려보기' 공부

초보자들에게 대부분의 주식 서적이 권하는 것 중 하나가 모의투자다. 하지만 2장에서도 말했지만, 모의투자는 별 의미가 없다고 생각한다. 또한 주식 시장은 기울어진 운동장에서 경기를 하는 것과 같다고도 했다. 그 이야기는 지금 주식을 시작하더라도 단시간 내에 이미 시장에서 5년, 10년을 활동한 사람을 이길 수 있는 연습이 필요하다는 뜻과도 같다.

실전 매매를 통해 자산을 잃는 것과 모의투자를 통해 단순하게 연습하는 것은 시간이 너무 오래 걸린다. 그래서 매매 원칙을 공부하고 이미 이론적으로 무장을 한 초보 트레이더는 모의투자를 할 것이 아니라, 과거의 차트를 돌려보며 자신의 원칙을 실전으로 재무장하는 것이 필요하다.

방법은 이러하다. 다음 페이지의 차트처럼, 지수 또는 시총 상위 종목 중 하나를 선택한다. 보이는 캔들의 개수를 상단에 동그라미로 표시한

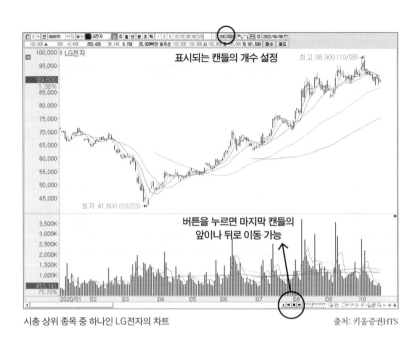

표시되는 캔들의 개수 설정

최고 98.900 (10/08)→

최저 41.600 (03/23)→

버튼을 누르면 마지막 캔들의
앞이나 뒤로 이동 가능

시총 상위 종목 중 하나인 LG전자의 차트

출처: 키움증권HTS

것처럼 200개로 설정한다. 그리고 하단의 동그라미 부분의 버튼을 눌러 캔들을 하나씩 넘겨가며 매매 전략을 짜는 훈련을 해보자. 변화하는 주가를 보며 매수를 할지 관망을 하지, 매수했다면 홀딩을 할지 매도를 할지 정해보는 것이다.

이렇게 하루 30분씩 한 달만 연습해도 몇 개월 동안의 주가 흐름을 익힐 수 있어, 단순히 매매 전략을 잡아보는 것 이상의 큰 효과를 볼 수 있다. 꾸준히 하다 보면 자신이 어떤 점이 취약한지, 어떤 부분에서 실수를 자주 하는지 체크가 가능하다.

이렇게 연습을 해서 80% 이상의 승률을 낼 수 있다면, 종가 매매에서 쉽게 수익을 올릴 수 있다.

매매 실패 노트를
만들어라

학창 시절, 시험 공부의 정석은 다음과 같다. 처음에 교과서를 읽고, 그 다음에는 문제집을 풀고 틀린 문제를 확인한 후 그 부분을 교과서에서 찾아 복습한다. 그리고는 또 문제집을 풀고 그때부터는 오답노트를 만들어 틀린 부분을 정리하고 외우고, 이것을 계속 반복한다.

이렇게 하다 보면 틀린 부분은 크게 두 부분으로 나눌 수 있는데, 하나는 스스로 잘 알지 못하는데 잘 안다고 착각하는 부분 그리고 공부하기 싫어서 차일피일 미루던 부분으로 정리된다. 이것들을 체크하고 나면 사실 시험에서 실수하지 않는 한 성적은 양호할 것이다. 주식 매매도 마찬가지다. 기법은 같아도 그것을 보는 시각은 트레이더들마다 다르다. 다음 페이지의 그림을 어디선가 한 번은 봤을 것이다. 같은 그림을 보면서 어떤 사람은 젊은 여성의 모습이 보일 수도 있고, 누구는 노파의 모습을 보기도 한다. 같은 것을 보는 사람마다 얼마든지 다르게 볼 수 있다는 것이다.

괜찮은 수익의 매매 기법을 선택한 다음
에는 그것을 적용할 때 자신이 어떤 실수
를 하는지 노트에 적어두는 습관이 필요하
다. 부부싸움이 나면 둘 다 "당신이 어떻게
이럴 수 있냐!"는 말을 많이 한다. "내가 당
신을 위해 어떻게 했는데!" 하면서 말이다.
사람은 원래 자신이 잘한 것은 오랫동안 기억하지만 상대에게 상처준 일
은 빨리 잊어 버린다. 주식에서도 수익이 났던 것만 기억하는 것 같다. 손
실이 난 경험은 빨리 잊으려 하고, 무의식적으로도 뇌는 쓰린 경험을 빨
리 지워버린다. 기본적으로 인간은 망각의 동물이라서, 실수도 적어놓지
않으면 잊어버리고 같은 실수를 반복한다. 매매에서 자꾸 똑같은 실수로
손실을 입고 있다면, 노트를 사서 오늘부터라도 적기 시작해라. 그리고
매일 매매를 시작하기 전에 그것을 한 번씩 읽는 습관을 들이는 것만으
로도 남들 10년 동안의 매매 공부를 3개월 내에 정리할 수 있다.

'맹인모상盲人模象'이라는 말이 있다. 불교 경전인 《열반경》의 내용으
로, 옛날 인도의 어떤 왕이 진리에 대해 말하다가 대신을 시켜 코끼리
를 데려오게 했다. 그리고 장님을 불러 손으로 만져보게 하고 각기 코끼
리에 대해 말해보게끔 했다. 코끼리의 상아를 만진 장님이 "코끼리는 무
같이 생긴 동물입니다"라고 하자 귀를 만진 장님이 "아닙니다. 코끼리는
곡식을 까불 때 사용하는 키처럼 생겼습니다"라고 했다. 그러자 다리를
만진 장님이 큰 소리로 "둘 다 틀렸습니다. 제가 생각하기에는 마치 커
다란 절구공이 같이 생긴 동물입니다." 이렇게 코끼리의 등을 만진 이는

평상같이 생겼다고 하고, 배를 만진 이는 장독, 꼬리를 만진 이는 굵은 밧줄 같이 생겼다고 외치며 서로 다투고 시끄럽게 떠들었다. 그러자 왕은 신하들에게 "코끼리는 하나인데 저 여섯 장님은 제각기 자기가 아는 것만을 코끼리로 알고 있으면서도 조금도 부끄러워 하지 않는다. 진리를 아는 것도 이와 같다"라고 말한 고사다.

주식쟁이는 주식만 생각하다 보니, 이 글을 보고는 전체적인 흐름을 체크하는 것이 무척 중요하다는 생각을 하게 되었다. 사실 주가가 일봉상 저점을 높이며 상승하더라도 그보다 큰 추세가 하락이라면 그 반등은 기술적 반등이 된다. 이런 경우 일봉상 추세가 상승이더라도 매도할 준비를 해야 한다. 반대로 고점을 낮추며 하락하더라도 그보다 큰 추세가 상승이라면 하락을 눌림으로 봐서 홀딩이 가능하기도 하며, 때에 따라선 추가 매수를 하여 손실에서 수익으로 빠져나올 수도 있다.

또한 시장에서 긍정적인 이야기가 나오며 주가가 상승하는 것으로 보이지만, 이미 역사적 고점까지 주가가 상승한 경우도 있다. 일반적으로 역사적 고점은 웬만한 실적으로 한 번에 돌파해서 주가가 그대로 강세를 보일 확률은 20%도 되지 않는다. 아니면 악재가 나오며 주가가 큰 폭으로 하락하여 이미 주가가 역사적 저점에 위치하는 경우도 그때 보이는 것만 보고 단순하게 판단해선 안 된다는 말이다.

실수 노트를 적다 보면 자신이 자주 하는 과오를 돌아보는 기회가 되어, 섣부른 판단도 예방할 수 있다.

강의 수강생들에게 방송이나 신문 또는 인터넷에서 종목 추천을 하는 경우 무조건 그 종목의 차트를 먼저 길게 보는 습관을 가지라고 이야기한다. 내가 보는 시점의 주가가 전체 흐름에서 어디쯤 위치하고 있는지, 큰 흐름이 하락추세인지 상승추세인지를 먼저 체크하는 것이 중요하기 때문이다. 차트를 길게 한 번 보는 것만으로도 매매 승률을 크게 높일 수 있다는 점을 꼭 기억하자.

주식은 예측이 아니라
대응이다

좀 오래된 이야기인데, 함께 TV를 보다 와이프가 모 연예인이 입은 옷을 보고는 "저 옷 너무 예쁘다!"라며 시선을 떼지 못했다. 마침 며칠 후가 와이프 생일이라 어떤 선물을 해줄까 고민 중이었는데 이 옷을 선물해야겠다고 결심하고는 인터넷 검색으로 브랜드를 알아낸 다음 회사 점심시간에 밥도 먹지 않고 백화점으로 갔다. 하지만 와이프 사이즈에 맞는 옷은 다 나가고 없다고 했다. 잠시 후 직원이 울산에 있는 백화점에 그 사이즈가 있다는 걸 확인했다. 그리고 생일 당일 아파트 앞까지 옷을 가지고 와줘 와이프에게 선물을 할 수 있었다.

나름 와이프의 이야기를 흘려듣지 않은 남편, 이 옷을 선물로 주면 좋아할 거라는 기대감, 이런 들뜬 맘으로 '짜잔!' 하며 선물을 했는데 '욕'을 먹었다. 이쁘다고 했지 언제 이 옷을 가지고 싶다 했냐며 "물어보고 해야지!" 라는 핀잔을 들었다.

이럴 때는 어떻게 해야 할지 보기를 제시해보겠다. 1번, "내가 당신 생각해서 얼마나 힘들게 구해왔는데 고마워하진 않고 이렇게 핀잔을 주냐!" 하고 싸운다. 2번, "옷을 환불하고 당신이 좋아하는 걸로 다시 사자"라며 사과한다. 나의 선택은 1번이었다. 그래서 축하하고 기쁘게 보내야만 했던 와이프 생일을 완전히 망쳐버린 기억이 난다.

1번이라고 생각하는 사람이 있다면, 항상 '목적'을 생각해야 한다. 생일을 축하하고 기쁘게 해주려고 했는데 예측과 다르다고 화를 내선 안 된다. 2번으로 대응하는 것이 정답이다. 주식 또한 이와 다르지 않다. 내가 예측한 대로 주가가 움직이지 않는다고 속상해하거나 자포자기해서는 안 된다. 똑바로 대응해야 한다. 대부분의 초보 트레이더들은 대응이 미숙하다. 분석해보니 기업이 좋아서, 기술적 분석상 이중바닥을 형성했으니깐, 이동평균선을 돌파했으니깐 혹은 TV에서 주식 전문가가 이 종목은 최소 30% 이상 수익이 난다고 했으니깐 등의 여러 이유가 있지만, 현 상황에 가장 적합한 대응을 해야 한다.

아버지에게 어릴적 들은 이야기인데, 어떤 스님이 길을 가다 젊은 농부를 보고 갑자기 절을 했다. 농부가 "스님, 어찌 저에게 절을 하십니까?" 하자 스님이 농부에게 이렇게 말했다. "당신은 왕이 될 상이십니다. 후에 왕이 되시면 절 잊지 말아주십시요." 그날 이후 젊은 농부는 농사일을 하지 않고 방에 앉아 "수라를 들이라" 하며 왕처럼 지냈다. 세월이 흘러 농부는 결국 왕이 되지 못하고 세상을 떠나며 아들에게 말했다. "짐은 이제 붕어하노라(임금이 세상을 떠나다)."

아이큐가 높다고 아이가 무조건 서울대에 갈 수 있는 것은 아니다. 강아지라고 무조건 사람을 잘 따르는 것은 아니다. 세상사가 모두 '대응'이다. 하지만 이상하게도 초보 트레이더들은 대응을 하지 않고 '예측'을 하려고 한다. 심지어 고스톱이나 포커를 할 때도 패가 아무리 잘 들어와 이번 판은 확실히 따겠다는 생각이 들더라도 대응을 해야 한다. 고스톱 패가 잘 들어왔다 하더라도 패가 하나도 안 맞아서 질 것 같으면, 이길 생각은 빨리 버리고 누가 이겨야 내 피해가 덜할지를 생각해야 한다. 포커를 할 때도 스페이드 에이스, 클로버 에이스가 처음 들어왔다 하더라도 그 다음에 받는 카드가 좋지 않으면 패를 내려놓을 타이밍을 생각해야 한다. 주식 매매도 그렇다. 차트를 보며 그것이 만드는 패턴에 따라 어떻게 대응해야 할지 알아야 한다.

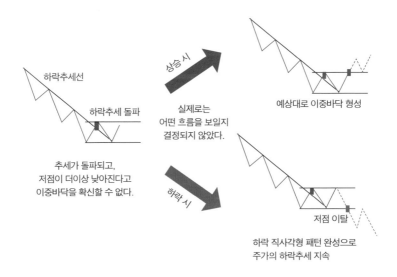

주가가 이중바닥을 형성할 것으로 보였지만 다시금 이전 저점을 깨고 내려가면 그림과 같이 하락직사각형 패턴으로 주가가 이전 하락한 폭만큼 또 한 번 하락하게 된다.

상승추세
이탈

상승추세선

추세 이탈 후 패턴의 고점이
낮아지고 저점이 높아지는
이등변삼각형 수렴형 예상 매매

상승시

실제로는
어떤 흐름을 보일지
결정되지 않았다.

하락시

이등변삼각형 패턴 완성 후 상승 지속

머리어깨형 완성 후 하락 전환

　앞의 그림처럼 주가가 상승추세를 보이다가 상승 이등변삼각형으로 주가가 수렴해서 다시 한 번 상승할 것으로 기대하며 주식을 홀딩 또는 추가 매수를 고려했다고 해보자. 패턴의 하락을 깨는 경우 상승 이등변삼각형이 그림처럼 머리어깨형 패턴으로 바뀌게 된다. 이등변삼각형은 지속형 패턴이다. 패턴을 완성하면, 이전 상승한 폭만큼 다시 상승한다고 알고 있었을 것이다. 하지만 그림의 오른쪽 하단 패턴처럼 추세를 이탈하여 하락으로 전환하게 되면 반전형 패턴인 머리어깨형이 된다. 머리어깨형은 상승추세에서 하락으로 전환될 때의 패턴이다. 앞에서 고스톱의 패가 잘 들어왔지만 패가 맞지 않는 것이나, 포커를 할 때 에이스 두 장이 들어온 다음에 제대로 카드가 들어오지 않는 것과 같은 형국이다. 당연히 그 피해를 최소화하고 빠져나올 타이밍을 노려야 한다.

　많은 유튜브 또는 서적에서 이중바닥이 형성되면 주가가 무조건 갈 것처럼 이야기하는 경우가 많다. 그렇게 쉬운 거라면 누구나 수익이 나지 않겠는가?

　다시 말하지만, 중요한 것은 대응이다. 오늘부터 매매를 할 때 주식을 매수하고 난 다음 예측하기보다는 대응하는 힘을 기르기 바란다.

지나고야 보이는
최고점과 최저점

'무릎에 사서 어깨에 팔아라'라는 주식 격언에 대해 "이 격언이 초보 트레이더들에게는 어떤 의미로 보이나요?" 하고 물으면, 대부분이 "너무 욕심을 내지 말라는 뜻이 아닌가요?"라고 답한다. '생선의 머리와 꼬리는 고양이한테 줘라'는 격언도 어떻게 보면 너무 욕심내지 말고 수익의 일정 부분은 포기하라는 말로 들린다. 그런데 사실 이 격언은 생각하는 것보다 더 많은 것을 담고 있다.

요즘 매매 기법들을 보면 최저점에 산다든지 최

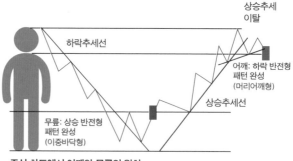

주식 차트에서 어깨와 무릎의 위치

고점에 판다든지 하는 이야기들이 많다. '기술 분석의 아버지'로 불리는 미국의 트레이더 제시 리버모어Jesse L. Livermore는 "주식을 최저점에 살 수 없고 최고점에서 팔 수 없다는 것을 알았을 때 나는 호구에서 중급 트레이더가 되었다"고 말했다. 누구든 주식 매수는 최저점에 하고 싶고, 매도는 최고점에 하고 싶다. 하지만 그런 방법은 없다. 주가가 하락 추세를 보이다가 상승으로 전환될 때, 이중바닥 또는 역머리어깨형 등의 패턴을 이용해서 매수를 하든, 보조지표를 사용하든 주가가 바닥에서 어느 정도 상승한 후에야 추세가 바뀌었는지를 알 수 있기 때문이다.

서해에 물이 발목까지 차 있을 때 썰물인지 밀물인지 알 수 있는 방법은 일단 계속 서 있어보는 것이다. 발목까지 차 있던 물이 무릎까지 올라온다면 밀물임을 확실히 알 수 있는 것과 같다.

주가가 상승할 때도 마찬가지다. 최고점에 팔고픈 마음은 모두 같으나 그럴 수 있는 확률은 매우 낮다. 마찬가지로 보조지표든 패턴이든, 하락으로 전환되는 시점은 고점에서 일정 부분 하락한 후에야 그 흐름이 하락으로 바뀌었음을 알 수 있기 때문이다.

앞에서 격언들을 말한 의도는 욕심을 내지 말라는 것이 아니다. 욕심을 내지 않을 것이라면 사실 주식 투자를 할 이유가 없다. 은행에 돈을 넣어두는 것이 더 합당할 것이다. 결국 하고픈 말은 주가가 항상 오를 수는 없고 좋은 지점에서 매수할 수 없으므로, 마음을 어느 정도 비우고 그나마 수익이 조금이라도 더 나는 지점을 파악하라는 말이다.

매매에서 중요한 것은 수익률보다는 승률

평소에 "난 수익률이 몇 %다"라고 자랑하고 주식은 수익률이 중요하다고 생각한다면, 주식 매매를 처음부터 다시 생각해야 한다. 매매에서는 수익률보다는 승률이 중요하다. 초보 트레이더들은 수익률도 좋고 승률이 좋은 매매 방법을 찾아 헤멘다. 없는 것을 찾다 보니 주식 매매에는 왕도가 없다는 말이 나오는 것이다.

무죄인데 유죄 판정을 받는 사람이 없는 사회, 또한 유죄인 사람은 반드시 벌을 주는 법원의 판결을 대부분 원한다. 하지만 판결의 엄격성을 낮추면 무죄인데 벌을 받는 억울한 사람은 줄어드는 반면, 당연히 유죄인데 벌을 받지 않고 풀려나는 사람의 비중이 높아질 수밖에 없다.

반대로 법 판결의 엄격성을 높여 유죄인데도 법망을 피해나가는 사람을 줄이려면, 당연히 무죄인데 벌을 받는 억울한 사람의 비중이 높아질 수밖에 없다.

주식에서의 승률과 수익률도 마찬가지다. 수익률을 높이면 승률이 낮아질 수밖에 없고, 승률을 높이면 수익률이 낮아질 수밖에 없다.

추세 매매에서의
기본 매수 타이밍

그림은 추세 매매에서 가장 기본적인 매수 타이밍을 표시한 것이다. 대부분 '1번에서 매수하는 게 수익률이 제일 좋을텐데' 혹은 '안 되면 2번에서라도 하는 게 좋겠다'고 생각할 것이다.

그렇다면 1번 최저점을 어떻게 알아보고 매수할까? 주가가 하락을 지속하다 오늘 종가가 전일 고가를 넘어서는 시점이 주가가 하락할 때 매수하는 포인트가 된다. 하지만 이런 경우에는 하락을 지속할 가능성이 70% 정도 되며, 반등을 시작하더라도 기술적 반등으로 매도 포인트를 놓치게 되면 하락폭이 커져 비자발적 장기 투자를 하는 경우가 많이 생긴다. 즉 수익률은 높아질 수 있지만 수익이 날 확률, 다시 말해 승률은 가장 낮은 자리다.

하락으로 가던 주가가 돌파를 하고 조정을 받다가 오늘 종가가 전일 고점을 넘어서는 형태를 보이면 매수 포인트가 된다. 일부 주식 책에는 추세선을 넘을 때가 매수 포인트라고 설명하는 경우가 많은데, 개인적으로 25년간 주식을 해오면서 주가가 하락추세를 상향돌파하는 경우 절반 정도는 패턴으로 움직이고 30% 정도는 다시 이전 저점을 깨면서 하락추세가 지속되며 나머지 20% 정도가 앞의 그림처럼 매수 타이밍이 나온다.

다시 말해 단순히 하락추세를 돌파했다고 해서 그 추세가 상승으로 전환되는 경우는 20% 정도밖에 되지 않는다. 따라서 승률을 생각한다면 매수 포인트는 그림처럼 화살표가 가리키는 지점으로 잡는 것이 바람직하다 하겠다.

승률을 추구할 것인지 아니면 수익률을 추구할 것인지는 개인적으로 선택해야 할 사항이지만, 이제 주식 매매를 시작하는 트레이더라면 승률을 높이는 방법에 좀 더 집중하는 것이 어떨까 한다.

싸게 사서 비싸게 판다 vs. 비싸게 사서 더 비싸게 판다

개인 트레이더들을 가장 혹하게 만드는 말이 바로 "싸게 사서 비싸게 판다"는 것이다. 무슨 물건이든 싸게 사서 비싸게 팔면 당연히 이익이 난다. 하지만 BLASH(buy low and sell high)는 주식 투자자에게 하는 말이다.

트레이딩 기술은 기본적으로 비싸게 사서 더 비싸게 파는 것이다. 하지만 비싸게 사서 더 비싸게 파는 기법을 알려준다고 하면 대부분 관심을 갖지 않는다. 보통 초보자들이 만나는 차트 매매 기법 중 가장 기본적인 것이 이평을 이용한 방법이다.

이 기법은 이평을 돌파하면 매수할까 아니면 이탈하면 매수할까? 당연히 이평 돌파 시 매수라고 배웠을 것이다. 그럼 이평을 돌파하기 전 가격이 싼가, 돌파한 다음의 가격이 싼가? 당연히 이평을 돌파하기 전의 가격이 싸다. 하지만 이평 매매에서 기본은 이평 돌파 시 매수다. 비싸게 사서 더 비싸게 파는 기법이다.

보조지표를 이용한 매매도 대부분 보조지표의 이동평균선을 돌파할 때 매수다. MACD선의 이동평균선이 시그널 선을 돌파할 때 매수인 것과 같다. 다시 말해 보조지표를 이용한 매수 기법 역시 비싸게 사서 더 비싸게 파는 기법이다.

사실 매매에서 싼 가격이라는 것은 단순히 만 원이 만 1000원보다 싸다는 개념으로 접근하면 이해가 잘 되지 않을 수 있다. 이제부터 매매에서의 싼 가격은 오를 가능성이 높은 가격, 비싼 가격은 하락할 가능성이 높은 가격이라고 이해하고 접근하기 바란다.

그림에서 만 원을 돌파하기 전 9900원은 저항선인 만 원에서 저항을 받을 가능성이 높고, 돌파 이후 조정을 받다가 만 원에서 반등을 시도하는 가

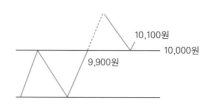

격인 만 100원은 이제 주가가 오를 가능성이 높은 위치다. 당연히 만 100원이 9900원보다 주가 상승 가능성이 높기 때문에 트레이딩 관점에서는 싼 가격이 된다.

이런 경우도 생각해보자. 장중에 저항을 돌파하는 흐름을 보인 종목이 있다고 해보자. 주식 커뮤니티에서 다른 트레이더들과 공부를 하다, 신고가가 나는 종목은 매물 부담도 적기 때문에 상승할 가능성이 높으니 오전에 강한 저항인 만 원을 돌파한 종목을 만 100원에 매수하기로 했다고 해보자. 그 커뮤니티에서 회의로 바빴던 사람이 오후에 들어와서 대화창을 보니 다른 사람들이 만 100원에 매수한 종목이 지금은

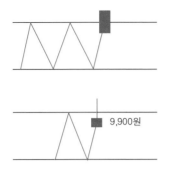

9900원이라면, 더 싸게 살 수 있으니 매수를 해야 할까? 일반적으로 개인 트레이더들은 여기서 매수를 하는 우를 범하는 경우가 많다. 저항인 만 원을 돌파한 만 100원의 가격은 이제 박스권 상단인 만 원에서 지지력을 발휘하며 상승할 가능성이 높은 종목이다. 하지만 이 저항선을 다시 깨고 9900원으로 내려온 시점에서는 박스권 상단을 뚫고 돌파할 확률보다는 다시금 박스권 하단으로 하락할 가능성이 높다. 다시 말해 만 100원은 상승 가능성이 높아 매매로는 싼 가격인 반면에 9900원은 하락 가능성이 높아 비싼 가격이 되는 것이다. 이 개념을 매매를 하는 사람은 반드시 숙지해야 한다.

초보 트레이더들이 가장 많이 하는 실수가 이전에 만 원에 팔았던 종목이 만 2000원이 되면, 어떻게 전보다 더 비싼 가격에 다시 살 수 있냐며 수익의 기회를 놓치는 경우가 많다.

다시 말하지만, 매매에서의 가격은 상승할 확률이 높으면 싼 가격, 상승할 가격이 낮으면 비싼 가격이라는 점이다. 절대적인 수치로 비싸다, 싸다를 판단하지 말 것을 명심해야 한다.

종목 관리를 위해
필수적인 마인드 컨트롤

매매를 할 때 종목은 몇 개를 사는 것이 가장 적당할까? 수강생들에게 질문을 해보면 종목이 많아질수록 힘들다는 대답이 대다수다.

그럼 개인 트레이더들은 몇 종목을 동시에 매매하는 것이 가장 적절할까? 어떤 이는 분산 투자를 해야 주식의 리스크를 줄일 수 있다고 이야기한다. 이 이론의 근거는 다음과 같다. 주식의 리스크는 경기변동, 물가상승, 정부정책, 이자율과 같은 요인에 의해 나타나는 체계적 리스크systematic risk와 특정 기업에만 영향을 미치는 경영성과, 재무구조, 노사분규, 연구개발, 소송발생 등과 같은 비체계적 리스크unsystemaic risk로 나눌 수 있는데, 체계적 리스크는 모든 기업에 공통적으로 영향을 미치기 때문에 제거할 수 없지만 비체계적 리스크는 특정 기업에만 영향을 미치는 요인이기 때문에 분산 투자를 통해 제거할 수 있다는 포트폴리오 이론이다.

이 이론에 따르면 일반적으로 다른 업종/기업에 14개 정도로 분산 투자를 할 경우 비체계적 리스크는 제거할 수 있다고 한다. "계란을 한 바구니에 담지 말라"는 격언도 이 말에서 나온 말이다. 그런데 앞의 이론은 주식 투자에 관한 이론이지 매매에 대한 이론은 아니다. 그래서 반복해서 말하지만, 매매와 투자는 꼭 구분해야 한다.

개인적으로는 시장이 패닉에 빠질 때 감당할 수 있는 만큼의 주식 수로 매매하는 것이 옳다고 생각한다. 어떤 사람은 한 종목일 수도 있고 어떤 이는 40종목일 수도 있다. 한 종목을 매매한다고 수익률이 높아지는 것도 아니고 40종목을 매매한다고 수익률이 낮아지는 것도 아니다. 중요한 것은 관리를 할 수 있느냐 없느냐의 차이일 뿐이다.

주식 매매는 한 종목을 사는 것이 바로 한 게임의 시작이다. 개인적으로 초보 트레이더의 경우 한 종목으로 매매하길 바란다. 한 종목으로 그 종목의 리스크를 0으로 만든 다음, 다음 종목을 매매하는 식이다. 아니면 한 종목을 매수한 다음, 그것을 매도한 후에 다른 종목을 매수하는 식도 나쁘지 않다.

주식 매매를 할 때 반드시 가져할 할 마음이 조급해하지 않고 부러워하지 않는 것이다. 종목의 움직임이 매일 익사이팅하게 움직이지 않는다고 해서 조급해하지 말아야 한다. 조급하면 반드시 실패한다.

한 장수가 갈증이 나서 우물에 있는 낭자에게 물을 얻어 마시고자 청했는데, 그 낭자가 물을 담은 바가지에 버드나무 잎을 띄워 주었다. 장수는 "왜 나뭇잎을 띄웠습니까?"라고 묻자, 낭자는 "목이 마르다고 급하게 마시면 체하는 법이지요"라고 답했다. 그 현명함에 감탄한 장수가 낭자를 찾아가 청혼을 했다는 이야기는 대부분 알고 있는 이야기일 것이다. 그렇다. 물도 급하게 마시면 체한다. 급하거나 조급함은 반드시 멀리해야 한다. 이 장수는 고려의 태조 왕건이며, 낭자는 고려 2대 왕 혜종의 어머니인 장화왕후이다.

우리는 주식을 매수하면 내일 당장 무슨 일이 터지길 기대한다. 하지만 세상일은 그렇지 않다. 조급해하지 않고 급하지 않게 흐름을 타는 것이 중요하다. 부러워하는 마음도 버려야 한다. 그런 마음에서 번뇌가 시작된다. 옆집 남편이 부인에게 잘하는 것이 부러워 남편에게 그것을 이야기해보라. 그럼 남편이 '내가 아내에게 너무 자상하지 못했구나' 하며 반성하겠는가? 옆집 부인의 반찬 솜씨가 부러워 자기 부인에게 부러운 듯 이야기해보라. 그럼 부인이 '내 음식 솜씨가 별로라 우리 사랑하는 남편이 밥 먹을 때 힘들었겠구나' 하며 요리 공부를 할까? 뭐 그럴 수도 있겠지만 대부분은 사이가 악화될 가능성이 높다.

내가 산 주식이 오르지 않고 다른 주식만 오르면, '난 왜 이 주식을 샀을까' 후회와 부러움, 조급함에 '종목을 바꾸면 수익이 날 가능성이 높을 것 같다'는 생각이 반드시 들 것이다. 하지만 결과는 현실과 같다.

종목을 매수했다면 그 종목의 흐름이 깨지기 전까지는 보유하는 것이 기본 원칙이다. 다시 말해 오늘 친구하기로 한 사람이 내일 내게 작은 실수를 했다고 바로 절교하지 않는 것과 같다. 선을 넘지 않으면 관계를 유지하듯, 매매한 종목도 마찬가지다. 내가 정한 원칙 안에서 움직인다면 홀딩이 기본이다.

선물은 현물보다
빨리 움직인다?

주식의 선물futures은 현물보다 빨리 움직인다고 하는 사람들이 있다. 그렇지 않다. 선물은 KOSPI200지수를 기준으로 만든 상품으로, 만기 인 3, 6, 9, 12월에 지수가 상승/하락할 가능성을 거래하는 것이다.

KOSPIKorea Composite Stock Price Index(코스피)는 1980년 1월 4일의 시가총액을 분모로 하고, 산출시점의 시가총액을 분자로 하여 계산한 지수다. 따라서 코스피 시장은 시총이 큰 종목이 상승으로 움직이면 지수도 상승, 시총이 큰 종목이 하락으로 움직이면 하락할 가능성이 높아진다. 선물은 KOSPI200을 기준으로 하기 때문에 코스피 시장보다 좀 더 빨리 움직이는 것처럼 보인다.

다시 말해 선물이 코스피 시장보다 빨리 움직이는 것이 아니라 KOSPI200지수가 시장보다 빨리 움직일 가능성이 높다고 이해하는 것이 옳다.

개인 트레이더 중 선물이나 옵션으로 매매를 하려는 사람들이 있다. 이전에는 완벽하진 않지만 개인 트레이더가 어떻게 시장에서 폐인이 되는지에 대한 공식이 있었다. 대부분 우리사주 또는 대형주로 주식을 시작하면서 먼저 일부 수익을 맛본다. 1000만 원을 투자해서 50만 원의 수익을 맛보았다면, '아까워! 1억을 투자했다면 한 달 월급을 쉽게 벌 수 있었을 텐데' 하면서 매매 자금을 늘린다. 그러다 손실을 입으면, 우량주로는 손실 회복이 안될 것 같다는 생각에 저가주를 매매하기 시작한다. 20만 원하던 주가가 40만 원이 되기는 힘들 것처럼 보이지만, 왠지 1000원하던 주가가 2000원 되기는 쉬워 보인달까. 하지만 트레이딩에 오랜 경험을 가진 선배들에게 초보자들은 손실을 입는다. 그럼 생각나는 것이 바로 레버리지를 이용한 선물 옵션 매매다. 주식은 올라야만 수익을 낼 수 있지만, 선물은 올라도 벌고 내려도 벌 수 있으니 더 좋다며 자기합리화를 한다. 하지만 결국 올라도 손실이 나고 내려도 손실이 나 마진콜을 당하면서 자산을 모두 잃어버리는 경우가 많다.

선물이나 옵션은 그 시장에 특화된 특급 트레이더가 아닌 한, 개인은 멀리하는 것이 자산을 지키는 방법임을 기억하자.

오늘 시장이 상승할지
하락할지 어떻게 알까

앞에서 지수의 방향성은 시총 상위 종목에 의해 결정된다고 이야기했다. 그럼 오늘 시장이 상승할 것인지 하락할 것인지는 오늘 시총 상위 종목들이 상승할 가능성이 높은지 하락할 가능성이 높은지를 체크해보면된다. 시총 상위 종목들이 금일 강세로 움직일지 약세로 움직일지는 뒤에 서술된 〈거래량으로 미리 예상하는 등락〉 편을 참고하길 바란다.

방송 매체에서 시장을 이야기할 때 항상 외국인, 기관, 개인의 수급동향을 체크한다. 많은 트레이더가 이 매매 주체에서 일반적으로는 외국인, 또는 기관 수급이 중요하다고 알고 있을 것이다. 하지만 시장의 방향을 체크할 때는 다음 페이지의 '투자자별 매매동향' 표에서 왼편의 숫자보다 오른편 거래량 그래프가 중요하다. 그리고 그중 개인의 매매 추이가 가장 중요하다. 일반적으로 외국인이나 기관은 시장에서 종목을 매매할 때 시장가 주문으로 매매를 한다. 반면에 개인은 지정가 주문으

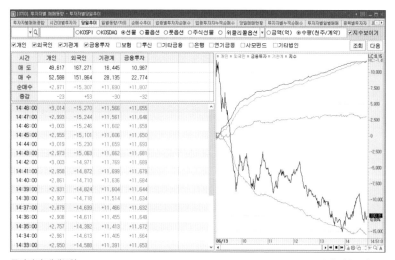

투자자별 매매동향   출처: 키움증권HTS

로 매매하는 경우가 많다. 그러다 보니 외국인이 종목을 시장가로 매수하면 종목은 상승하고, 그 종목에 지정가로 매도를 걸어둔 개인은 매도로 잡힌다. 다시 말하면 '외국인 매수 ─ 주가 또는 지수 상승 ─ 개인 매도' 이렇게 보이는 것이다. 기관이 종목을 시장가로 매도하면 주가는 하락하고, 그 종목에 지정가로 매수를 걸어둔 개인은 매수를 당한다. 정리하면 '기관 매도 ─ 주가 또는 지수 하락 ─ 개인 매수' 이렇게 보인다. 그래서 많은 트레이더가 외국인과 기관이 무슨 음모를 가지고 개인의 이익을 훼손하려는 것처럼 이야기하는 경우도 종종 있다. 하지만 시장에 음모는 없다. 매매 형태가 다를 뿐이다.

  시장에서 시장가로 사는 매매 주체는 외국인과 기관이고, 지정가로 사는 매매 주체는 개인이다. 일반적으로 시장의 상승과 하락은 시장가 매매에 의해 이뤄진다. 시장가 매수가 많으면 주가가 상승하고, 시장가 매도가 많으면 주가가 하락하기 때문이다. 그런데 외국인과 기관 모두 시장가로 매매하는 경향이 있기 때문에 일반적으로 외국인, 기관 수급을 안다고 금일 시장이 지속적으로 상승할 것인지, 하락할 것인지 알기는 어렵다. 이것이 개인의 매매 그래프를 봐야 하는 이유다. 개인의 매수가 많아지면 시장가 매도가 많다는 것으로, 시장은 하락한다. 반대로 개인의 매수가 지속되다가 매도가 많아지면 시장가 매수도 많아 주가는 하락한다. 이때 시장가 매수가 유입되면서 시장은 반등할 가능성이 높다는 분석이 가능하다.

시장의 향후 방향성을 체크하고 싶다면 이제는 개인의 매매 방향과 반대로 시장이 움직인다는 점을 기억해두기 바란다. 또한 시장이 크게 하락하면서 개인이 매도한 것으로 보이면, 개인의 투매가 나왔다고 하면서 시장은 이제 상승할 가능성이 높다고 하기도 한다. 개인의 투매는 개인의 일반적인 매매 형태인 지정가로 매도를 하는 것이 아니라 시장가로 매도를 했다고 보는 것이 옳다.

매매 주체를
쉽게 파악하는 방법

주식 방송을 듣다 보면 "이 종목은 외국인이 매수하고 있으니 좋다" 혹은 "외국인 매도로 인해 주가가 하락하고 있지만 기관이 매수하고 있어 손바꿈이 일어나고 있으니 괜찮다"라는 말을 많이 들어봤을 것이다. 실제로 그럴까?

대부분은 변명이나 핑계에 불과하다. 중요한 것은 종목의 매수 주체가 외국인인 경우 외국인이 중요하고, 기관인 경우 기관이 중요하다. OBV라는 지표를 활용하면 수급의 주체가 누구인지 쉽게 알 수 있다. OBV는 1963년 조셉 그랜빌Joseph Granville이 개발한 거래량 변형 지표로 자신의 책《Granville's New Key Stock Market Profits(그랜빌의 새로운 주식 시장 수익)》에 소개했다.

원래는 매집과 분산을 파악하는 지표로 사용되었으나, 개인적으로는 수급의 주체를 파악하는 데 더욱 도움이 되는 것 같아 간단히 소개하고

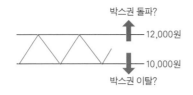

박스권 돌파?

— 12,000원

— 10,000원

박스권 이탈?

주가의 박스권 형성

자 한다. 먼저 개념부터 체크를 해
두자.

주가가 그림처럼 만 원에서 만
2000원으로 박스권으로 움직이고
있다고 해보자. 이때 주가가 박스권
상단을 돌파할 것인지 아니면 이탈할 것인지 알 수 있을까? 확률은 아마
50%일 것이다.

그럼 주가가 상승할 때 거래가 100주가 형성되었는데, 만 2000원에
서 만 원으로 하락할 때는 거래가 50주만 형성되었다고 해보자. 다시금
주가가 만 원에서 만 2000원으로 상승할 때 거래가 100주, 다시 주가가
하락할 때는 거래가 50주밖에 형성되지 않았다면 50주는 어디로 갔을
까? 아마 주가가 상승할 때 매수한 사람이 그냥 보유하고 있을 것이다.

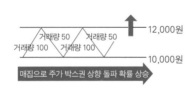

거래량 50 거래량 50
거래량 100 거래량 100

— 12,000원

— 10,000원

매집으로 주가 박스권 상향 돌파 확률 상승

이렇게 주가가 횡보할 때 주식을
매수한 사람이 전체 물량을 시장에
매도하지 않고 모아가는 걸 '매집'
이라고 한다. 매집이 일어난 주식
은 주가가 박스권 상단을 돌파할 가능성이 높을까 아니면 하락할 가능
성이 높을까? 당연히 박스권 상단을 돌파할 가능성이 높을 것이다.

반대로 주가가 박스권 하단에서 상단으로 상승할 때 거래가 50주 형
성되었는데, 다시 주가가 박스권 상단에서 하단으로 밀릴 때는 거래가
100주 나왔다면, 그리고 그런 흐름이 반복된다면 이는 이 주식을 보유
하고 있는 트레이더가 자신의 물량을 시장으로 분산시키고 있다는 것이
된다. 이런 분산이 일어나는 경우 주가는 박스권의 하단을 하락 이탈할

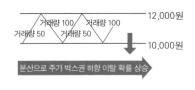

가능성이 높아진다. 이렇게 주가가 상승할 때의 거래량/주가가 하락할 때의 거래량으로 계산하는 것이 OBV다.

다음 페이지에 내가 쓰는 차트를 공개한다. 차트는 수급과 이슈 그리고 캔들만으로 형성되어 있다. 이평선도 없다. 완벽히 수급과 추세 분석을 위한 순수 차트다. 거래량의 아랫쪽에 보면 기관, 외국인의 보유 흐름과 OBV가 같이 표시되어 있다. 그럼 관찰을 해보자. OBV가 외국인과 같이 움직이는가 기관과 같이 움직이는가? 기관과 같이 움직이고 있다는 것을 쉽게 확인할 수 있다. 그럼 이 종목을 매매할 때 외국인의 매도는 크게 신경쓰지 않는다. 실제로 외국인은 2월 초부터 매도를 시작했다. 아마 외국인과 기관 수급 중에 모두를 신경쓴다면 2월 초 외국인이 매도하면서 주가가 단기적으로 2만 7000원에서 2만 5250원까지 하락할 때 매도를 선택했을 수도 있다. 하지만 이 종목의 수급 주체는 OBV와 같이 움직이는 기관이기 때문에 외국인의 흐름은 신경쓸 필요가 없다. 결국 주가는 다시 2만 7700원까지 상승했다.

이렇게 종목의 수급 주체를 파악하면 몇 가지 더 중요한 것을 고려할 수 있다. 바로 수급 주체의 성격에 따른 종목의 성격이다. 외국인이 수급 주체로 있는 경우에는 종목이 급하게 상승하는 경우는 그다지 많지 않다. 금융감독원에서 실시한 외국인의 주식 투자 패턴에 관한 연구 자료에 따르면, 외국인의 주식 투자 패턴은 일반적으로 환율과 높은 상관관계를 가지기 때문에 개별 종목의 시황 또는 업황에 따라 단기적인 매매를 하는 경우가 많지 않다. 외국인의 누적 순매수와 환율의 상관관계는

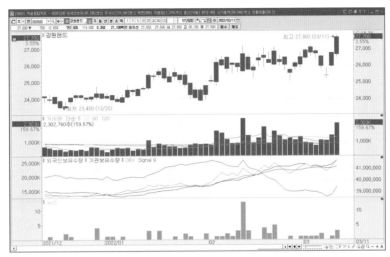

내가 쓰는 차트 형식의 예

출처: 키움증권HTS

−0.66 정도이며, 시총 상위 50개 종목의 경우 상관계수가 −0.85%로 외국인 매수 종목은 일반적으로 환율이 강세일 때 적용하면 승률이 올라갈 가능성이 높다.

　기관의 경우에는 초보 트레이더의 경우 수급 활용이 가능하다. 특히 코스피보다 코스닥 시장을 선호하는 트레이더라면 기관의 트레이딩과 OBV를 같이 적용하면 승률이 올라갈 가능성이 높다.

　만약 종목의 매매 주체가 외국인도 기관도 아니라면, 다시 말해 OBV는 주가 상승과 더불어 상승하고 있지만 외국인, 기관이 매수에 가담하지 않는다면 이는 개인 종목으로 보고 매매를 한다.

　그런 종목은 다음 페이지의 그림처럼 10거래일 만에 1000원 수준에서 2600원으로 상승하기도 하지만, 하루 만에 20% 이상 하락하기도 한다. 그래서 개인들만 매매하는 종목은 초보 트레이더에게는 무덤이다.

개인 트레이더에게는 어려운 종목의 차트 예   출처: 키움증권HTS

요즘은 주식 정보를 파는 곳이 많아서 개별로 움직이는 종목도 많다. 소위 세력 또는 작전도 마찬가지다. 이런 종목들의 특징은 일중 변동성이 클 수 있다는 것이다. 그러므로 매매에 익숙해지고 난 다음에 접근하는 것이 현명하다.

손님이 많은 식당이
당연히 맛있는 법

부산에 강의를 하러 내려갔다가 그곳이 돼지국밥이 유명하다는 말을 듣고 처음으로 부산역 근처로 먹으러 갔다. 원조가 왜 이리도 많은지 선택하기 쉽지 않았다. 이럴 때 맛난 돼지국밥집을 찾는 방법은? 당연히 사람이 많은 곳이다. 줄이 서있다면 더욱 신뢰가 커진다. SNS나 포털사이트를 찾아보는 것보다 가장 확실한 방법이다.

주식도 그렇다. 어떤 주식이 좋을지 궁금하다면 거래가 몰리는 종목을 찾는 것이 쉬운 방법 중 하나다. 빅세일을 하는 상점이 있다고 해보자. 당연히 사람이 많을 것이라는 생각을 하고 갔는데 많은 사람이 그 상점에서 뛰쳐나오고 있다면, 나는 '오! 많은 사람이 나오니깐 좋은 물건을 쉽게 살수 있겠다'고 생각하고 그 상점으로 들어가야 할까 아니면 나도 같이 그 사람들과 같은 방향으로 뛰어야 할까? 당연히 그 상점에 들어가지 말아야 할 것이다. 공포 영화를 보면 이상한 소리가 나는 쪽으

전일대비등락율상위 | 시가대비등락율상위 | 예상체결등락율상위 | **당일거래상위** | 전일거래상위 | 거래대금상위 | 시가총액상위 | 누적등락율상위 | 누적거래상위 | 대량체결상위

◉전체 ○코스피 ○코스닥   ◉거래량 ○거래회전율 ○거래대금   ◉전체 ○장중 ○시간외(◉장전 ○장후)   조회 다음

종목 전체조회 ▼ 신용 전체조회 ▼ 거래량 전체조회 ▼ 가격 전체조회 ▼ 거래대금 전체조회 ▼ 시가총액 전체조회 ▼

순위	종목명	현재가	전일대비	등락률	거래량	전일비	거래회전율	금액(백만)
1	KODEX 200선물인버	2,940 ▲	195	+7.10	196,765,717	131.42	27.45%	569,255
2	쌍방울	827 ▼	27	-3.16	89,191,648	28.06	33.97%	75,422
3	캠시스	2,480 ▲	110	+4.64	60,530,989	116.09	81.99%	158,811
4	팜스토리	3,975 ▲	220	+5.86	56,736,801	638.89	50.92%	229,849
5	한일사료	10,500 ▲	2,260	+27.43	56,689,372	735.63	143.87%	551,366
6	버킷스튜디오	3,450 ↑	795	+29.94	51,907,761	8,922.55	82.35%	165,850
7	KODEX 코스닥150선	4,925 ▲	210	+4.45	39,063,069	117.68	46.78%	190,308
8	고려산업	7,760 ▲	950	+13.95	38,580,373	312.84	154.70%	296,471
9	삼성 인버스 2X WT	95 ▲	5	+5.56	38,329,095	135.47	2.56%	3,668
10	KODEX 레버리지	16,425 ▼	1,235	-6.99	34,053,935	161.53	28.63%	567,914
11	아미노로직스	2,930 ▲	75	+2.63	30,883,598	294.78	35.16%	92,348
12	KODEX 인버스	4,710 ▲	155	+3.40	28,551,714	121.65	16.10%	133,479
13	대한전선	1,945 ▼	115	-5.58	26,645,006	136.86	2.14%	52,434
14	청담글로벌	13,700 ▲	350	+2.62	24,257,892	198.00	118.04%	364,969
15	대주산업	5,090 ▲	135	+2.72	23,686,212	202.83	66.92%	120,264

증권사 HTS에서 전일거래상위 종목과 당일거래상위 종목을 조회할 수 있다.   출처: 키움증권HTS

로 굳이 들어가는 사람이 꼭 있다. 그리고는 제대로된 공포를 맛본다.

주식에서는 거래가 터지면서 주가가 하락하는 경우가 그러하다. 당연히 그 종목을 보유하고 있다면 일정 부분이라도 현금화하거나 그 종목을 보고 있었다면 일단은 관망하는 것이 바람직할 것이다. 트레이딩은 심리의 분석이고, 그 심리는 바로 거래에서 나온다. 지금부터 그 거래를 분석하는 방법을 자세히 살펴보도록 하자. 기본적으로 거래는 주가의 변동성에 비례한다. 다시 말해 일반적으로 거래가 큰 폭으로 증가한 종목은 크게 상승하거나 하락하거나 둘 중 하나다. 반대로 거래가 적은 종목은 그날의 변동성도 크지 않기 때문에 크게 신경쓸 필요가 없는 경우가 많다. 만약 보유 종목이 많다면 그 많은 모든 종목을 신경쓰지 않아도 된다. 오늘 거래가 많이 나올 종목에만 집중해서 분석하다 보면 내가 보유

하고 있는 종목이 20개, 30개라고 하더라도 시장의 큰 악재가 나오지 않는 한 실제로 신경을 써야 하는 종목은 3~5개 정도밖에 되지 않는다.

거래가 '증가했다', '감소했다'의 기준을 전일로 잡는다. 다시 말해 전일에 비해 거래가 50% 미만인 종목은 관심종목이든 보유종목이든 크게 신경쓰지 않는다. 하지만 전일보다 거래가 크게 증가한 종목은 관심을 가져야 한다. 큰 폭으로 증가했다는 것의 기준은 전일 형성된 거래의 2배 이상을 의미한다.

그럼 거래는 언제쯤 정확하게 알 수 있을까? 사실 정확한 시점은 '장 종료' 때다. 하지만 장이 끝나고 난 다음에는 매매를 할 수 없다. 시간외거래를 논할 수도 있겠지만, 개인적으로 시간외거래는 신경쓰지 않는다.

여기서 하나 외우고 가자. 일반적으로 거래는 장출발 한 시간(아침 9시~10시) 동안 오늘 나올 거래의 25% 수준이 형성된다. 또한 장마감 한 시간(오후 2시 30분~3시 30분) 정도에 오늘 나올 거래의 25% 정도가 형성된다. 다시 말해 장출발과 장마감의 두 시간 동안 오늘 거래의 50%, 나머지 4시간 30분 동안 오늘 거래의 50% 정도가 형성되는 것으로 보면 된다.

어제 거래가 100만 주가 형성되었는데, 오늘 10시에 25만 주, 다시 말해 전일 거래의 25% 정도 형성되었다면 오늘 이 종목은 어제와 거래량이 비슷할 거라 생각해도 좋다.

10시에 12만 주 이하로 거래되었다면 오늘은 전일에 비해 50% 거래가 적은 50만 주 정도 거래될 것으로 보고 주가 변동성이 그다지 크지 않을 거라 판단하여 전략을 잡는다. 10시에 거래가 50만 주가 형성되었다면 오늘은 전일에 비해 2배 가까이 혹은 2배 이상 거래될 것으로 보고 주가가 위로든 아래로든 변동이 클 것으로 보고 대응해야 한다. 사실 주목해야 하는 종목은 관심종목이든 보유종목이든 이런 종목들이다.

앞에서 거래와 주가의 변동성은 비례한다고 이야기했다. 다시 말해 만약 데이트레이딩이든 스켈핑이든 일중 단타로 매매를 하기 원한다면 오전 한 시간 내에 매매를 마치고, 그러지 못했다면 오후 한 시간 동안 매매를 마쳐야 한다. 앞서 말했듯 장출발 후 한 시간과 장마감 전 한 시간 동안 거래가 많아 주가 변동성도 커지기 때문이다.

성공적인 주식 매매를 이야기할 때 "주가가 추세에서 턴하면 매수, 꺾이는 게 확인되면 매도, 다시금 턴하면 매수하면 됩니다"와 같이 이야기하면 대부분의 수강생들은 웃어 넘긴다. 이런 매매는 희망이지 실제로는 되지 않는다고 생각하는 것 같다. 하지만 목표는 그렇게 하는 것이다. 실제로 그렇게 할 수 있다.

거래는 주추세와 비례한다는 명제를 기억해두자. 상승추세에서는 주추세가 상승할 때 증가하며 보조추세, 다시 말해 눌림을 형성할 때는 거래량이 감소한다. 반대로 하락추세에서는 주추세가 하락할 때 거래는

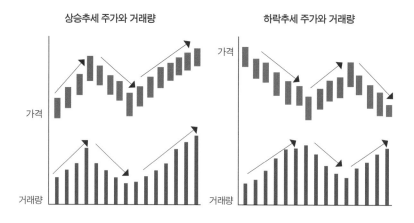

증가하며 보조추세, 다시 말해 기술적 반등을 형성할 때는 거래량이 감소한다.

희망 매매를 하기 위해서는 기본적으로 상승추세 내에서 거래가 감소하다 전일 대비 거래가 증가하는 시점부터 주가의 반등 포인트를 잡으려 한다면, 당연히 상승추세 내에서의 반등 포인트를 잡아낼 확률이 높아진다.

반대로 하락추세에서는 주가가 기술적 반등을 보이다가 거래가 증가하며 오늘 종가가 전일 저가를 이탈하는 타이밍을 기술적 반등이 마무리되는 시점이 다가온 것으로 분석하여 대응하면 된다.

이제 주가가 의미 있는 상승 또는 하락하는 모습을 보이면, 상승과 하락 자체에 관심을 두기보다는 거래가 어떤지를 먼저 살펴보는 습관을 들이도록 하자. 거래를 제대로 분석하기 시작하면 매매의 기초는 만들어진 것이다.

매매 수익보다
중요한 '안전마진'

주식을 매수하고 수익이 날 확률과 손실이 날 확률은 보통 50:50이라고 한다. 주가가 횡보할 확률까지 넣어서 33%로 수익날 확률이 있다고도 하지만, 일단은 50%라고 가정해보자. 그런데 대부분의 트레이더가 주식을 매수한 후 수익으로 그 매매를 마치는 확률은 25% 정도밖에 되지 않는다.

다시 말해 수익난 50%의 종목이 손실이 날 때까지 매도하지 않는 경우가 많기 때문에 수익이 난 종목들 중 또 절반은 손실을 보고 결국 매도하는 경우가 생긴다. 따라서 수익이 난 후 매도하는 경우는 전체의 반의 반밖에 안 되는 경향이 있다. 이 이유를 일반적으로 '이탈가', '손절가'라고 불러도 좋다. 이탈 가격이 일반적으로 매수가 아래에 있기 때문이다. 트레이딩을 할 때 주가가 상승할 때 매수, 조정 이후 재상승을 하며 이탈가격이 매수가보다 위에 올라서야 비로소 수익으로 매매를 마무리할 수 있다.

이를 해소하는 방법은 하나밖에 없다. 바로 안전마진을 챙기는 것이다. 사실 이것만 시작해도 계좌가 불어날 확률이 높아진다. 대부분의 개인 트레이더는 종목 수익금이 절반으로 떨어질 것 같아 두려움에 휩싸여 불안해한다. 절반으로 떨어져 수익이 나지 않을 것으로 생각되지만, 현실은 그 반대로 안전마진을 챙기기 시작하면 계좌가 수익이 날 가능성은 커진다. 여기서 말하는 안전마진은 주식을 매수한 후 수익 구간에서 일정 부분 차익실현을 해두는 것을 의미한다.

이런 경우를 생각해보자, 매수 타이밍이 와서 만 원에 1000주를 매수했다. 이탈가는 저점인 9500원으로 잡았다. 주가가 만 700원까지 상

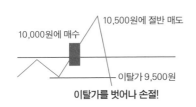

이탈가를 벗어나 손절!

승하여 70만 원 수익이 났지만 결국은 9500원까지 하락을 해서 50만 원의 손실로 매매가 마무리되었다. 만약 만 원에 1000주를 매수한 다음 만 500원에 절반을 판 후 이탈가인 9500원까지 하락해서 매도했다면 손실이 아니라 본전에서 마무리할 수 있다.

이런 안전마진의 개념을 초보 트레이더들은 쉽게 무시한다. 이유는 그 종목이 더 상승할지도 모르는데 지금 팔기에는 아깝다고 생각하기 때문이다. 또는 매매 자금이 크지 않아 절반을 챙겨받자 소액이라 의미가 없다고 생각하기 때문이다. 실제로 수강생들에게 가장 설득하기 어려운 부분이 안전마진이다.

이상하게 주식 매매는 수익에 초점을 맞추면 돈을 벌기 쉽지 않다. 매

매는 수익을 얼마만큼 크게 내느냐 하는 게임이 아니라 손실을 줄이거나 손실이 발생하지 않을 수 있게 리스크를 관리하는 게임이기 때문이다. 예를 들어 1000만 원을 가지고 50% 손실이 나면 500만 원이 된다. 심기일전하여 500만 원의 60% 수익을 올리면 누적 수익률로는 10% 플러스 수익이지만, 실제 계좌 잔액은 800만 원이 된다. 20% 마이너스인 셈이다. 처음의 손실 50%를 회복하려면 남은 금액으로 100% 수익이 나야 하는 것이다.

성공적인 매매의 기초는 리스크를 줄여주는 안전마진에 있음을 반드시 기억하자.

심리를 기반으로 한 주식 매매가
다른 상품들보다 안전한 이유

차트로 구현할 수 있는 모든 거래 상품은 심리를 기반으로 한 매매가 가능하다. 원유, 원자재 등 각종 선물, 외환, 심지어는 암호화폐도 가능하다. 주식처럼 돈을 벌 수 있을 것 같으면 사고 싶고, 손실이 커질 것 같으면 팔고 싶은 탐욕과 공포 사이에서 만들어지는 것이 차트이기 때문이다. 하지만 초보자의 경우 다른 거래 상품보다 주식부터 시작하는 것이 좋을 듯하다. 주식 중에서도 증권사 리포트가 나온 종목으로 거래하는 것이 편하다.

주식 매매를 하는 사람이라면 명심해야 하는 이야기가 있다. 어느 마을에 원숭이가 많았다. 하지만 아무도 원숭이에게 관심을 갖지 않았다. 어느 날 주인과 하인으로 보이는 상인들이 마을에 왔다. 주인 상인은 마을 사람들에게 원숭이를 잡아오면 한 마리당 얼마의 돈을 주겠다고 했다. 원숭이는 많고 돈도 벌 수 있으니 당연히 사람들은 원숭이를 잡아서 상인에게 팔았다. 그후로 마을의 원숭이 수는 급격하게 줄었다. 점점 원숭이를 구하기 어려워지자, 주인 상인은 그럼 이제부터 잡아오면 두 배의 돈을 주겠다고 했다. 마을 사람들은 자기들끼리 원숭이를 거래하기도 하고 서로 원숭이 잡기에 혈안이 되어 마을에서 이제 원숭이를 찾아보기가 어려워졌다.

주인 상인이 아쉬운 듯 이제부터는 원숭이를 원래 주기로 한 돈의 네배를 주겠다고 하고는 잠시 일이 있어 도시에 갔다 오겠다고 했다. 주인은 떠나고 사람들은 원숭이를 찾아다녔지만 허탕만 쳤다. 그때 하인 상인이 이렇게 말했다.

"지금 저희 창고에 원숭이가 많습니다. 주인 몰래 세 배 가격에 팔테니 필요한 분은 말하세요."

당연히 주인이 오면 네 배 가격에 사줄 테니 세 배 가격에 사도 이익이라며, 돈이 없으면 빌려서라도 사야 한다고 사람들은 시끄러웠다. 결국 사람들은 대출을 받아서 그 하인 상인에게 원숭이를 샀고, 주인 상인을 기다렸다. 하지만 하인 역시 마을 사람들이 모르게 마을을 떠나버렸다. 마을은 이전과 같이 원숭이가 많아졌다. 차이점은 전에는 원숭이만 많았지만, 이제는 원숭이만큼이나 빚도 많다는 것이다. 이 이야기의 교훈은 무엇일까?

보통 기초자산의 가치가 없는 상품도 거래가 가능하다. 하지만 모든 버블이 그렇듯 기초자산에 비해 가격이 너무 많이 상승하는 경우에 매매는 가능하지만 위험은 커진다. 특히 기초자산의 가격 책정이 어려운 경우에는 더욱 그렇다. 암호화폐가 그런 경우다. 가치의 평가가 어렵다. 그래서 매매는 가능하지만 위험은 주식보다 더 크다. 이런 점에서 상대적으로 위험 요소가 적은 주식이 초중급자들에게는 적절한 매매 대상이라 할 수 있다.

그럼 이제 주식 투자를 하기 전 알아야 될 사항들을 다뤄보겠다.

경기 불황일수록
기회가 되는 주식 투자

당신은 트레이더인가, 투자자인가

경기가 침체되고 주가가 하락하면 공포심이 생기는가 아니면 흥분되는가? 주가가 하락하는데 흥분한다는 건 좀 이상하게 들릴 수도 있지만, 후자라면 당신은 투자자다.

투자자들은 가격의 상승에 흥분하지 않는다. 가격의 하락, 침체, 전쟁과 같은 악재에 관심을 가진다. 자산을 싸게 살 수 있는 시점이기 때문이다. 주식 투자에서 아무 학습도 없이 할 수 있는 것이 인덱스 적립식 투자다. 두 번째로 쉬운 것이 배당 투자, 세 번째는 가치 투자, 네 번째는 성장주 투자다. 이들의 투자 개념은 모두 다른 사고 체계를 요한다. 앞서 매매와 투자를 구분해야 한다고 강조한 것과 같은 맥락이다.

'이평을 돌파하면 매수한다.' 이것은 매매의 관점이다. '목표가를 두고 홀딩한다.' 이것은 가치 투자의 관점이다. '이평을 이탈하면 매도한다.' 매매의 관점이다. '주가가 목표가와 괴리가 커진다. 당연히 수익이 더 커지기 때문에 매수한다.' 가치 투자의 관점이다. 두 부분이 명확한 개념 없이 섞이기 시작하면 주식은 꼬이기 시작한다.

이는 투자 관점에서 주식을 볼 때도 그렇다. '주가는 실적을 선반영한다.' 이것은 성장주 투자의 관점이다. '실적 대비 저평가된 종목을 매수해야 한다.' 가치주 투자의 관점이다. 가만히 생각해보면 주가는 실적에 선행해서 움직인다고 하는데, 어떻게 이미 실적이 좋은데 저평가된 종목이 있다는 걸까? 향후 실적이 좋지 않을 것으로 보여 주가가 하락하고 있는 종목을 매수한다는 의미일까? 시장에서 말하는 많은 투자 기법 혹은 교육이라는 형태가 이러하다. 주식을 시작하는 초보자들은 열심히 공부를 하면 할수록 주식이 더 꼬이기 시작한다. 마치 아시아를 정복할 사람만이 풀 수 있다는 고르디아스의 매듭처럼 꼬이고 꼬인다. 해법은 알렉산더 대왕이 그러했듯이, 칼로 매듭을 끊어버리는 방법밖에 없다. 각각 분리해서 개념을 잡는 것이 가장 중요하다.

주식에 장기적으로 투자하면 돈을 벌 수 있다는 단순한 논리가 사람들을 지배한다. 그래서 초보자들을 유혹하는 많은 이야기가 장기 몇 %, 중기 몇 %, 단기 몇 %로 포트폴리오를 구성한다는 식이다. 다음과 같이 말이다.

"장기적으로 보유하고 있을 때 100% 이상 수익이 날 가능성이 높은 가치주/성장주에 60% 정도 비중을 담고, 중기적으로 50% 이상 수익이 날 가능성이 높은 테마주에 30%, 장기나 중기로만 주식을 하면 재미가 없으니깐 단기 종목에 10% 정도로 투자하시면 됩니다."

정말 멋진 이야기다. 다만 문제는 이렇게 할 수 없다는 데 있다. 계속 강조하지만 주식의 단기 매매와 투자는 기본 사고방식 자체가 다르다.

마치 여성과 남성이 같은 인간이지만 성향이 무척이나 다른 것처럼 말이다. 주식을 투자로 접근하는 사람은 매매로 접근하는 사람을 이해할 수 없고, 매매하는 사람은 투자를 이해하기 어렵다.

매매를 할 때 장기적으로 상승할 가능성이 높은 종목이냐 하락할 가능성이 높은 종목이냐에 따라 큰 차이점이 발생한다. 그럼 어떤 종목이 상승할 가능성이 높은 종목일까? 기업의 실적이 급격하게 좋아졌다면 사람들은 사고 싶을까 팔고 싶을까? 기업이 신제품을 개발해서 독점적인 지위를 누릴 가능성이 높아졌다면 사고 싶을까 팔고 싶을까? 기업이 속해 있는 업종, 예를 들어 2차전지 업황이 향후 지속적으로 좋아질 것으로 보인다. 그럼 사고 싶을까 팔고 싶을까? 당연히 앞의 내용들은 주식을 사고 싶은 마음이 들게 한다. 주식을 장기적으로 매수할 수 있는 모멘텀이 있다면 당연히 그 주식은 하락보다는 상승으로 진행될 것이다.

여기서 중요한 것은 매매하는 사람들은 그 모멘텀에 주목하기보다는 사고 싶게끔 마음에 촉매 작용을 하는 종목을 사기 시작한다. 중요한 것은 마음이다. 투자하는 사람들은 그런 모멘텀이 있으면서 기업이 실적이 좋은가, 성장성이 좋은가 그리고 그 성장성이 보태진 실적에 비해 현재 주가는 싼가 비싼가 식으로 해당 종목의 가격에 주목한다. 같은 걸 보면서 다른 것에 주목한다. 하지만 초보자들이 볼 때는 기업의 가치를 보고 자금을 투입하는 투자자나 모멘텀과 실적 때문에 차트상으로 주가의 타이밍을 보는 트레이더가 같은 것을 보는 것으로 착각을 한다. 하지만 매수를 하는 행위는 같아 보여도, 이 두 집단이 주목하는 바와 느끼는 바는 완전히 다르다. 이 부분이 명확하게 정리되지 않는다면 투자든 매매든 성공하기 어렵다. 주식 강의를 할 때 가장 먼저 이 둘의 차이를 이해시키려고 노력한다. 반드시 알아야 하는 부분이다.

　개인적으로 주식을 비롯한 경제 활동의 주된 목적은 향후 노동력이 없더라도 최소 현재 받는 연봉 정도의 현금흐름을 만드는 것으로 정의하고 싶다. 그냥 오늘 상한가 종목을 하나 잡았다든지, 매매로 100% 수익을 올렸다든지, 투자로 텐배거ten bagger(10배 이상의 수익을 내는 종목)처럼 1000% 수익을 올리는 것에만 주식이나 재테크의 목적을 두는 것은 너무 근시안적이다. 우연히 대박 수익을 올렸다고 노후가 보장되는 것은 아니다. 복권에 1등으로 당첨된 사람들이 나중에 보면 불행하게 살고 있다는 뉴스를 자주 접하지 않는가. 큰돈을 단기간에 버는 것은 중요하지 않다. 내가 안락하게 느낄 만큼의 현금흐름을 만드는 것이 중요함을 기억하기 바란다.

　월급이 적지만 시간이 있다면 매매를 통해 시드머니를 만들어야 한다. 많아도 흙수저라면 주식 투자를 통해 작든 크든 현금흐름을 만들려는 노력을 해야 한다.

　수강생들이 힘들어하는 부분 중 하나가 자금이 많지 않다는 점이다. 금액이 크지 않아 배당에 투자를 해도 얼마 되지 않고, 10% 수익을 올려도 몇 만 원 정도라 불만인 사람이 많다. 그래서 빚을 내고 위험한 투자를 시작한다.

　태어나면 뒤집고 기고 걷고 뛰는 절차를 시간순으로 밟는 것이 자연의 섭리다. 하지만 많은 사람이 걷기도 전에 뛰려고 한다. 우선 걸어야 뛸 수 있다. 제대로된 과정을 밟는 것이 중요하다.

노년을 위해 지금
도토리 나무를 심어라

송나라 '저공'이라는 사람이 원숭이를 길렀다. 그런데 너무 많이 기르는 통에 먹이가 부족해진 저공은 고심한 끝에 원숭이들에게 줄 도토리를 아침에는 3개, 저녁에 4개를 준다고 했다. 원숭이들은 마구 반발하며 화를 냈고, 이에 저공이 아침에 4개, 저녁에 3개를 주면 어떻겠냐고 하니 원숭이들이 납득했다는 '조삼모사朝三暮四' 이야기다.

들고 나면 혹자는 '원숭이가 멍청하다' 혹은 '눈앞에 닥친 현실에만 급급하다니 동물은 동물이군'이라고 말할 수 있다.

저공은 고민고민 끝에 하루 7개를 아침에 3개, 저녁에 4개를 준다고 했다. 원숭이는 아침에 3개를 먹어도 낮 동안에는 다른 먹을거리를 찾을 수도 있고, 서로의 털을 고르면서 약간의 허기를 달랠 수도 있다. 하지만 밤이 오면 음식을 찾기 더 어려우니, 저녁에 4개를 먹는 게 더 현명하지 않을까? 이런 생각에 저공은 원숭이들을 더 이롭게 해주기 위해 아침에

3개, 저녁에 4개를 권하지 않았을까 싶다.

우리는 어떠한가. 낮 동안, 다시 말해 노동으로 자본을 만들 수 있는 시기에 얻는 도토리를 저녁, 다시 말해 노후를 위해 얼마나 비축하고 있는가? 노년이 되어도 젊을 때처럼 노동으로 여전히 자본을 축척할 수 있다고 원숭이처럼 착각하고 있는 것은 아닌가?

쉬운 방법인 은행 저축으로 자산을 모으고 돈을 만든다는 것이 가능할 것 같지만, 인플레이션을 고려할 때 답이 되기는 어려울 것 같다. 내가 어릴 때는 자장면 한 그릇에 500원이었던 기억이 나는데, 1970년 평균 100원이었던 자장면은 표의 물가처럼 1988년에는 759원, 2015년에는 4600원을 거쳐 2019년 12월에는 5145원(한국소비자원 자료)으로, 약 50년간 51배가 넘게 상승했다.

1988년과 2015년의 물가 비교   출처: 한국물가정보

	1988년	2015년	
	100원	634원	6.3배
	759원	4600원	6배
	100원	320원	3.2배
	558원	4100원	7.3배

사실 그간 우리나라의 경제 성장률이 가파르게 오른 만큼 인플레이션도 그만큼 상승했다는 점을 고려해야겠지만, 현재 수익의 일부를 은행에 적금해서 노년을 편하게 지내겠다는 생각은 지금이야 훌륭한 생각이지만, 30년 후의 물가 혹은 40년 후의 물가를 생각해본다면 가능할지 의문이 들 수밖에 없다.

이 인플레이션을 따라잡을 수 있는 상품 중 대표적인 것이 부동산이다. 하지만 근로자들이 소득을 한 푼도 안 쓰고 모아서 집을 사는 데 몇 년이 걸리는지를 보여주는 PIR(소득 대비 주택 가격, price income ratio)을 보면, 2022년 3월 기준 중산층이 서울의 중간 가격대의 집을 사려면 19년이 걸리는 것으로 나타났다. 이는 KB국민은행이 관련 통계를 작성을 시작한 이래 역대 최고치를 보인다. 재테크를 하기 전에 이자만 내다가 중년을 지나 노년으로 간다는 뜻이다. 그것도 받는 월급을 1원도 쓰지 않았을 때 이야기다.

더 심각한 것은 우리의 법정 정년은 60세이지만 잡코리아와 알바몬에서 직장인 534명을 대상으로 2021년에 설문조사를 시행한 결과, 대기업 직장인들이 체감하는 정년퇴직 나이는 평균 49.5세, 중견기업과 중소기업에서 근무하는 직장인은 평균 51.7세, 공기업 및 공공기관은 평균 53.8세로 그 시기는 빨라지고 기대수명은 높아지고 있다. 한 조사에 따르면 선진국의 기대수명은 80~85세 정도로 추정되지만, 코호트 분석을 통하면 1967년생은 92~96세, 1977년생은 95~98세, 1987년생은 98세~100세까지 살 가능성이 50%라고 한다.

쉽게 이야기하면, 장년층이 되어 노동으로 돈을 버는 시기가 끝나면 다른 인생으로 최소 30년은 더 살아야 한다는 이야기다. 월 200만 원만 써도 1년이면 2400만 원, 10년이면 2억 4000만 원, 30년이면 7억 2000만 원이 필요하다. 그때도 조금이라도 돈을 벌면 될 것이라는 생각을 할 수도 있지만 초고령사회로 진입하는 한국은 노년 인구가 급격하게 증가하여 직장을 찾기가 쉽지 않을 것 같다. 더욱이 4차산업혁명으로 인해 경비는 로봇이, 식당 주문은 키오스크가, 택배나 배달 등 여러 분야가 로봇으로 대체될 가능성이 높다. 은퇴 후 인기 직종인 택시운전도 이제 로봇택시로 대체되면 자리가 없어질 예정이다. 심지어는 자율주행차의 상용화로 인해 대리기사로 부업을 하거나 노년의 용돈벌이도 어려워질 것이다. 지금 젊은 세대의 노년은 현재 노년을 보

출처: 한국경제신문 2022년 5월 18일 자

현대차 보스턴 다이내믹스의 로봇개 '스팟'이 포스코 광양제철소 송풍구에서 안전관리를 하고 있다.

내고 있는 분들보다 더 힘들 가능성이 높다.

인플레이션이 심해지면 '월급 빼고 다 오른다' 혹은 '기업만 부자가 되었다'는 기사나 대화가 많이 등장한다. 불만을 가져봤자 변하는 것은 없다. 기업만 돈을 벌 것이라는 생각이 들면 그 기업의 주식을 사서 그들의 이윤을 같이 향유하면 된다. 그 방법 역시 주식 투자를 하는 것이다.

조삼모사의 고사에서는 저공이 그래도 원숭이에게 저녁에 3개의 도토리를 주었지만, 우리는 노년을 위해 얼마의 도토리를 준비하고 있는가? 변화무쌍한 주식 시장에서 도토리가 아닌 도토리 나무를 가져보는건 어떨까?

투자 정체성에 따라
달라지는 정보 활용법

주식 투자를 하면 반도체, 2차전지, 메타버스 등 초보자 입장에서는 너무 어려운 용어에 직면하게 된다. 시작하자마자 바로 포기하고 싶은 정도일지도 모른다. 향후에는 2차전지 관련주들이 긍정적이라는 말을 듣고 종목을 찾아보면 점입가경이다. LG에너지솔루션, 삼성SDI, 에코프로비엠, 일진머트리얼즈 등등 종류도 참 많다. 거기에 어떤 종목은 셀업체이니 2차전지용 음극집전체니 일렉포일이니… 초보자들이 이런 단어들을 접하게 되면 지레 겁을 먹게 되는 경우가 많다.

그래서 이런 용어들에 좀 익숙해질 필요가 있다. 유튜브를 활용해서 그 업종에 대해 공부하는 것도 나쁘지 않은 방법이다. 하지만 가장 쉬운 방법은 일단 기업 홈페이지에 방문해보는 것이다. 해당 기업은 자기 회사를 소개하기 위해 홈페이지에 공을 많이 들인다. 하지만 정작 홈페이지까지 찾아보는 사람은 그다지 많지 않다. 어릴 때 나의 모든 지식은

삼성SDI는 자동차에 장착하기 위해 고성능을 지닌 소형의 최적화된
배터리 팩을 개발하며 세계적인 자동차 제조사들과 함께 여러 종류의 프로젝트들을 수행합니다.

성능, 안전 그리고 긴 사용 수명을 보장하는 배터리 관리 시스템(BMS, Battery Management System)이 탑재된 배터리 팩은 가볍고 내구성이 좋은 자동
차의 전반적인 성능을 결정하는 핵심적인 부품입니다. 삼성SDI는 고전압 배터리 시스템용 팩 플랫폼을 개발했으며, 현재 글로벌 자동차 완성업체들과 다
양한 프로젝트를 추진하고 있습니다.

Battery Pack for PHEV

업계 단일 부피당 최고 전력 및 에너지 밀도의 배터리 셀을 장착
함으로서 더 긴 전기구동 주행거리가 가능합니다.
A와 B 클래스 차량 경우 50km, C 클래스 차량은 40km, 이 제품
은 현재 개발중입니다.

Battery Pack for HEV

이 제품은 경량 설계된 고강도의 고에너지밀도 배터리 팩으로
IP54 보호수준과 최적화된 공기 흐름 경로를 통해 최악의 습도
와 먼지 상태에서도 기능하도록 설계되었으며, 배터리 셀 사이
의 온도 차이를 최소화 했습니다.

출처: 삼성SDI 홈페이지https://www.samsungsdi.co.kr

만화에서 나왔다. 초등 저학년 시기에 글자만 있는 책에서 지식을 제대
로 이해하는 것은 무척이나 어려운 일이다. 어쩌면 초보자들이 주식 투
자를 위해 지식을 얻는 데도 그림이 도움이 될 것이다. 예를 들어 '삼성
SDI'의 홈페이지에는 제품 사진이나 하는 일들이 이미지와 같이 첨부
되어 있어 이해하기가 더 쉽다.

　어린 시절, 공부를 할 때 항상 두 부류가 있었는데 한 그룹은 교과서
중심, 나머지는 교과서를 요점 정리해서 참고서 위주로 공부하는 그룹

이었다. 대부분 성적이 좋은 쪽은 교과서 위주로 공부하던 학생들이었다. 요즘 종목 관련한 유튜브와 SNS가 무척이나 많다. 대부분 요약집이라는 생각이 많이 든다. 하지만 정석대로 가는 사람을 이길 수 없듯이 기업을 분석할 때도 정석으로 진행하는 것이 투자 수익에 도움이 될 것이다. 홈페이지에서 대략 그 기업이 무슨 일을 하고 어떤 제품을 생산하는지를 체크했다면, 이제는 금융감독원에서 제공하는 기업정보 전자공시 시스템 DART(https://dart.fss.or.kr/)에서 그 기업이 하는 일을 좀 더 본격적으로 살펴보도록 하자.

독자 중에는 대학에서 리포트를 쓰거나 회사에서 보고서를 써본 사람이 있을 것이다. 심지어 군대에서 사단장이 방문을 한다든지 하면 (요즘은 어떤지 모르겠으나) 사단장이 가지 않을 곳까지 청소를 한다고 난리가 난다. 그만큼 윗사람들의 시선을 신경쓰기 마련이다. 하물며 회사의 이름을 건 보고서를 제출할 땐 평소보다 더 심혈을 기울여서 만들 수밖에 없을 것이다. 회사에서 금융감독원에 제출하는 서류를 만든다면 어떻겠는가. 당연히 열과 성을 다해서 자료를 만들 것이다. 그래서 이 보고서를 살펴보면 정보를 많이 얻을 수 있다.

기업은 1분기가 끝나면 분기보고서를, 2분기에는 반기보고서, 3분기에는 분기보고서, 한 해가 끝나면 사업보고서를 낸다. 모두 볼 것 없이 가장 최근의 보고서를 참고하면 된다. 여기에는 기업이 어떤 사업을 영위하고 있는지, 주요 매출은 어떤 제품에서 일어나고 있는지, 그 제품의 판매가 어떤 식으로 이뤄지고 있는지, 내수가 많은지 수출이 많은지, 공장가동률은 어떠하고 공장은 어디에 있는지, 연구개발은 어떻게 이뤄지고 있는지 상세하게 담고 있다. 보고서를 읽는 것이 쉽게 습관화되지 않겠지만 공짜로 얻을 수 있는 강력한 무기를 그냥 방치하는 것만큼 어리석은 일도 없을 것이다.

처음에는 적응이 되지 않겠지만 이런 자료들은 프린트를 해두고 읽어보기 바란다. 읽다가 잠이 올 수도 있고 라면냄비의 받침대로 쓸 수도 있지만, 일단은 프린트를 해서 정독하다 보면 TV에 나오는 어떤 전문가보다 그 종목에 대해 속속들이 알게 될 것이다.

홈페이지를 보고, 전자공시시스템에서 기업을 자세히 살펴봤다면 다음은 애널리스트를 활용할 차례다.

시중에 나온 책들 중에는 기본적 분석, 소위 기업의 펀더멘털 분석에 관련한 것이 많다. 그런 책들을 보며 개인 투자자들은 '내가 펀더멘털 분석을 애널리스트보다 잘할 수 있을까?'라는 생각을 할 것이다. 나 역시도 그러하다. 물론 주식 경력 25년, 한국경제TV 대표 패널로 활동한 지가 20년 정도 되었지만, 펀더멘털 분석을 애널리스트보다 잘 한다고 생각하지 않는다. 또 업종 종목에 대한 새로운 뉴스를 그들보다 빠르게 안다고 생각하지도 않는다.

아마 대다수의 투자자가 그럴 것이다. 할 수 있는 것을 열심히 하고, 할 수 없는 것은 도움을 청하는 게 생활의 기본이듯이 주식 또한 그러하다. 증권사 리포트가 단기적으로 맞든 틀리든 그 업종이나 종목의 분석은 나보다 탁월하다는 것을 일단 인정하고, 내가 더 잘할 수 있을 거라 생각하지 말자.

증권사 리포트를 매매에 활용할 때는 그 리포트로 인해 무조건 매수세가 유입되면서 주가가 상승할 거라 생각하지 말자. 트레이더 입장에서 리포트는 연예인이나 가수를 소개하는 프로그램과 같다. 알다시피 프로그램에 소개된 영화, 연예인, 가수가 모두 인기 있는 것은 아니다. 단지 그중에서 인기 연예인이 나오거나 1000만 관객의 영화가 나올 가능성이 높다는 의미이며, 증권사 리포트가 나온 종목들은 매매의 관심 종목으로 간주해야 한다.

가치 투자를 한다면 특히 2월에서 4월 사이에 나오는 증권사 리포트에 주목하자. 가치 투자는 기본적으로 실적 대비 주가가 저평가되어 있는 종목에 접근하는 것이다. 당연히 실적이 부정적인 종목일 가능성이 높은 것으로 보고, 투자 의견이 '홀딩' 혹은 '시장 수익률' 정도에서 2월에서 4월 사이 '매수'로 바뀌는 종목들이 있다. 아직 상승하기 이전이라면 저평가로 인해 가치주로 접근하기 쉬운 종목들이다.

성장주 투자 관점에선 리포트를 산업에 대해서 혹은 기업의 변화에 주목해서 살펴본다. 여기서 말하는 기업의 변화란, 예를 들어 기업이 기존에 영위하고 있는 사업이 사양사업이었는데 기업의 변화로 다시금 성장주가 될 수 있는지 그 동향을 말한다. 여기에 초점을 맞춰 살펴보면 도움이 된다.

앞의 내용처럼 같은 리포트를 보더라도 매매를 하는 트레이더인지, 투자자라면 가치 투자자인지 성장주 투자자인지에 따라 봐야 하는 포인트가 달라진다. 그렇기 때문에 자신의 투자 정체성이 매매인지, 가치 투자인지, 성장주 투자인지 명확하게 해야 한다.

투자는 매매와
리스크 요인이 다르다

지금은 DB투자증권으로 바뀐 동부증권이 나의 친정이다. 그다지 오랜 시간 근무하진 않았지만, 그때의 김익준 지점장님께는 아직도 감사의 마음이 남아 있다. 시장이 어려운 시기에도 계속 수강생들을 위해 무료로 비용을 충당하며 강의를 밀어준 분이기 때문이다. 참고로 그때는 공격적으로 강의를 했던 때인데, 리먼사태로 시장이 큰 폭으로 하락하던 시기였다.

　주식 시장은 2007년 11월 종합주가지수 2085p를 고점으로 2008년 10월 어느 날에는 1028p까지 하락했는데, 그때 강의장에서 "지금은 두려워 말고 주식 투자를 해야 하는 시기입니다. 지금 시작하면 종합주가지수 기준으로 100% 이상 수익을 노릴 수 있습니다. 물론 지수가 1000p까지 밀렸다가 2000p를 갈지, 700p까지 밀렸다가 2000p를 갈지는 모르지만, 중요한 것은 지수가 1000p 근처라면 2배 이상 수익을

2007년~2011년 5월 중순의 코스피 지수 차트. 동그라미를 친 때가 강의를 진행한 시기다. 이때 종합주가지수는 892p까지 하락했지만 2011년에 2200p를 넘어 두 배 이상 상승했다.

올릴 수 있는 시장임을 기억해야 합니다. 지금이 저평가 국면이라는 것은 명확합니다!"라는 강의를 진행했었다. 그 시기에는 인터넷 포털사이트 〈Daum 아고라〉에서 시장 폭락에 대한 음모론이 한참 인기를 끌고 있을 때였지만, 시장의 거품이 빠지는 시기를 몇 번 경험하니 급락은 항상 기회가 되었다는 것을 알았기 때문이다.

주식 투자자의 마인드는 이래야 한다. 매매가 아니라 투자를 하는 사람은 주식의 리스크를 변동성으로 보지 않는다. 다시 말해 단기적으로 몇 % 오르고 몇 % 빠지는 것에 마음이 흔들리지 않는다. 충분한 수익이 될 때까지 얼마의 시간이 걸릴 것인가와 그 시간 동안 내가 보유할 수 있는지 없는지를 리스크로 생각하는 것이다. 트레이더에게는 주가의 변동폭이 리스크이지만, 투자자에게는 시간이 리스크다.

카운터펀치를
피하는 법

매매는 리스크를 어떻게 잡을 것인가가 중요하다는 말을 했다. 투자는 조금 다르다. 개인적으로 성장주 투자가 되었든 가치 투자가 되었든 종목을 10개 이상으로 분산하여 투자하는 것이 중요하다. 주식 투자는 기본적으로 기업이 망하지 않으면 손실 처리를 하지 않는다. '시장에서 팔지 않으면 리스크가 아니다'라는 말을 들었다. 하지만 이 말은 트레이더에게는 의미가 없다. '투자하는 관점에서 팔지 않으면 리스크가 아니다'라는 말로 이해해야 한다.

종목 10개에 분산 투자를 하면, 한 종목이 상폐가 되는 극단적인 상황에도 자본의 손실은 전체의 10%가 된다. 반면에 종목이 상승을 하면 자산의 10% 이상 상승도 충분하다. 소위 피터 린치로부터 나온 텐배거가 하나라도 있다면 나머지 9개가 상폐를 당하더라도 투자 포트폴리오는 수익이 날 수 있다는 것을 의미한다.

모든 투자가 성공할 것이라는 생각은 하지 마라. 매매 수익이든 투자 수익이든 일정 종목은 플러스 수익을, 일정 종목은 마이너스 수익, 즉 손실을 가져온다.

　주식에서 수익의 개념은 수익과 손실의 합이다. 권투 시합에서 챔피언이 되고 싶다면 때리기만 좋아하고 맞는 것은 싫어하면 절대 챔피언이 될 수 없다. 때리는 것도 중요하지만, 어떻게 하면 카운터펀치(권투에서 상대가 공격해오는 순간 되받아치는 기술)를 허용하지 않고 공격할 것인가가 시합의 승패에서 중요한 비중을 차지하듯 주식도 그렇다.

투자 종류별
실전 공략법

1) 주식 투자의 꽃, 가치 투자

미국의 한 펀드매니저가 슬럼프에 빠져 고민하다 네팔의 한 도인이 세상 만물의 이치를 안다는 이야기를 듣고 히말라야로 찾아갔다. 그 도인이 펀드매니저의 이야기를 듣고 한참을 생각하다 한마디했다. "BLASH!" 바로 3장에서도 언급했던 "buy low and sell high!(싸게 사서 비싸게 팔아라!)"였다.

싸게 사서 비싸게 팔면 당연히 수익이 난다. 중요한 것은 싸다는 개념이다. 어떨 때를 싸다고 할 수 있을까? 지난주 만 원 하던 주식이 9000원까지 하락하면 싸다고 할 수 있을까? 아니면 같은 업종의 A라는 종목이 만 원인데 B라는 종목은 5000원이면 B가 싸다고 할 수 있을까? 사실 '싸다'는 개념은 너무 모호해서 지금 가격이 싼지 싸지 않은지 판단하기 어렵다. 싸다는 개념과 관련한 주식 시장의 격언을 생각해보면 조금 감이 잡힐지도 모르겠다.

"밀짚모자는 겨울에 사라"는 격언이 있다. 당연히 밀짚모자가 겨울에 싸니깐 그때 사는 것 정도로 이해하는 것 같다. 만약 크리스마스 이브를 앞두고 한겨울 친구들과 모자를 사러 갔다 해보자. 친구들이 이번 크리스마스에 어떤 털모자를 쓰면 예쁠지 트렌드에 맞을지 이야기를 하다 "넌 어떤 모자를 살 거야?"라고 물었을 때 "응, 난 밀짚모자를 사려고"라고 하면 친구들이 뭐라고 할까? 미쳤다고 하지 않을까? 그 미쳤다고 할 때가 바로 주식이 쌀 때다. 가치 투자는 경기 변동 저점에서 회복기로 진입하기 시작하는 시점이 적절한 타이밍이다. 호경기가 지속되면 경제에는 거품이 발생하기 마련이다. 일반적으로 거품이 발생하는 걸 그냥 두면 인플레이션이 가속화되고 어느 시점에 경제는 경착륙(경기의 갑작스런 침체로 인한 소비 위축 및 주가 폭락)을 하며 국가 경제에 타격을 준다.

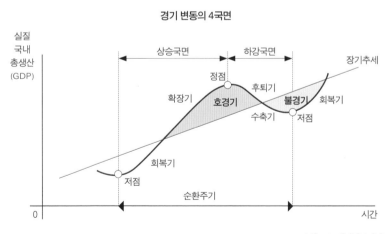

경기 변동의 4국면

출처: KDI 경제정보센터

이런 거품이 과도하게 생기는 것을 방지하기 위해 각국의 중앙은행은 금리 인상, 지준율(지급준비율, 은행이 고객에게 받은 예금 중 중앙은행에 의무적으로 적립해야 하는 비율) 인상 등을 통해 시중에 풀려 있는 자금을 회수하기 시작한다. 이것을 '긴축'이라고 부른다. 특히 미국에서 긴축이 시작되면, 다시 말해 글로벌 시장이 긴축 또는 불확실성이 확대되는 시기에 외국인들은 우리 시장에서 이탈해 선진국 시장으로 이동하는 경향이 있다. 이탈한다는 것은 그냥 지수를 매도하는 것이기 때문에 실적이 좋든 모멘텀이 있든 신제품을 개발했든 상관 없이 시장 전체에 외국인 매도가 나와 KOSPI200에 포함된 종목 또는 KRX300 지수에 포함되어 있는 종목은 하락할 가능성이 높아진다.

그래서 경기 후퇴기나 침체기에는 실적이 이전처럼 유지됨에도 불구하고 수급 요인에 의해 주가가 50% 이상 하락하는 종목이 많이 생기기 시작한다. 아쉽게도 대부분의 개인 초보 트레이더들이 이 시기에 자산의 손실을 입고 시장을 떠난다.

하지만 가치 투자자 입장에서는 여기저기 저평가 종목들이 굴러다니는 시기이기도 하다. 몇 가지 종목을 예를 들어보자. 코로나19 팬데믹이 터진 후 각국은 봉쇄를 시작했고, 봉쇄의 의미는 대부분 기업의 실적이 부진해진다는 것을 의미한다. 항공사는 국경 폐쇄로 여행객 수가 감소하는 것을 감내해야 하고, 식당 폐쇄로 식당에서 사용되는 양념과 각종 재료의 판매 감소가 생길 수밖에 없어 관련 업종도 힘들어진다. 개인의 가처분 소득은 줄어들고 이는 개인의 소비가 줄어든다는 것을 의미하며 이로 인해 기업의 실적은 감소할 수밖에 없다. 결국 소비재 관련 기업들의 실적 부진에 대한 우려로 주가는 하락한다.

고점 대비 많이 하락한 종목이 흙 속의 진주

이런 시기 은행은 어떨까? KB금융의 경우, 팬데믹 이전이나 이후의 실적이 줄어들지 않고 오히려 상승하는 경향을 보이고 있다. 하지만 주가는 2018년 6만 9200원을 고점으로 2020년 3월에는 2만 5850원까지 하락했다(다음 페이지 차트1 참고). 대체적으로 시장의 경기 충격은 실적이 부진한 종목만의 주가 하락을 의미하진 않는다. 실적이 좋은 종목들의 하락도 더불어 일어나며, 이럴 때 가치주에 투자하는 투자자에게는 수익의 기회가 생긴다. 그래도 KB금융을 위시한 대부분의 은행주들은 '성과급 잔치' 등의 부정적인 기사에도 불구하고, 차트1처럼 2만 5850원 저점 이후 주가가 상승하여 투자자들에게 100% 이상의 수익을 안겨주었다.

실제로 은행은 팬데믹으로 가계부채가 증가했고 이로 인해 이자 수익이 증가했다. 또한 중앙은행의 양적완화로 자산가격 인플레이션으로 인한 부동산 가격 상승과 맞물리며 부동산 대출이 증가했고, 그로 인해

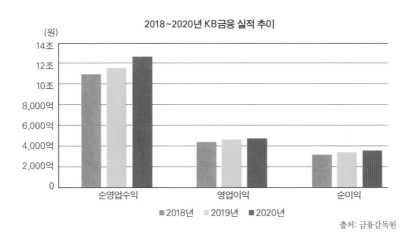

2018~2020년 KB금융 실적 추이

출처: 금융감독원

이익 증가가 가속화되었다. 마지막으로 향후 경기가 호경기로 돌아서지 않는 한 이런 이자 수익은 일정 부분 유지될 가능성이 높기 때문에 '코로나19 피해주'라기보다는 수혜주의 성격이 짙다고 할 수 있다.

하지만 앞서 이야기한 것처럼 시장이 하락할 때 특히 대형주의 경우에는 각 기업의 호재에도 불구하고 저평가되는 종목이 생길 수밖에 없다. 이런 저평가는 경기 둔화로 인한 불확실성의 확대로 인한 지수 매도로 생기는 것 외에, 개별 종목의 경우 오해에서 비롯되기도 한다. 삼성전기를 예로 들어보자. MLCC(적층세라믹콘덴서, 반도체에 전기를 공급하는 역할)의 호황으로 다음 페이지의 차트2처럼 삼성전기 주가는 2019년 8월 8만 4100원을 찍고 지속 상승하여 2020년 2월에는 170%까지 상승했다.

하지만 그다음 페이지의 차트3에서 보듯, 그 후부터는 MLCC의 공급과잉 관련 우려와 더불어 삼성전자의 스마트폰 판매 부진에 대

출처: 키움증권HTS

차트1. KB금융의 주가는 2017년 고점을 찍고 계속 하락하다 2020년에야 다시 상승했다.

한 불안감 등으로 주가가 하락하기 시작했다. 2020년 2월 17일 14만 8500원이던 주가는 한 달 만에 8만 1700원까지 하락했다. 하지만 예상과 달리 2020년 1분기 실적이 2019년 1분기 실적을 넘어서면서 8만 1700원을 저점으로 2021년 1월에는 22만 3000원까지 상승했다. MLCC 공급 과잉이나 스마트폰 판매 우려는 당연히 삼성전기의 실적이 부정적으로 나와야 함을 의미했는데도, 긍정적인 실적을 보이면서 시장의 우려를 불식시키며 주가는 상승했다.

앞의 두 가지 예를 보며 반드시 느껴야 하는 점이 있다. 싸게 사서 비싸게 판다는 기본 개념에서 가치주의 관심종목은 일단 주가가 고점 대비 조정을 많이 받아야 한다는 점이다. 이때의 하락은 10%, 20%를 의미하는 것이 아니다. 최소 40% 또는 50% 이상 하락한 종목 중 실적이 무너지지 않은 종목을 찾는 것이 기본이다.

오해로 인해 주가가 크게 하락하는 종목이 가치주 관점에서 긍정적

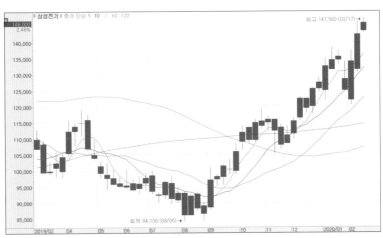

차트2. 삼성전기는 2019년 저점을 찍은 후 2020년 초반까지 상승 흐름을 보였다.　　출처: 키움증권HTS

차트3. 삼성전기의 2020년 3월 저점 이후의 주가 변동　　　　　　　出처: 키움증권HTS

이라면 실제 부정적인 이슈로 주가가 하락하는 종목들도 가치주 관점에서 접근이 가능하다. 대부분 개인 투자자들은 종목의 호재에 주목한다. 하지만 가치주로 종목을 접근하는 사람들은 호재에 민감하게 움직이기보다는 주가가 어떤 이유에서, 기업의 실적이 어떤 이유에서 하락했는지에 주목한다.

금인데 금으로 안 보이는 종목

두산에너빌리티(구 두산중공업)는 2007년 11월 19만 원이 넘는 가격에서 2020년 3월 2000원대까지 주가가 하락하였다. 그동안 이 기업에는 무슨 일이 있었던 걸까?

2007년 7월에 두산 그룹은 잉거솔랜드Ingersoll Rand사로부터 중공업

두산-잉거솔랜드 인수, 해외 M&A 촉매제?

WSJ보도, 한국기업에 자신감 심어줘 많은 회사가 모방 나설 것

出처: 한국경제신문 2007년 7월 31일 자

194

두산에너빌리티의 15년간 주가 차트　　　　　　　　　　　　　　　출처: 키움증권HTS

3개 부문을 인수했다. 인수한 당시만 해도 두산이 글로벌 중공업 그룹으로 포트폴리오를 완벽하게 갖출 수 있게 되었다며 호재로 작용했다. 특히 두산인프라코어가 중대형 건설중장비 부문에서 강점을 가지고 있었고, 인수한 두산밥캣은 소형건설장비에서 세계 최고의 경쟁력을 가지고 있어 장밋빛 미래가 보장되는 듯했다.

　두산은 이 M&A를 위해 49억 달러를 지출했으며, 이것은 그 당시만 하더라도 국내 업체가 해외에서 추진한 기업 인수합병 중 가장 큰 규모였다. 하지만 바로 리먼사태가 터지면서 글로벌 부동산 경기가 위축되기 시작했다. 부동산 경기가 위축되니 당연히 건설기계 관련주인 두산인프라코어와 두산밥캣도 이익을 낼 수 없었다. 이는 꼭 큰 빚을 내고 부동산을 구입했는데 공실이 생겨서 이자를 내기도 힘들고 또 부동산 가격이 내려서 팔지도 못하는 형국이라고 이해하면 쉬울 듯하다. 자금경색(자금이 원활하게 유통되지 않아 기업들이 어려움을 겪는 것) 우려가 커지면서 리먼사태 이전 대형 M&A를 진행한 기업들의 위기에 대한 뉴스들이 시장에 넘쳐나기 시작했고, 결국 두산그룹은 2009년 1월 한 번에 5500억 원어치의 회사채를 발행하며 대규모 자금 조달에 나섰다. 두산에너빌리티가 2009년 1월 29일 총 4000억 원어치의 회사채를 발행했고, 그로 인해 조달된 자금은 지급어음결제 등 차입금 상황에 쓰였다. 그때부터 두산은 그룹사의 매각부터 혹독한 구조조정을 이어왔다.

그러다 2016년부터 본격적으로 탈원전에 대한 논의가 시작되었다. 또한 기후 변화로 인한 이산화탄소 감소에 관한 논의로 인해 기존 석탄 기반의 화력발전과 원자력에 강점이 있던 두산에너빌리티의 사업이 타격을 받을 수밖에 없었다.

정리하자면 이렇다. 두산에너빌리티의 주가가 14만 원에서 2000원대로 하락한 이유는 첫째, M&A로 인한 리스크, 둘째는 그로 인한 부채 비율 증가, 셋째는 탈원전과 석탄화력발전의 제도적 리스크다.

그럼 지금은 어떤가? 부동산 경기는 대부분이 알다시피, 호황을 지나 거품을 걱정하고 있다. 물론 주택 경기가 이전처럼 활황을 보이긴 어렵지만, 정부의 투자 증가로 인한 인프라 투자가 증가할 가능성이 높아 건설기자재 업종이 앞으로 지속적으로 불황을 보이진 않을 것으로 보인다. 부채 비율이 높은 부분은 기존 사업의 매각과 더불어 최근 유상증자로 인해 2019년 230.2%까지 지속 증가하다 2020년 222.1%에서 2021년에는 146.1%로 하락했다.

이로 인해 한국기업평가의 두산에너빌리티의 신용등급은 상승하고 있다. 마지막으로 탈원전 관련 리스크는 최근 에너지 대란으로 인해 동유럽, 미국, 중국을 중심으로 다시금 원자력 발전에 대한 관심이 커지고 있으며, 그린텍소노미Greentaxonomy(친환경 에너지를 정하는 기준)에 원자력과 LNG가 청정에너지로 구분되면서, 두산에너빌리티가 원래 잘하던 산업이 더 이상 사양산업이 아니라 다시금 성장궤도로 접어들 가능성이 높아졌다. 최근에는 가스 터빈 개발이라든지 대표 청정에너지인 풍력시장으로의 진입을 성공적으로 진행하고 있다는 점을 감안해본다면 이전의 주가를 하락시켰던 대부분의 악재가 소멸되었다는 점을 알 수 있다. 악재가 해소된다면 당연히 실적이 회복되고 주가도 회복될 가능성이 높다.

이런 종목들을 나는 먼지가 뽀얗게 앉아 금인데 금으로 안 보이는 종목이라 생각한다. 먼지만 닦아낸다면 '반짝' 하고 노란빛이 선명하게 보일 것이다. 요약하자면, 지금 당장의 호재에 주목하기보다는 이제는 악재가 해소되었지만 아직 시장에서 제대로 반응하지 않는 종목에 주목해야 한다는 점을 기억하기 바란다.

악재도 가치 투자자에게는 호재

가치 투자자는 한 상황을 보면서, 트레이더와는 완전히 반대로 본다. 그래서 앞서 본 것처럼 주가가 하락하면 흥분하기 시작한다. 이유는 저평가되는 종목이 많아지기 때문이다. '감자' 역시 그렇다. 감자 중에서도 유상감자가 아닌 무상감자의 경우에는 기존 주주들에게 뼈아픈 고통을 가지게 한다. 감자는 자본 금액을 감소시키는 것이다. 다시 말해 사업이 축소되어 불필요해진 기업 재산을 주주에게 반환하기 위해 행해지는 감자를 유상감자, 기업의 영업환경 또는 운영에 실패하여 기업의 재산이 자본잠식되어 본래의 자본금에 미치지 못할 경우 회계상의 결손을 메우기 위해 행하는 것을 무상감자라고 한다. 일반적으로 투자자들에게 악재인 감자는 무상감자를 의미한다.

예를 들어 200억 원의 자본금으로 시작한 기업이 자본잠식으로 자본금이 100억 원인 상태라면, 2주를 1주로 병합하는 방식으로 50% 감자를 하면 자본금이 100억이 되어 자본 잠식이 사라지는 형식이다. 이렇게 기업의 자본잠식은 경영의 실패로 인식되어 시장에서는 악재로 파악한다. 하지만 감자를 통해 회계상 부채가 사라지고 재무가 건전해지게 되므로 가치 투자의 관점에서는 감자를 악재로 보지 않는다.

일반적으로 감자를 시행한 후에는 부족해진 자본금을 채우기 위해, 삼자배정 유상증자(기존 주주가 아닌 특정 삼자를 신주의 인수자로 정해서 실시하는 유상증자) 같은 자본 확충에 어떤 투자 주체가 중심이 되는지를 체크한다. 만약 정부의 자금이 유입되는 형태라면 그 기업은 회생 가능성이 높아진다. 기업이 무상감자를 할 정도면 주가는 거의 기업이 망하는

차트1. HMM의 2010년 말 유상증자 후 주가 변동

출처: 키움증권HTS

수준으로 하락한다. 거기서 회생을 한다면 가치 투자자로서는 짜릿한 수익을 기대할 수 있게 된다.

이런 경우는 많이 나오진 않지만, 일단 나오면 뉴스가 떠들썩해서 모르고 지나가기 힘들다. 이런 주식을 사려 하면 아마 주위에서 미쳤냐는 반응이 나올 것이다. 이런 반응이 온다면 종목을 제대로 본 것이다.

HMM(구 현대상선)의 주가는 2010년 5만 6500원의 고점에서 2016년 4월 1890원까지 하락했다. 누가 봐도 망할 것 같은 기업의 주가 흐름이다. 이후 이 종목은 감자를 진행했고 한국 산업은행이 출자전환(은행이 기업에 빌려준 대출금을 주식으로 전환해 부채를 조정하는 방식) 유상증자로 인한 신주 발행으로 최대주주로 변경되었다. 그리고 현재도 여전히 상환해야 할 사채가 많지만 기업은 정상화되고 있다.

앞에서 언급한 것 같이, 모든 무상감자를 하는 종목이 다 의미가 있는 것은 아니다. 국가의 자금이 들어오는 것이 확인되어야 확률이 높아진다. HMM의 주가는 산업은행이 최대주주로 올라선 이후 2020년 3월 2120원까지 조정을 보였으나 2021년에는 결국 5만 원 이상 상승하면서 투자금이 1억이었다면 5억이 되는 기염을 토해내었다(다음 페이지의 차트2 참고).

물론 무상감자 종목들이 다 이런 흐름을 보이는 것은 아니다. 하지만 고용창출 능력이 뛰어난 산업이나 기업이 망하는 경우나 나라 경제에 치명타를 입힐 수 있는 금융주와 같은 대형 종목의 경우, 감자는 기사에게 말하는 것처럼 부정적인 면만 있는 것이 아니라 가치 투자자에게는 하나의 기회가 된다는 것을 기억해야 한다.

출처: 키움증권HTS

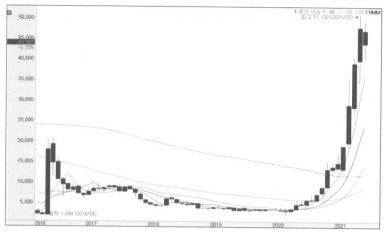

차트2. HMM은 산업은행 자금이 들어온 시점, 만 1000원대였지만 후에 5만 원을 넘어섰다.

누워서 넷플릭스 보기만큼 쉬운 투자

가치 투자는 개인적으로 주식에서 가장 쉬운 투자 방법이다. 그래도 반드시 명심해야 하는 두 가지가 있다. 첫 번째는 당연히 많이 오른 종목은 일단 배제하는 것이다. 가치주는 기본적으로 '싼 종목이 아닌데 싸게 거래되는 종목'을 찾아야 하기 때문이다. 두 번째는 다음의 예로 설명해보겠다.

설날 세뱃돈을 줄 때 아이들에게 '짤랑짤랑' 소리를 내며 "세뱃돈으로 동전을 하나 줄까 아니면 지폐를 줄까?" 하면 아이들은 "동전이요!"라고 한다. 그 순수함에 웃으면서 세뱃돈을 주곤 한다. 이때 아이들은 돈의 가치를 잘 모르니 5만 원 지폐 대신 500원 동전을 줬다고 해보자. 하지만 그게 1982년에 주조된 동전이라면? 그때 발행된 500원짜리는 희소 가치가 있는 동전으로, 미사용 주화는 시중에서 200만 원에 거래되기도 한다. 500원 동전이래도 그 가치가 500원이 아닌 경우도 있는 것이다. 이렇듯 가치를 알아보지 못하는 사람은 그것을 이용하여 이득을 볼 수 없다.

가치 투자는 주식 시장에 참여하는 사람들이 그 주식의 가치를 아직 모를 때 그것을 아는 사람이 먼저 차지하는 게임과도 같다. 그래서 가치가 시장에 알려져 있어 주가가 이미 역사적 고점 수준까지 상승한 종목은 실적이 좋더라도 가치주가 되지 않는 것이다. 또한 실적이 좋지 않아 주가가 하락한 종목은 실적이라는 가치가 없는 종목이라 가치주로 볼 수도 없다.

가치 분석의 기본은 기업의 실적 수준, 청산 가치 등 펀드멘탈 분석, 즉 재무제표(기업의 재무와 성과에 관한 보고서) 분석이 기본이 된다. 요즘은 개인 투자자도 기본적인 재무제표 분석은 대부분 가능할 것이다. 실제로 시장에서 실적을 평가해보면 예상 외로 저평가된 종목이 많다. 하지만 저평가 종목이라고 모두 주가가 상승하는 것은 아니다. 가치가 있는 종목도 그것을 수집하는 컬렉터가 있을 때에만 가치가 있을 것이다.

앞서 희귀동전 중 하나인 1982년 500원 동전이 200만 원 이상을 호가하는 이유도 희귀동전을 모으는 사람이 있기 때문이다. 마찬가지로 가치 투자의 종목 역시 그것을 살 컬렉터가 있는지를 살펴야 한다. 이때도 외국인과 기관이 중요하다. 가치 투자는 어쩌면 개인 투자자보다는 기관이나 외국인 투자자의 영역이라고도 할 수 있다. 기관이나 외국인은 기본적으로 실적을 우선으로 하며 그다음으로 환금성 등을 고려한다. 다시 말해 실적이 저평가된 종목 중에서 기관이 컨트롤하는 종목을 위주로 가치 투자를 진행하는 게 쉽게 수익을 올릴 가능성이 더 높아진다.

많은 개인 투자자가 전년 대비 매출액이 100% 증가, 영업이익이 50% 이상 증가 그리고 당기순이익이 30% 이상 증가하는 종목을 찾아 투자하고는 그 종목이 실적이 좋으니 이제부터 오를 것이라는 기대를 가지는 경우가 많다. 물론 그 기업을 평가할 수 없는 것보다는 실적 평가와 펀더멘털로 기업이 저평가되었는지, PER(주가를 주당순이익으로 나눈 수익 지표)로 영영업이익 대비 주가가 몇 배로 움직이고 있는지를 분석한다면 더 도움이 될 것이다. 하지만 그 분석은 기관과 외국인 투자자들이 장기적으로 사들이거나 이전에 산 종목 위주로 접근하는 것이 중요하다.

경기가 저점을 지나기 시작하면 턴어라운드(적자에서 흑자로 전환) 조짐을 보이는 업종도 가치 투자로 접근이 가능하다. 보통은 경기민감 업종의 종목들이 그런 흐름을 보인다. 경기가 위축되면 소비가 감소하고, 소비가 감소하면 기업의 실적이 줄어든다. 하지만 경기가 위축되면 모든 국가의 행정부는 경기를 살리기 위한 정책을 펴기 시작하고, 중앙은행은 금리를 낮추는 등의 완화 입장을 보이기 시작한다. 이자 비용 감소 또는 우호적인 정책으로 기업의 실적은 좋아지며, 이로 인해 기업의 투자 또는 고용이 증가하며, 이는 가계의 소득 증가로 이어져 소비를 증가시키게 된다. 경기민감 관련주들은 이런 경우 대부분 턴어라운드를 한다. 사람들은 경기가 좋아지면 차를 바꾸고, 일자리가 늘어나면서 직장인들의 옷과 화장품 구입이 증가하며, 벌이가 늘면서 가전을 바꾸고, 여행을 자주 다닌다. 당연히 이와 관련 업종들은 턴어라운드를 하며 주가가 회복된다.

이런 가치주들의 투자 기간은 2년 이내로 잡고 접근하는 것이 바람직

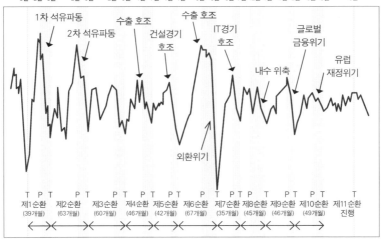

1970년~2019년의 경기순환 국면

T: 저점trough, P: 정점peak · 출처: 통계청

하다. 우리나라의 평균 경기순환 주기가 60개월 수준이며 이중 회복기
와 확장기가 24~36개월 정도이기 때문이다. 그래서 경기회복기에 실
적 턴어라운드를 예상할 수 있는 시장에서 경기민감주라고 불리는 대부
분의 업종 대표 종목들은 가치주 투자가 가능하다.

　예를 들어 자동차의 경우 경기가 좋지 못하면, 소득의 감소와 더불어
자동차 구매를 미루게 된다. 신차를 개발해도 차를 살 수 있는 소비자가
돈이 없다면 당연히 신차 효과도 줄어들 수밖에 없다. 하지만 경기가 살
아나면서 개인들의 가처분 소득이 증가하면, 당연히 신차 구입도 늘어
난다. 남성 정장의 판매현황으로 경기가 살아나는지 체크하는 것 역시
이런 맥락과 비슷하다. 경기가 위축되면 기업들의 실적이 부진해지고,
당연히 고용이 감소하여 이것은 의류 소비의 감소로 이어진다. 하지만

경기가 살아나기 시작하면, 고용이 증가하고 채용 면접을 위해 정장을 구입해야 한다. 이로 인해 정장 판매가 증가하는 걸 보고 경기의 회복 여부를 체크하는 것이다. 여행 역시 경기가 좋아서, 근로자들의 월급이 많아지거나 높은 성과급을 받으면 당연히 근처 해수욕장으로 갈 것을 제주도로, 제주도에 갈 것을 해외 여행으로 갈 가능성이 높을 것이다. 여행을 갈 때도 옷이 필요하니 또 소비가 발생한다.

반도체 역시 마찬가지다. 사실 이 업종은 가격보다는 수급에 더욱 영향을 많이 받는다. 그런데 제품은 같아도 들어가는 반도체 수는 다르다. 예를 들어 아프리카에서 판매되는 PC와 미국이나 유럽에 판매되는 PC의 경우 모양은 같지만 사양이 다르다. 선진국에 판매되는 제품의 사양이 더 높다는 걸 아마 대부분이 알 것이다. 따라서 반도체 종목들은 OECD경기선행지수와 동행하여 움직이는 경향이 있다.

앞서 말한 업종들은 경기가 부진하면 실적도 당연히 좋지 않지만, 경기가 살아나면 실적도 살아나는 종목이다. 물론 모든 종목이 그렇진 않지만, 이들 경기민감주의 업종 대표주는 경기부진에 실적 저하, 경기회복기에는 실적 턴어라운드를 보이는 경향이 있다. 당연히 실적 대비 저평가된 종목으로의 가치주는 아니지만, 이미 역사적으로 턴어라운드가 예상되는 업종들이기 때문에 경기회복기에 가치주로의 접근이 가능하다.

2) 양날의 검을 지닌 성장주 투자

성장주는 말 그대로 앞으로 성장 가능성이 높은 주식에 투자하는 방법이다. 지금의 애플이나 마이크로소프트가 지금처럼 이미 성장한 다음 매수하는 것이 아니라 그 전에 미리 가늠하고 투자했다면 아마 큰 수익을 봤을 것이다. 국내에서는 카카오의 성장 초기에 투자했다면 같은 결과를 봤을 것이다.

　카카오는 상당 기간 동안 주가가 5000원에서 만 원 사이에서 움직였다. 그러다 2020년부터 상승하여 2021년 6월에는 17만 3000원까지 도달하는 기염을 토해냈다. 만 원을 기준으로 보더라도 17.3배나 상승한 셈으로, 1000만 원을 투자했다면 1억 7000만 원이 되었을 테니 큰 수익이 아닐 수 없다. 성장주 투자는 성공하면 '이게 바로 주식이지!' 하는 생각이 들 정도로 수익의 짜릿함을 보여준다. 하지만 그만큼 어려운 투자이기도 하다.

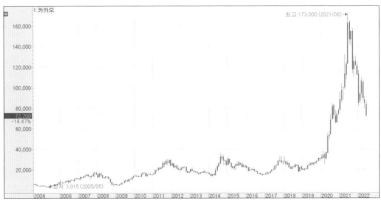

오랜 시간 박스권 움직임을 보이다 2020년부터 상승물결을 탄 카카오　　　　　출처: 키움증권HTS

어쩌면 주식에서 승률이 가장 낮은 투자 방법 중 하나가 아닌가 싶다. 개인 투자자들은 수익률에만 집착하다 보니 결과를 보고 그것에 흥분한다. 꼭 TV에서 쉐프들이 인기를 얻는 것을 보고 청소년들이 너도나도 쉐프를 하겠다 하고 연예인의 인기와 화려한 생활을 보고 노래나 연기를 꿈꾸는 것과 다르지 않다. 사실 그들이 그렇게 되기 위해 얼마나 각고의 노력을 해왔는지, 그럼에도 되지 못한 사람들이 얼마나 많은지 그리고 그들처럼 노력했지만 세상에 알려지지 않은 스포츠인과 연예인이 얼마나 많은지에 대해서는 모르는 것과 같다.

그래서 개인적으로는 주식 매매로 일정 부분 자산을 만들고, 가치 투자로 그 자산을 더욱 키우고, 배당 투자로 일정 부분의 현금흐름을 만든 다음 성장주 투자를 하길 바란다. 그래도 성장주의 수익이 너무나 달콤해 보인다면 최소한 이 투자가 주식에서 리스크가 가장 높다는 점은 기억해두길 바란다.

가치 투자와 가장 큰 차이점

그럼 성장주 투자는 언제가 적합할까? 기업의 성장성을 보고 경기 변동과 관계없이 투자하는 것도 방법이지만, 일반적으로는 경기 확장기에서 정점에 이를 때 쉽게 수익을 올릴 가능성이 높다. 경기가 저점을 지나면서 시장은 실적은 좋지만 수급에 의해 저평가된 종목과 경기가 턴하면 당연히 실적이 좋아지는 가치주에 먼저 매수세가 몰린다. 경기가 지속적으로 호황을 이루면 이런 가치주들이 먼저 정점에 도달하거나 일정 부분 상승으로 인한 부담이 느끼기 시작한다. 시장 참여자들은 주식 시장에서 장미빛 전망을 찾기 시작하며, 대체로 이때부터 성장주의 본격적인 상승이 일어난다. 따라서 성장주를 사서 가장 빠르게 수익을 올리고 싶다면 경기가 확장기에 진입한 후부터 종목들을 체크하는 것이 바람직하다(189쪽 그래프 〈경기 변동의 4국면〉 참고).

가치주 투자를 할 때와 성장주 투자를 할 때 가장 다른 점은 분석 방법이다. 가치주를 분석할 때는 실적의 흐름을 분석해서 저평가된 종목을 찾는다면, 성장주 투자에서는 이미 나와 있는 실적 분석은 큰 의미가 없다. 아이가 성장기에 초등학교 1학년 때의 키가 중요한 것이 아니라 앞으로 어느 정도 성장할 것인가가 중요하듯이, 이미 나온 실적은 중요하지 않다.

일반적인 기업 분석 방법은 재무제표를 분석하는 것임을 대부분 투자자가 알고 있다. 그래서 시중에는 기본적 분석을 하지 못하면 주식 투자를 하지 말라는 서적들도 있다. 하지만 가치주를 찾는 것처럼 재무재표를 보기 시작하면 투자할 성장주를 찾는 것은 어렵다.

기업을 M&A 하기 위해 고안된 지표로 '멀티플Multiple'이 있다. 원래는 회사의 배당성장 모형을 통해서 미래의 가격을 측정했었는데, 어느 순간 배당을 주지 않는 기업들이 많이 생겼다. 그래서 회사의 순이익 대비 주가가 적절한지를 비교하는 멀티플인 PER(주가를 1주당 순이익과 비교하여 얻은 수익성 지표, P/E비율)이나 회사의 청산가치 대비 회사가 싼지 그렇지 않은지를 비교하는 멀티플인 PBR로 기업의 가치를 측정했다. 첨언하자면 우리가 기업이 저평가되었는지를 사용하는 PER, PBR은 원래 기업을 M&A하기 위한 도구였기 때문에 주식이 저평가 되었는지를 판단하는 데는 한계가 있다고 생각한다. 아무튼, 20세기 말 IT혁명이 일어나면서 이 분석법에 대한 문제가 생기기 시작했다. 인터넷 기업은 설치 장비가 거의 없는 수준이라 PBR로 목표주가를 잡을 수도 없고, 이익이 나지 않던 초창기 시절이기 때문에 PER로 목표를 산정할 수도 없었다. 다시 말해 기업 가치를 산정하기가 어려웠다. 하지만 회사의 미래와 꿈으로 인해 주가가 크게 상승하기 시작하는 종목들이 많았다. 운용사들은 그 종목을 포트폴리오에 편입을 하고 싶어도, 논리적인 모델이 존재하지 않았기 때문에 당연히 그 종목들을 포트폴리오에 편입하기가 힘들었다. 그래서 멀티플에 '부채도 자산이다' 등의 논리로 EV/EBITDA(기업가치 대비 세전 영업이익) 등의 멀티플이 탄생하게 되었다. 그럼 우리가 잘 아는 최근의 성장주를 통해 더 설명해보겠다.

그래프1은 카카오의 2011년부터 10년간 PER 차트다. 2019년은 적자로 인해 PER 수치가 나오지도 않았다. 그리고 다음해 주가는 급등했다. PER 배수는 2015년부터는 기본이 100배 이상에서 거래되었다. PER로는 가치 평가가 어렵다는 것을 알 수 있다.

PBR 역시 마찬가지다. 기본 3배 수준 이상에서 거래가 된다. 2013년에는 BPS(기업의 총자산에서 부채를 뺀 순자산을 발행 주식 수로 나눈 수치)가 2012년 7632원에서 2614원으로 크게 줄어들며 PBR이 8배까지 치솟았으나 주가는 이전 수준을 유지하는 정도였다. 역시 저평가 개념으로 접근하기는 어렵다.

20세기 후반 이미 IT혁명으로 이런 경험을 해본 애널리스트는 주가/매출 혹은 부채도 자산이라는 PSR(시가총액을 매출액으로 나눈 값)이나 시가총액에서 장부에 기재된 부채를 더하고, 기업이 보유한 현금을 뺀 기업가치Enterprise Value를 이자, 세금, 감가상각비, 무형자산상각비 차감전이익Earnings Before Interest, Tax, Depreciation, and Amortization에

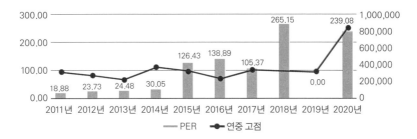

카카오의 2011년~2020년 PER(그래프1)

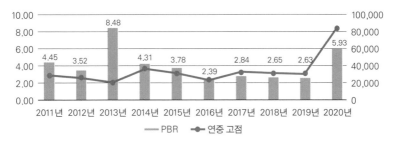

카카오의 2011년~2020년 PBR(그래프2)

감가상각비를 더한 EBITDA를 나눠 가치를 평가하기도 한다.

이 어려운 설명들을 통해 하고 싶은 말은 성장주를 투자할 때는 재무제표를 분석하는 것이 그다지 중요하지 않다는 것이다. 그래서 어떤 종목이 크게 성장할 것인지에 대한 분석을 회사의 펀드멘탈로 분석하는 것은 옳지 않다. 기업이 얼마나 성장을 할 것인지는 현재 이익이 나는지 그렇지 않은지가 아니라 기술력이 중요한 역할을 한다. 또한 단순히 기업의 기술력이 뛰어나다고 해서 텐배거가 되지도 않는다. 그보다는 CEO의 마인드, 기업의 문화 그리고 기업 구성인의 열정과 의사결정의 방법, 회사의 주가에 대한 마인드 등 기업의 양적 분석보다 질적인 분석이 더 중요하다.

성장주의 회사를 탐방할 때도 회사 분위기와 CEO의 기질 파악이 중요한 것도 이런 이유 때문이다. 단순히 기술력만 있고 주가에 관심이 없는 회사도 있고, 기술력은 있으나 이 기술력으로 주식을 소위 한탕하려는 회사도 있다. 이 두 부류의 회사는 꼭 피해야 한다. 그리고 이전에 성공적인 성장주를 키워본 경험이 있거나 금융권 출신의 임원이 있는지 살펴보는 것도 중요하다.

성장주의 경우에는 정부의 정책 방향, 단기적인 모멘텀 이슈들을 체크하는 것이 중요하다. 개별 이슈의 경우에는 보도자료나 전문지(IT신문, 제약바이오신문 등) 등을 이용해서 증권사 애널리스트보다 발빠른 정보 취득도 중요한 포인트 중의 하나다.

글로벌 산업의 변화에도 관심을 가져야 한다. 몇 가지 예를 들어보자. 전 세계는 고령화로 가고 있다. 아래 그림은 UN에서 추정한 2050년 글

2050년 65세 이상 인구 비율 예측

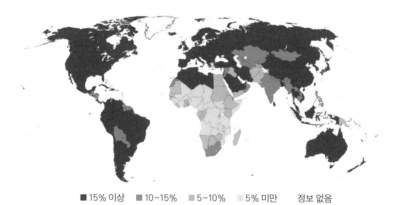

■15% 이상   ■10~15%   ■5~10%   5% 미만   정보 없음

출처: 위키피디아

로벌 지도로 본 65세 이상 인구 비율을 예상한 지도다. 진한 파란색으로 표시된 지역은 고령 인구가 15% 이상인 곳으로, 아프리카와 인도 중앙아시아 일부를 제외하고는 전부 고령화로 진입할 가능성이 높다는 것을 보여준다.

그럼 고령화는 어떤 산업의 성장을 가져올까? 일단 임플란트 시장의 고성장을 가져올 가능성이 높다. 이건 어떻게 보면 당연한 이야기다. 최근 임플란트 관련 이슈로 국민건강보험공단에서 임플란트를 몇 개를 지원해주는가 혹은 비용의 몇 %를 지원하는가에 따라 주가가 움직이고 있지만, 결국은 건강보험 적용과는 무관하게 임플란트는 향후 필수 산업이 될 수밖에 없다.

산업에 대한 인사이트가 마련되면 항상 1등 기업에 관심을 가지는 것이 바람직하다. 물론 일부 기업의 경우 여러 도덕적인 문제가 발생하기도 하지만, 결국에는 선두 그룹이 전체 과실을 얻을 가능성이 높다.

고령화가 진행되면 정부의 건강보험재정 문제로 이어진다. 대부분의 나라가 노인 인구의 건강 비용을 정부가 어느 정도 부담한다는 점을 감안해본다면, 고령화로 인한 젊은 인구의 감소와 더불어 노인 인구의 증가는 건강보험재정 부담이 앞으로도 커질 가능성이 높다는 것으로 이해된다. 그럼 정부는 당연히 정책적으로 이 건강보험의 부담을 낮추려고 노력할 것이다. 나이가 들어감에 따라 몸이 아픈 것을 어떻게 할 수 없다면, 약을 대량 생산하여 약값을 낮추는 것이 효율적일 것이다. 두 번째는 복제약 또는 신약 개발을 통해 기존의 약을 좀 더 싼 가격에 제공할 수 있도록 하는 것이다.

전 세계적으로 고령화가 진행된다는 것은 질병에 노출되는 인구 수

65세 이상 노인 진료비 현황

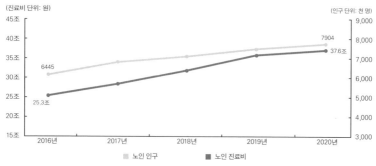

출처: 한국경제신문 2021년 11월 4일 자

가 그만큼 증가한다는 뜻도 된다. 최근 미국 워싱턴대학교 연구팀이 2019년 세계 질병상해 위험요인 연구를 분석한 결과, 사망 원인 1위는 심혈관질환이며, 2위는 암으로 나타났는데 그 사망자가 2010년 829만 명에 비해 21% 증가한 것으로 발표되었다. 따라서 관련 신약을 개발하는 회사의 경우에도 성장주 관점에서는 지속적인 관심이 필요하다. 최근 바이오 업계에서는 CAR-T(면역요법 사용을 목적으로 가공의 T세포 수용체를 만들기 위해 유전학적으로 조작된 T세포)와 크리스퍼 유전자 가위(유전자의 특정 부위를 잘라내 유전체 교정을 가능하게 하는 인공효소)에 대한 연구가 활발하게 진행되고 있다. 하지만 사실 바이오 헬스케어 관련 주들은 투자하기에는 위험도가 상당하다. 그만큼 신약 연구가 쉽지 않기 때문이다. 임상1상 진입 후 승인까지의 성공 확률은 전체 11%, 여성 건강 4%, 비뇨기과 9%, 대사질환 11%, 안과 14%, 종양 5%, 간염질환 16.1%, 중추신경계 8%, 심혈관계 19.9%, 관절염 및 통증은 16.7%에 불과하다. 하지만 향후 고령화 사회에 성장주를 노린다면 빼놓을 수 없는 업종이다.

만약 바이오헬스케어 관련 성장주에 관심이 있다면, 약업신문(www.yakup.com)이나 메디컬해럴드(www.mediherald.com) 같은 의학신문을 체크하기 바란다. 또한 디지털헬스케어 업종도 성장의 한 축이 될 수 있다. 개인의 병원 내원 기록을 디지털화 하는 분야로, 아직 진행 단계다. 관련 예를 들어 생각해보자. 위암 환자가 소화불량으로 지속해서 병원을 다니고 있다가 어느날 소화불량, 배아픔과 빈혈을 동반할 때는 장이 형증으로의 전환으로 보고 암 관련 검사를 받아볼 것을 권할 수도 있다. 특히 부모님이 위암 사례가 있다면 위암을 초기에 발견할 가능성도 높아질 것이다. 아직은 이런 데이터들이 한곳에 정리되어 있지 않기 때문에 사실 암을 초기에 진단 받기는 어렵다. 하지만 보건의료 빅데이터 플랫폼을 통해 정부에서는 자료 통합을 추진하고 있다. 당연히 이들 업종도 고령화로 인한 정부 정책으로 향후 성장 가능성이 높을 것이다.

고령화에서 돋보일 수 있는 또 다른 업종은 미용업종이다. 2006년 KBS 2TV에서 〈해피투게더-프렌즈〉라는 리얼리티 쇼가 있었다. '스타와 당신의 추억을 찾아드립니다'라는 주제로 초등학교를 졸업한 지 15년에서 40년이 지난 스타들이 출연해 그 시절의 친구를 찾아 즐거웠던 에피소드를 나누는 프로그램이다. 15년이 지났지만, 그 프로그램을 볼 때마다 느낀 건 스타에 비해 친구들은 나이가 많이 들어보인다는 거였다. 그래서 '역시 관리를 받는 사람들은 좀 다르구나' 하는 생각을 했었다. 젊어 보이고 싶은 마음은 옛날이나 요즘이나 그리고 미래에도 변하지 않을 것이라는 생각이 든다. 조금이라도 더 어려 보이고 건강하고자 하는 마음은 인간의 본성이다.

고령화에 진입한다는 것은 그런 마음을 품고 사는 사람들의 수가 급증하기 시작한다는 것으로 이해할 수 있다. 피부미용 제품을 만드는 회사에는 화장품 회사도 포함된다. 최근 정부에서는 베트남인들의 DNA를 조사하여 그들의 피부에 맞는 화장품을 만드는 보도자료를 발간한 적이 있다. 이는 화장품 산업이 단순히 색조화장품을 넘어서 피부미용 관련 산업으로 변화할 가능성이 있다는 말과 같다. 지금은 중국에 대한 매출 비중이 커서 중국과의 관계가 어떻게 되는지에 따라 주가의 희비가 바뀌지만, 장기 성장성을 충분히 가질 수 있는 업종이 아닌가 싶다.

특히 대한민국의 화장품 제조업은 글로벌 4위 정도에 랭크되어 있음에도 불구하고, 화장품 원료의 90% 이상을 해외에서 수입한다는 점을 고려해본다면 성장주 관점에서 원료 국산화 관련 기업들에 관심을 가져볼 만하다.

새로운 산업혁명에는 어떤 업종이 성장주가 될까

개인적으로는 "지금이" 시장에서 성장주 투자가 가능한 몇십 년 만의 기회이지 않나 생각한다. 4차산업혁명 때문이다. '4차산업혁명'이라는 말은 2015년에 클라우스 슈밥Klaus Schwab(경제학 박사로, 세계경제포럼의 창시자 중 1인)이 2015년 포인 어페어의 기고글을 통해 주창한 개념으로, 국내에서는 2017년부터 알려지기 시작했다.

사실 큰돈을 벌 팁은 누구나 다 알고 있는 뉴스 속에 있다. 그것에서 기회를 보는가 볼 수 없는가와 기회를 봤다면 잡을 수 있는가 없는가는 또 다른 문제다.

일단 모든 산업혁명은 에너지 혁명을 동반함을 기억해두자. 1차산업혁명은 바람과 물을 이용해 돌리던 수차를 석탄이라는 에너지로 증기기관을 이용해서 기계를 돌리기 시작했다는 의미를 가진다. 기간도 기억을 해두자. 약 1760년에서 1820년 사이에 걸쳐서 일어났다. 기억해야 할 점은 년도가 아니라 1차산업혁명은 약 60년에 걸쳐 일어났다는 것이다. 혁명이래도 하루 아침에 무엇인가 바뀌는 것이 아니다. 4차산업혁명이라는 단어가 이제는 지루하다 싶지만 계속 큰 흐름을 잡고 진행 중이란 점을 기억해야 한다.

자, 산업혁명은 에너지 혁명을 동반한다고 했다. 1차산업혁명 전에도 석탄은 주요 자원이었으나, 광산을 파면 물이 차서 이것을 말을 이용해서 퍼내며 석탄을 캐냈다. 그런데 증기기관의 효율이 높아지면서 그것을 이용해 더 많은 석탄을 캘 수 있게 되었고, 이로 인해 증기기관은 훨씬 많이 사용되게 되었다. 그럼 여기서 질문! 1차산업혁명에서는 증기기관을 만든 사람이 돈을 많이 벌었을까 아니면 석탄 광산, 다시 말해 에너지를 점유한 사람이 더 많이 벌었을까? 당연히 광산을 가진 사람이 돈을 많이 벌었을 것이다.

2차산업혁명은 대략 1865년부터 1900년 사이에 일어났다. 약 40년 동안 일어난 혁명이다. 증기기관인 외연기관이 내연기관으로 바뀌고, 에너지는 석탄에서 석유로 바뀌었다. 그럼 또 질문! 내연기관을 만든 사람이 돈을 많이 벌었을까 아니면 에너지인 석유를 가진 사람이 많이 벌었을까? 앞의 질문보다 이번이 더 쉬울 것이다. 당연히 에너지인 석유 광구를 가진 사람이 돈을 많이 벌었을 것이다. 사우디 왕자님, 만수르가 부자라는 점에 누구도 의심하지 않듯이 말이다.

3차산업혁명은 1970년대부터 시작된 아날로그에서 디지털로의 전환을 의미한다. 그때부터 전기 사용량이 폭발적으로 증가했다. 4차산업 혁명은 블록체인, 빅데이터, 인공지능, 로봇공학, 양자암호, 사물인터넷, 무인운송수단, 3D프린팅, 첨단 헬스케어 등으로 이야기하지만, 청정전기에너지로의 변환이 가장 중요하다고 생각한다. 3차산업혁명까지는 화석연료 사용이 주를 이루었다면, 전기를 만들 때도 석탄 기반의 화력발전이 중심이었다. 하지만 4차산업혁명에서는 이산화탄소가 발생하지 않는 청정에너지에 대한 수요가 증가할 것이다. 청정에너지라고 하면 풍력, 태양광, 수력, 지열, 조력, 바이오매스, 수소 등이 포함된다. 신재생에너지라고 불리는 청정에너지의 효율은 풍력, 태양광 순이다. 그래서 많은 나라가 풍력발전에 투자를 많이 해왔다. 특히 유럽의 경우에는 풍력단지 조성을 위해 북해에 대단위 투자를 했었다.

태양광은 사실 에너지라고 하기보다는 IT에 조금 더 가깝다. 기술 발전에 따라 태양광 발전은 외관은 비슷해도 들어가는 소재와 기술이 달라진다. 1세대 결정질 실리콘 태양전지에서 2세대 박막형 태양전지 그리고 3세대 염료 감응형, 유기물, 나노 구조 태양전지로의 기술 개발이 이뤄지고 있다. 꼭 시티폰에서 휴대폰으로 그리고 스마트폰으로 기술이 변화하듯, 태양전지도 기술 개발이 계속 발전해가는 중이라는 점이 어떤 종목에 투자할 것인가를 결정하는 데 걸림돌이 아닌가 한다.

반면에 풍력은 크게 변화하는 것이 없다. 같은 청정에너지이지만 풍력은 기계에 조금 더 가깝다. 그런 의미에서 많은 국가가 풍력발전 단지에 투자를 했다. 유럽이 탄소 중립 혹은 탄소 제로로 가기 위해 설계한 기본적인 로드맵을 살펴보자. 이는 석탄 기반 화력발전의 발전소와 체르노빌 원자력발전소 사고와 같이 리스크가 큰 에너지인 원자력을 폐기하는 것을 기본 목표로 한다. 하지만 바로 신재생인 풍력이나 태양광으로 바꾸기에는 단기적인 비용 문제가 있기 때문에 석탄 기반의 화력발전소를 줄이면서 이산화탄소 배출량이 석탄 기반의 화력발전소의 30% 정도만 배출하는 LNG 기반의 화력발전, 다시 말해 복합화력발전소로 바꾸어 전기를 생산한다. 그러면서 풍력, 태양광 발전소를 늘려, 결국 화석연료 기반의 발전소와 원자력발전소를 폐기하고 청정에너지만으로 전기를 생산한다. 간단한 로드맵이지 않은가.

하지만 항상 계획은 틀어지기 마련이다. 지구온난화로 인해 일부 지역에 바람이 불지 않은 것이다. 2022년 러시아가 우크라이나를 침공할 수 있었던 주된 이유 중의 하나도, 북해에 바람이 불지 않아 서유럽국가들이 풍력에 의존했던 전기, 난방을 LNG에 더 크게 의존할 수밖에 없었던 것이 될 수 있다.

그렇다면 유럽의 에너지 정책은 어디로 갈 것인가? 풍력을 디딤돌로 청정에너지로 갈 수 있을 것인가? 2022년과 같이 또 바람이 불지 않는다면 어떻게 할 것인가? 북해에 지어놓은 풍력단지는 어떻게 활용할 것인가? 유럽은 일단 그린텍소노미(청정에너지 분류 기준)에 한시적으로 LNG를 포함시켜놓았다. 하지만 유럽은 러시아에 LNG의 40% 이상을 의존하고 있다. 당연히 LNG 공급의 다변화를 고려할 수밖에 없다. LNG가 그린에너지의 종착역은 아니지만, 경유지 정도라는 점을 고려하여 LNG 관련 조선업이 단기적으로 성장할 것이라는 것은 알고 있자.

그리고 최근 글로벌 공급 사슬이 변화하고 있다. 코로나 팬데믹이 발생한 후 값싼 노동력 때문에 부품을 생산하던 이머징마켓의 공장이 멈추는 사태가 발생했다. 당연히 이로 인해 완제품은 만들 수 없었다. 앞으로도 팬데믹은 지속적으로 발생할 가능성이 높다고 한다. 당연히 이제는 단순히 값싼 노동력을 찾아 생산 공장을 지을 것이 아니라, 블록화된 경제 안에서 생산 소비가 일어날 가능성이 높아졌다.

최근 유럽의 공장으로 떠오르고 있는 나라들이 바로 동유럽의 체코슬로바키아, 폴란드, 헝가리 등이다. 우리 대기업들도 이 지역에 투자가 증가하고 있다. 중요한 것은 대부분의 나라, 기업들이 RE100(100% 재생가능한 전략을 사용하자는 캐치프레이즈, 기후 단체들이 합작하여 만든 것으로 탄소 배출량 0으로 하기 위한 목표, Renewable Electricity 100%)을 선언하고 있다는 것이다. 쉽게 말해 BMW, 애플, 구글, 레고, 메타 같은 기업들이 RE100을 선언하고 있다는 점이다. 당연히 이 기업들의 제품을 공장에서 생산하려면 그린텍소노미에 들어가는 전기에너지를 공장에 공급해줘야 한다. 이 전기 에너지를 만들기 위해 유럽의 프랑스를 필두로 동유럽국가들은 원자력을 청정에너지로 가는 징검다리로 이용하려는 흐름을 보이고 있다. 다시 말해 원자력에너지에 대한 회의론이 사라지고 다시금 원자력을 보는 시각이 성장으로 바뀔 가능성이 높아졌다. 따라서 앞서 조선주와 마찬가지로 원자력 관련주에도 관심이 필요하다.

결국 4차산업혁명의 에너지는 어디로 갈 것인가? 바로 수소다. 문제는 수소를 대규모로 생산, 저장, 운송을 해본 적이 없다는 것이다. 개인적으로 에너지의 진정한 성장주는 수소에서 나올 가능성이 높을 것으로 보인다. 수소는 석유화학, 철강 산업에서 부수적으로 생산되는 부생수소와 LNG, LPG, 바이오메탄의 성질을 개조한 개질 수소 그리고 전기분해로 얻어지는 수소가 있다. 당연히 부생수소와 개질수소는 이산화탄소를 배출하여 지구온난화에 영향을 미칠 수밖에 없다. 답은 전기분해로 인해 얻어지는 수소인데, 이는 풍력이나 태양광 같은 청정에너지로 만들어진 전기로 얻어지므로 청정에너지원이 될 것이라는 전망이다.

하지만 수소는 대량 생산을 해본 적도 대량 운송을 해본 적도 없어 어떤 방향으로 성장할 것인지 그 흐름을 지속적으로 살피는 과정이 필요할 것이다. 그러므로 지금 시장에서 이야기하는 수소 관련 종목들이 향후에 중심에 선다고 생각하진 말자. 지속적인 관심이 필요하다.

산업 초기에 선두기업을 섣불리 정하지 마라

산업이 처음 성장을 시작할 때 기술력이 좋은 기업이 지속적으로 성장한다고 그냥 맹신하지는 말자. 경제TV에서 성장주의 모멘텀에 대해 이야기 할 때, "이 기업은 독보적인 기술을 가지고 있기 때문에"라는 말을 많이 한다. 하지만 단순히 기술력이 좋다고 해서 성장의 열매를 얻지는 못한다.

영상기기 중 비디오가 성장하던 시절, 테이프에는 두 개의 옵션이 있었다. VHS와 소니의 베타맥스였다. 기술력으로 보자면 크기도 작고, 화질도 좋고, 고속재생이나 정지화면에서도 화면에 줄이 생기지 않는 베타맥스가 월등했지만, 1년 후에 나온 VHS에 밀려 시장에서 완전히 사라져 버린다. 이렇듯 상용화에 성공해서 독점적인 기술 표준이 되느냐 그렇지 않느냐는 성장주에서 무척이나 중요한 이슈다. 단순히 기술력이 부족하기 때문에 도태되는 것은 아니란 점을 기억해야 한다. VHS의 장점은 저렴한 가격과 녹화 시간이 길다는 점이었다.

비디오테이프, VHS(좌)와 베타맥스(우)

요즘 2차전지의 생태계를 보면 비슷한 현상을 보인다. 리튬이온전지와 리튬인산철전지와의 격전이다. 이제 희토류를 희토류가 아닌 것처럼 써야 하는 시기에 진입했다. 특히 2차전지는 앞서 언급한 풍력이나 태양광처럼 간헐적 발전(풍력은 바람이 불지 않으면 전기를 만들 수 없고 태양광은 흐린 날에는 전기를 만들기 힘들다)이라는 기존의 화석연료발전에는 없는 큰 단점을 가지고 있다. 하지만 풍력이나 태양광과 2차전지의 일종인 에너지저장장치ESS를 같이 쓴다면 이 단점을 보완할 수 있다. 또한 무선청소기, 로봇청소기, 서비스로봇, 전기자동차, 향후 드론택시 등 쓰임이 더욱 확대될 가능성이 높다. 앞에서 산업혁명에서 에너지가 가장 큰 돈이 된다는 얘기를 했으나, 2차전지는 그 핵심 분야라고 할 수 있다.

지금 시장에서는 리튬인산철전지에서 리튬이온전지 전고체 배터리로의 진화를 이야기하고 있지만, '아직은 어느 쪽이 기술 표준이 될지는 모른다'가 정답일 것이다. 비디오테이프도 이 이야기를 하고 싶어 꺼낸 것이다.

2차전지 시장은 연료전지 시장과 더불어 4차산업혁명 에너지의 중심으로 성장할 것이다. 일단 산업의 큰 흐름을 기억해두고 관련 기업들에 관심을 가지기 바란다. 산업혁명은 시간이 지나면 지날수록 점차 그 의미가 확장되어가기 때문이다.

과거의 선례를 이용해서 종목을 찾는 방법

요즘 해양생태계를 오염시키면서 땅에 묻어도 썩지 않는 골칫거리가 된 플라스틱 쓰레기는 처음 개발된 당시에는 매우 획기적인 미래 소재였다. 플라스틱은 1950년 이후부터 본격적으로 생산되어 그 역사는 그

2차산업혁명의 수혜를 본 엑슨모빌의 당시 주가 흐름

다지 길지 않다. 관련 회사는 엑슨모빌EXXON Mobil, 다우케미칼The Dow Chemical Company 같은 굴지의 석유화학 회사다.

엑슨모빌의 장기 차트를 보면 1984년 12월 5.6달러였던 주가는 2008년 4월에는 약 93달러까지 상승했다. 2차산업혁명 때 석유화학을 이용하여 그 당시 신소재인 플라스틱을 생산한 기업으로 2차산업혁명 소재의 중심에 서 있던 회사다. 1차산업혁명의 소재는 당연히 철강이었다. 두 산업혁명 당시 에너지 관련 기업들의 주가도 당연히 크게 상승하였지만, 새로운 소재 기업들도 큰 상승세를 보였다. 앞서 말한 것처럼 산업혁명은 확장성을 가지기 때문이다. 당연히 4차산업혁명 때는 어떤 신소재가 나올지를 살펴봐야 할 것이다.

이전에는 없거나 혹은 있었어도 크게 쓰지 않았던 소재 중 하나가 나노소재Nano Materials다. 이는 나노미터(nm) 크기에서 기존 재료를 제어 조합하거나, 새로운 구조의 물질을 합성 조합함으로써 물성이 현저히 향상되거나, 새로운 물성과 기능이 발현되는 소재를 의미한다. 이전에는 나노미터 단위의 물질을 제어 합성하는 데 어려움이 있었으나 요즘은 가능하다. 실제로 우리는 반도체 공정에서 나노 단위를 많이 접하고 있다. 삼성전자와 TSMC가 반도체 3나노공정에서 경쟁을 하고 있다는 것은 알려진 바다. 따라서 4차산업혁명 이후 일반화될 소재인 나노소재에 대한 관심을 가지고, 그에 따른 종목들을 체크하는 것은 1900년대 초반 엑슨모빌, 다우케미칼 같은 기업을 찾는 것과 같은 맥락으로 보면 된다.

4차산업 인프라 관련 성장에 대한 인사이트

4차산업혁명은 다음과 같이 함축해서 이야기하기도 한다. 사물과 사물 간의 연결, 자동차와 자동차 그리고 교통 시스템 간의 연결 등으로 말이다. 그럼 이 연결을 위해 무엇이 선행되어야 할까? 바로 통신인프라다.

성장주에서 기존 사업자의 성장은 가장 쉽게 접근할 수 있는 분야이기도 하다. 통신주는 대표적으로 SK텔레콤, KT, LG유플러스가 있다. 3차산업혁명 당시 크게 오른 종목들이다.

현 KT인 과거의 한국통신전기공사 종목은 큰 모멘텀이 없는 기업이었다. (참고로 SK텔레콤은 이 기업의 위탁회사인 한국이동통신서비스로 출범했다.) 과거 회상이 가능한 분들은 해보자. 예전에는 유선전화와 공중전화 그리고 국제전화, 차량전화 정도가 통신사업자가 수익을 얻는 대표적인 사업 영역이었다. 그러다 삐삐가 나오고 시티폰과 핸드폰이 나오면서 통신사업자의 이익은 유선전화에서 무선전화 문자 그리고 인터넷으로 사업 영역이, 다시 말해 돈을 버는 영역이 확대되었다. 이로 인해 1999년 한해 동안 KT는 3만 1200원에서 19만 9000원까지 약 538%, SK텔레콤은 5만 5500원에서 44만 5000원까지 약 702% 상승하였다. 당시 SK텔레콤은 '황제주'라는 별명도 얻었다.

지금은 여기에 데이터라는 사업영역도 붙어있다. 4차산업혁명에서는 이 데이터 시장이 커질 가능성이 더 높아지고 있다. 앞으로는 클라우드 시스템을 활용한 하드디스크 드라이브가 따로 없는 컴퓨터가 일상화 될 것이며, 스마트폰이나 노트북의 저장시스템도 현재 하드디스크 또는 SSD에 데이터를 저장하기보다는 클라우드시스템을 이용한 데이터를 저장하는 흐름으로 바뀔 가능성이 높다. 차량 역시 자율주행의 시대가 본격화되면 통신서비스를 더 많이 이용할 가능성이 높다. 이제 차를 구입할 때 어느 통신사를 이용할지 고민해야 하는 시대가 온다면, 통신주들의 이익구조는 더욱 견고해질 것이다. 당연히 지금은 성숙 산업이기 때문에 주가 흐름이 지지부진한 것처럼 보이지만, 앞으로 성장주로 변신할 것이다.

자율주행 이야기가 나왔으니 하는 말이지만, 도로 또는 인터넷 환경 또한 변할 가능성이 높다. 완전한 자율주행을 위해 필요한 분야 중 하나가 메타버스METAVERSE다. 좀 더 정확하게 이야기하면 디지털트윈Digital Twin이다. 메타버스가 가상의 환경을 만들어 현실세계와 같이 정치, 경제, 사회, 문화 활동을 하게 한다면, 디지털트윈은 현실 속 사물을 디지털로 쌍둥이처럼 만들어 컴퓨터로 시뮬레이션을 가능하게 하는 것이다. 우리가 쓰는 네비게이션 역시 현실의 지도를 디지털트윈을 이용해서 사용하는 것과 같다. 한국의 대표적인 자동차 회사는 현대차다. 현대차가 완성차 업체라면, 현대모비스는 부품 관련회사다. 하지만 앞으로는 여기에 소프트웨어 관련 회사인 현대오토에버 같은 종목들의 비중이 커질 수 있다는 것을 기억해두자.

최근 자동차 시장에서 가장 핫한 회사는 테슬라다. 전기차를 만들 수 있는 회사는 많다. 중국에만 140개 이상의 업체가 전기차를 만들고 있다. 그럼 그런 전기차를 만드는 회사에 비해 테슬라의 가치는 왜 더 높게 평가될까? 최근 벤츠, BMW, 현대 등 기존 내연기관 자동차 회사들이 전기차 시장에 뛰어들고 있지만 테슬라를 넘지 못하고 있다. 왜일까? 개인적으로는 두 가지 요인이 있다고 생각한다. 첫째는 긴 주행 거리, 둘째는 앞서가는 자율주행 시스템이다. 긴 주행 거리를 위해서는 두 가지를 고려해볼 수 있다. 1, 2차전지의 밀도가 높아 한 번 충전 후에 차량을 운행할 수 있는 거리가 길다는 점과 세계에서 가장 높은 수준으로 자율주행이 가능하다는 점 때문이다. 앞의 두 가지 기술은 여전히 어느 쪽으로 성장할 것인지에 대해서는 명확하게 말하기 어렵다. 지금처럼 충전 밀도가 높지만, 희토류를 많이 사용하는 구조로 갈 것인지 아니면 리튬인산철전지로 갈 것인지, 아니면 제3의 기술이 나올 것인지 아직은 명확하지 않다. 혹자는 현재의 전고체배터리까지 나온 이 2차전지의 기술이 전체를 100으로 가정했을 때 20~30 정도 수준이라 아직 가야할 길이 멀다고 하기도 한다. 또한 운행거리를 길게 하기 위해서는 2차전지의 밀도 외에 차량의 중량을 가볍게 할 수도 있다. 물론 차량의 중량을 가볍게 한다고 하더라도, 차량의 강도는 유지되거나 강화되어 운전자의 안전을 보장할 수 있어야 할 것이다. 강성과 무게를 동시에 만족시키는 초공강도 강판이나 최근 모터스포츠에서 인기가 있는 탄소 섬유 복합재 등 소재를 경량화하여 차량의 주행거리를 늘릴 수 있을 것이다.

자율주행 시장은 이보다 더 복잡하게 진행되고 있는데, 아직은 기술 표준이 없는 상태다. 테슬라는 향후 카메라와 AI를 이용한 자율주행을

224

시사하고 있다. 보통 자율주행에는 카메라, 레이저, 라이더 등의 기술이 필요하지만, 테슬라는 사람이 차량을 운전할 때 눈으로 보고, 머리로 생각하고, 손과 발로 조작하는 것처럼 카메라만으로도 충분하다고 말하고 있다.

반면 현대와 기아의 경우에는 카메라, 레이저, 라이다를 같이 활용할 것으로 보이는데, 이 센서를 모두 사용하는 경우 센서간의 간섭이 일어날 수 있어 이것을 최소화할 수 있는 부품 개발에 주목할 필요가 있다.

앞의 두 사례는 자동차에 자율주행 기능을 대부분 담는 것이라면, 중국의 경우에는 도로에 자율주행이 가능한 기능을 담아내는 기술을 개발하고 있다. 사실 자율주행이 가능하더라도 원하는 장소까지 교통체증을 최소화하면서 이동하기 위해서는 지능형교통망Cooperative Intellingent Transport Systems(차량과 인트라가 유무선으로 정보를 주고 받아 실시간 교통 정보와 보행자나 차량 위치 데이터를 공유하여 자율주행에 활용하고, 전체 차량이 수집한 교통 상황을 종합하여 교통체증을 분산하는 체계, C-ITS)가 필수적일 것이다. 중국은 이 C-ITS에 역량을 집중할 것으로 보인다. 대한민국의 경우에는 앞서 이야기한 테슬라와 중국의 중간, 다시 말해 차량의 자율주행과 C-ITS을 같이 활용할 것으로 보여, 향후 도로 교통인프라의 데이터화에도 관심을 가져야 할 것이다.

지금 우리는 네비게이션을 활용할 때 GPS를 사용하는데, 이것은 미국에서 제공하는 것이다. 중궤도를 도는 24개 이상의 인공위성이 발신하는 마이크로파를 GPS 수신기에서 수신하여 위치를 산정하는데, 이 GPS 위성은 미국 공군 제50우주비행단에서 관리하고 있다. 이것을 우리는 무료로 사용하고 있는 것이다. 이는 향후 자율주행자동차, 자율주행선박과 더불어 드론의 운행에도 그 사용 범위가 증가하게 될 것이다. 하지만 무료로 사용하고 있기 때문에 미국에서 GPS 사용을 중단한다고 발표하더라도 대안이 없다. 그래서 한국항공우주연구원에서는 2035년을 목표로 제3차우주개발진행기본계획에 따라 한국형위성항법시스템KPS 구축을 계획 중이다.

특히 2020년 우주발사체에 대한 고체연료 사용제한이 완전 해제되어 우리나라는 위성 강국으로서 발돋움이 시작되었다. 따라서 위성 역시 이제는 꿈이 아닌 필요에 의한 성장주이니 관심을 갖도록 하자. 위성에 대해 한 가지 더 짚고 넘어가야 할 것이 있다. 바로 6G 관련 저궤도 위성이다. 1G는 아날로그 이동통신으로, 2G부터 디지털 통신으로 분류하는데, 2G는 가장 기본적인 단문 메시지 전송, 3G는 저화질 영상, 4G는 고화질 고용량 영상을, 5G는 4G보다 훨씬 더 고용량의 데이터 전송이 가능하지만 홀로그램이라든지 6DOF(로봇이나 항공기가 자유롭게 움직이기 위한 여섯 개의 운동방향, 6Depth of Field) 같은 고용량의 콘텐츠를 상용화 하기 위해서는 6G가 필요하다. 얼마 전 광고에서 저명한 의사가 딸의 결혼식에 참여했다가, 급한 수술 환자의 전화를 받고 발코니에서 원격으로 로봇을 움직여 수술을 하고 다시 결혼식에 참여하는 것을 봤다. 이런 것이 현실화되기 위해서는 6G 기술이 필수다. 업계에서는 6G의 상용화 시점을 2030년 정도로 보고 있다. 너무 먼 이야기는 아니라는 것이다.

5G로도 드론택시가 가능하다. 하지만 일정 부분 제약이 있는 것은 사실이다. 최근 정부에서는 2031년까지 지상 200~2000km인 지구 저궤도에 위성통신 기술을 검증할 저궤도 통신위성 14를 쏘아 올린다

는 계획을 내놨다. 한화시스템이 2030년 이후에는 지구 저궤도에 위성 2000기 이상을 쏘아 국내는 물론 전 세계를 대상으로 위성통신 사업을 추진하겠다는 계획을 내놓기도 했다. 실제로 6G에서는 지상과 위성 통합망을 구축하는 방안을 고려하는 현실에서 우리는 우주통신 사업에 뛰어들 준비가 아직은 미비하다.

요컨대, 정부 정책 그리고 앞으로 갈 수밖에 없는 미래에 서 있는 위성 관련 사업은 단순히 꿈이 아니라 성장주로 봐도 손색이 없다. 그리고 당연히 5G+, 6G로 변화하는 과정에서 통신장비업체, 위성 관련주들도 성장을 누릴 것이다.

블록체인 관련주에 주목해야 하는 이유

클라우드가 보편화되고 자율주행, 그리고 드론택시가 일반화되는 4차 산업혁명 이후의 시대를 생각하면 첨단미래가 다가오는 것 같다. 강의 중에 한 번씩 말하곤 하는데, 이로 인해 영화의 모습도 바뀔 것 같다. 보통은 영화에서 차를 훔칠 때는 창문을 깨거나 옷걸이로 차 문을 열고 운전석 아래에서 전선을 합선시켜 시동을 걸고 유유히 사라진다. 하지만 앞으로는 스마트폰이나 노트북으로 차량의 보안프로그램을 해킹해서 차를 훔치는 형태가 될 것 같다.

은행을 털 때도 은행 옆의 건물 지하를 통해 은행까지 지하 동굴을 파서 돈을 훔치거나 하는 형태에서 해킹으로 디지털화된 돈Central Bank Digital Currency(중앙디지털화폐, CBDC)를 훔치는 걸로 바뀌 않을까? 미술품을 훔치기 위해 작품이 전시된 곳까지 엄중한 보안을 뚫고 몰래 들어가서 그림을 바꿔치기 하는 형태가 아니라 NFT를 훔쳐오는 방식으로 바뀌지 않을까? 우리가 서부영화에서 말을 훔치는 장면을 볼 때의 느낌이 아마 미래의 아이들이 지금의 영화를 보며 느낄 기분이 아닐까 싶다.

앞으로는 디지털 보안이 무척이나 중요하게 될 것으로 보인다. 그 중심에 있는 것이 바로 블록체인, 소위 암호화폐다. 블록체인을 기반으로 한 암호 기술이 화폐가 될 것인가 아닌가를 생각하기 전에 디지털자료를 암호화하고 수정 불가능하게 만든다는 데 먼저 관심을 두자.

요즘은 스마트폰을 이용해서 차량의 시동을 걸 수도 있고, 공조, 트렁크 등 차량 제어가 가능하다. 자율주행으로 차량에 목적지를 정하고 한숨 자고 있어났는데, 누군가 차량의 네비게이션을 해킹해서 다른 곳으로 옮겼다거나, 고속도로에서 갑자기 앞 트렁크가 열린다면 생각하기도 끔찍한 사고가 생길 것이다.

벤츠가 비트코인 송금 업체를 산 이유

입력 2017.09.14 14:57 | 수정 2017.09.14 15:18

다임러.도요타 등 글로벌 자동차 기업들, 블록체인 기술 개발에 '드라이브'

출처: 한경비즈니스 2017년 9월 14일 자

이미 다임러Daimler, 도요타Toyota 등의 글로벌 자동차 기업들은 블록체인 기술 개발에 드라이브를 걸고 있다. 그리고 이런 기술들은 자율주행, 카쉐어링에 활용될 가능성이 높다. 따라서 블록체인 관련주들은 화폐가 될 것인지에 관련 없이 성장주 관점에서 접근이 가능하다.

암호화폐는 일반적으로 자산가치가 없다고 말하지만, 나의 생각은 다르다. 관련하여 이야기를 해보겠다. 최근 경제 분석의 3대 생산요소인 '노동, 토지, 자본'에 더해 데이터를 넣어야 한다는 말이 들린다. 실제로 데이터는 생산물의 가치를 높이는 중요한 요소라는 점에 의심할 여지는 없다. 영화를 개봉할 때, 어떻게 하면 성공할지 개봉 시기는 언제로 할지 등을 판단할 때 이전에는 영화전문가들과 감독 그리고 관계자가 모여 회의를 했다면, 이제는 빅데이터를 기반한 AI로 시뮬레이션을 돌려보아 그 적절한 타이밍을 노린다. 제품을 생산할 때도 빅데이터를 활용하면 어떤 제품을 언제 생산해서 어떻게 마케팅을 하는 것이 그 제품의 교환 가치를 높일 수 있는지를 판단할 수 있다.

개인데이터를 이용해서 맞춤광고를 보여주고, 심지어 아마존에서는 소비자가 구매하지 않은 물건을 빅데이터를 활용해 미리 배송을 하는 서비스에 대해 특허를 내기까지 했다. 좀 거칠게 예를 들면, 아마존이 개인데이터를 보니 이 사람은 신발을 구매하는 데 100만 원 이상 쓴다라는 점 그리고 한정판을 웬만하면 구매한다는 점, 사는 곳이 서울 강남이며 40대 초반이라 경제력이 있다는 점 등 여러 가지를 감안해, 그 사람이 최근 150만 원 정도 한정판 운동화를 계속 클릭해서 보고 있다면 그냥 배송을 보내버리는 것이다. 실제로 물건을 받고 마음에 안 들면 무료로 환불을 해주는 조건이다. 그 한정판 상품을 손에 쥐어본 사람이 환불할 가능성이 높을까 결제할 가능성이 높을까? 사람의 데이터는 자본을 만들 수 있다. 충분히 자산가치가 있다고 볼 수 있다. 단지 얼마의 가치를 부여할 것인가는 또 다른 문제이겠지만.

암호화폐 중 리플Ripple(블록체인 해외송금 프로젝트의 명칭)을 기반으로 신한은행과 우리은행이 일본SBI그룹과의 제휴를 통해 한일 양국 간 해외송금 시스템을 구축해서 송금 시간과 수수료 절감을 시도한다든지, (당연히 리플에는 이에 대한 데이터가 포함될 것이다.) KEB하나은행이 관세청, 해양수산부, 인천항만공사 등의 6개 정부기관과 삼성SDS, CJ

대한통운 등의 민관 합동 해운물류 컨소시엄과 공동으로 이더리움 기반 무역 금융 블록체인을 시범 적용해본다든지 하는 것은 암호화폐에 데이터라는 자산 상의 가치가 주어질 가능성이 높다는 것을 보여준다.

또한 블록체인은 블록이 만들어지면, 그 데이터를 바꿀 수 없다는 점을 이용해서 NFT(대체불가능토큰)를 상품으로 만들어낼 수도 있다. 이로 인해 디지털상의 사진, 비디오, 오디오 및 기타 유형의 디지털 파일의 소유권이 누구에게 있는지 확실히 할 수 있다. 회사를 주식으로 쪼개 파는 것처럼 지적재산권도 NFT로 쪼개 팔 수 있다는 뜻이다. 시장에서는 암호화폐를 단순히 투기나 도박으로 보는 경향도 있는데, 그 시각을 빨리 바꿀 필요가 있다. 단지 암호화폐는 기존 중앙은행에 발권력에 도전하는 것인만큼 화폐로서의 인정은 아직도 넘어야 할 산이 많은 건 사실이다.

1990년대가 생각난다. 한메일, 핫메일, 라이코스, 야후 등 여러 인터넷 서비스 회사가 춘추전국시대를 보내던 그 시기에도 시장에서 이런 인터넷 기업은 실체가 없는 기업으로 취급되었다. 그때 시각을 바꿔 이들 기업에 투자를 고려했다면 현재는 많이 달라져 있을 것이다. 그렇게 되지 않을 수도 있지만, 블록체인은 지속적인 관심과 공부가 필요하다.

게임업체의 과금 형태가 변하고 있다는 이야기는 많이 들어봤을 것이다. 최초에는 게임CD를 사서 게임을 했다면, 다음에는 온라인에서 한 달에 한 번 과금하는 형태로 바뀌었고 그러다 무료로 게임을 진행한 다음 과금하는 형태로, 요즘은 게임은 무료로 즐기지만 광고를 보는 형태 또는 캐릭터를 더 강하게 만들거나 게임을 진행하려면 과금을 하는 형태로 바뀌었다.

그러다 이제는 게임을 하면서 돈을 버는 형태인 P2E(play to earn) 게임의 형태가 진화하고 있다. 다시 말해 게임을 통해 게임회사가 유통하는 암호화폐를 벌어서 암호화폐 거래소에서 현금화도 가능하고, 게임캐릭터에 NFT를 조합해서 대체불가능한 코인화를 한 후, 암호화폐로 거래가 가능하게 만든 게임들이 늘어나고 있다. 그리고 그 암호화폐는 당연히 거래소에서 현금화가 가능하다.

P2E 게임의 한 예인 '엑시인피니티'는 2021년 3월 1일 활성 사용자는 약 2만 명이었으나 12월에는 25만 명을 돌파했다. 이 게임은 특히 필리핀과 베트남에서 선풍적인 인기를 끌었는데, 게임을 통해 얻을 수 있는 수입이 필리핀, 베트남의 1인당 GDP의 2~3배 수준이었기 때문이다.

블록체인에 연계되어 있는 NFT는 그 성장성이 더 무섭다. 최근 국내 네이버, 카카오를 비롯해 LG전자도 경영 목적에 블록체인을 포함시키고 있고, 삼성전자는 산하의 벤처투자 전문회사 삼성넥스트를 통해 NFT 관련 기업에 투자하고 있다. SKT나 KT도 NFT를 제공하는 이벤트를 열고 있으며 발행도 하고 있다.

P2E 형태의 대표 게임, '엑시인피니티'　　　　　　출처: www.skymavis.com

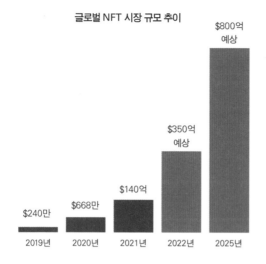

글로벌 NFT 시장 규모 추이

$800억
예상

$350억
예상

$140억

$240만 $668만

2019년 2020년 2021년 2022년 2025년

출처: 스태티스타, 제퍼리 투자은행

기업은 돈 냄새가 나지 않으면 움직이지 않는다. 어쩌면 개인 투자자만이 아직 이건 투기라고 생각하고 있는지도 모른다.

그럼 어떻게 투자를 할까?

이런 부류의 종목들은 회사의 성장성이 확인되고 난 다음에 결정해도 늦지 않다. 단지 비트코인 중 '이더리움'에는 주목할 필요가 있어 보인다.

친구끼리 '리그오브레전드' 게임 내기를 했다고 해보자. 밤새도록 내기를 했다면 누가 돈을 벌었을까? 답은 PC방 주인이다. 주식 투자에서 이런 애매함이 있을 때는 누가 PC방 주인인지를 생각해보는 것도 나쁘지 않다. 비트코인이 활성화되어도 실제로 우리가 쓰는 돈을 만들려면 거래소에서 거래를 해야 한다. NFT를 사기 위해 암호화폐를 구입할 때도 거래소를 이용해야 한다. 따라서 암호화폐거래소 관련주들에 먼저 관심을 갖도록 하자.

선점도 중요하지만, 1등에 투자하거나 아직 신뢰도가 높지 않은 암호화폐 시장에 신뢰를 줄 수 있는 대기업이 진출하길 기다리는 것도 좋은 방법일 것이다.

제2의 도약이 가능한 업종에 주목하라

작은 기업이 성장을 해서 큰 기업이 되는 경우는 그다지 많지 않다. 많지 않다는 것은 실패할 가능성이 높다는 의미도 된다.

애플을 수렁에서 꺼내준 '아이팟'은 MP3의 대표 상품이다. 출시할 때는 실패 가능성이 점쳐졌으나 2004년 기준으로 미국 전체 디지털 음악 재생기기 시장에서 70% 이상을 점유했다. 그런데 세계 최초의 MP3는 1998년 '디지털캐스트'라는 벤처중소기업이 '엠피맨 F10'을 출시했고 이것이 세계 최초였다. 하지만 이 기업은 애플처럼 성장하지는 못했다. 우리는 SNS의 시초를 '싸이월드'에서 찾지만, 싸이월드는 '페이스북'처럼 성장하지도 못했다. 이처럼 작은 회사가 무언가 먼저 시작한다고 해서 산업의 성장사이클을 타고 그 회사도 성장한다고 장담하기는 어렵다는 것이다.

따라서 성숙산업에 도달한 많은 기업이 이제 다시 성장을 논할 수 있는 그런 종목을 찾는 것이 성장주를 쉽게 찾는 방법이 될 수 있다. 한국시장에서는 반도체, 자동차, 엔터테인먼트, 조선 등의 업종이 변신이 가능해 보인다.

먼저 반도체를 생각해보자. 4차산업혁명의 중심이 되는 것이 인공지능이 아닌가 싶다. 인공지능으로 자동차와 로봇이 알아서 움직이고 전력망이나 필요한 생산 요소를 알아서 만들 게 하는 것이 사업의 핵심이다.

인공지능이 원활히 활동하기 위해서는 빅데이터가 필요하다. 많은 데이터를 분석하는 것이 이제는 필수 조건이 될 수 있다. 그럼 그 빅데이터는 어디에 저장해야 할까? 바로 서버용 D램이다. 이것은 한국의 삼성전자와 SK하이닉스가 글로벌 시장에서 80% 이상을 점유하고 있다. 당연히 반도체 기업의 실적은 좋아질 수밖에 없다. 물론 미중 무역갈등으로 인한 불확실성이나 미국 상무부에서 반도체 생산 기업에 대한 자료를 공개하라는 압박 등 정치적인 요인이 있는 것은 사실이지만, 4차산업혁명이 진행되면 진행될 수록 삼성전자의 중요성은 더욱 커질 가능성이 높다.

최근 EU 그리고 미국에서 자국의 반도체 산업 육성에 대해 목소리가 높아지고 있는 이유도 이런 이유다. 하지만 반도체 기술이 그냥 쉽게 따라올 수 있는 것은 아니다. 따라서 상당기간 국내 반도체 기업들은 메모리반도체라는 캐시카우(돈벌이가 되는 상품이나 사업)를 유지할 가능성이 높다. 하나 더 고려해볼 상황은 앞서 경제의 블록화가 점점 더 가속화 될 것으로 보인다는 점도 반도체 관련 기업들의 긍정적인 시그널로 볼 수 있다. EU는 EU대로 미국은 미국대로 아시아는 아시아대로 반도체 클러스트를 만들려는 모습을 보일 것이다. 이건 반도체 뿐만 아니라 2차전지도 마찬가지다. 국내 반도체 2차전지 기업들은 당연히 이들 지역에 투자를 확대할 것이다. 그럼 당연히 반도체 장비나 2차전지 장비도 더 많이 필요하게 된다.

자동차 산업도 마찬가지다. 기존의 자동차는 화석연료를 기반으로 한다. 하지만 대부분의 나라가 이제 '탄소 중립' 정책으로 가고 있으며, 특히 유럽과 미국에서는 이산화탄소 배출이 많은 국가 기업의 수출품에

2019년 주요국 석탄발전 비중

구분	한국	미국	일본	EU	독일	영국	프랑스
석탄발전 비중	41.5	23.6	30.9	17.5	28.2	2.2	0.8

(단위 %)   출처; BP Statistical Review of World Energy

대해 무역관세를 부과하는 법안을 시행할 것으로 보인다. 유럽의 경우 탄소 배출을 적극적으로 줄이려다 보니 가장 기초적인 재료라고 할 수 있는 전기료가 값싼 석탄을 베이스로 한 발전소의 전기보다 신재생, 또는 LNG 기반의 전기를 사용하니 당연히 유럽에서 생산되는 제품의 생산단가가 높아질 수밖에 없다. 따라서 아시아에서 탄소 배출을 줄이는 데 소극적인 나라의 제품이 싸게 수입이 된다면 EU 기업의 제품은 가격 경쟁력이 낮아질 수밖에 없다.

이런 형평성을 맞추기 위해 EU는 2023년부터 일부 품목에 대해 탄소국경세를 부과하고 2025년부터는 일괄적으로 부과한다고 발표했다. 여기에 미국과 중국도 동참한다.

이는 수출의 GDP 기여율이 70%가 넘는 우리에게는 치명적이라고도 할 수 있다. 대처방안은 두 가지인데, 제품을 수출하면서 탄소국경세를 EU에 내는 방법과 국내 탄소 배출을 적극적으로 감축시켜 유럽에서 말하는 가이드라인을 맞추는 방법이다.

당연히 발전 설비의 탄소 제로를 향해 가면서, 자동차 역시 전기자동차로의 변화를 가져올 수밖에 없다. 한국의 모든 자동차를 전기차로 바꾼다면 국내 자동차 업체의 실적은 좋아질 수밖에 없을 것이다. 여기에 한국에 대한 이미지가 이번 코로나 사태 이후로 많이 개선되면서, 브랜드 인지도도 높아지고 있다. 기대일 수도 있겠지만 3G에서 4G로 바뀔 때 소송으로 KT가 주춤한 사이, LG유플러스가 점유율을 치고 올라온 것처럼, 우리 자동차 기업들도 이번 기회(내연기관 자동차에서 전기차로 바뀌는)에 국내 뿐만 아니라 해외에서도 점유율을 높여 가길 기대해본다.

자동차 이야기가 나왔으니 참고로 자동차가 기계에서 IT로 변화하고 있다는 점은 기억해둘 필요가 있다.

기계와 IT의 가장 큰 차이점은 소프트웨어다. 사실 기계는 소프트웨어가 크게 중요하지 않다. 하지만 IT기기는 업그레이드가 필수다. 우리가 쓰는 윈도우도 보안, 성능에서 계속 업데이트를 한다. 따라서 이런 업데이트를 담당하는 기업은 자동차 산업 내에 있지만, 이제 성장의 시작을 알리는 기업들일 것이다.

이런 의미에서 조선주 역시 성장주로 볼 수 있다. 앞서 지금 거리를 다니고 있는 모든 자동차가 전기, 수소차로 변한다면 당연히 자동차 관련주들의 성장이 다시금 일어날 것이다. 사실 자동차보다 선박이 더 오염물질을 배출한다. 유엔 산하 국제해사기구IMO의 해양환경보호위원회는 76차 회의에서 2023년부터 2026년까지 연간 2%씩 탄소를 감축하는 안을 채택했다. 국제해사기구는 2008년 대비 2050년까지 선박의 탄소 배출량을 70%, 온실가스 배출량을 50% 줄이겠다는 목표를 세웠다.

또한 현존선박에너지효율지수EEXI와 탄소집약도CII 등급제를 2023년부터 도입하기로 결정했다. EEXI는 2013년 이후 만들어진 선박에만 적용했던 선박에너지효율설계지수EEDI를 모든 선박으로 확대하는 것이 골자다.

그냥 쉽게 이야기하면, 선박도 자동차처럼 친환경 선박으로 모두 바꾼다는 말이다. 국내만 하더라도 400톤급 이상 외항선 990척 가운데 844척이 EEXI 기준을 맞추지 못하고 있다. 이들 선박은 선박의 운항 속도를 줄이거나 에너지 저감장치를 달아야 하는데, 가장 바람직한 방법은 친환경선박으로 신규 발주를 하는 것이 답일 것이다. 그런데 이런 친환경선박을 만들 수 있는 조선사가 그다지 많지 않다는 것이 우리에게는 호재라고 할 수 있다. 이런 환경에서 국내 조선사들은 수혜를 받을 수밖에 없다.

얼마 전 현대중공업과 대우조선해양의 합병이 EU의 반대로 무산되었다. 유럽에 전통적인 해운 강자들이 집중되어 있다는 점과 LNG운반선 시장의 현대중공업과 대우조선해양의 합산 점유율이 60%를 넘는다는 점 그리고 친환경선박 점유율이 높다는 점을 고려해본다면 EU 입장에서는 당연히 합병이 불리할 것이다. 두 기업이 합병을 하지 않는다면, 선박 수주 경쟁을 하게 되고, 이런 경쟁을 통해 선가를 낮출 수 있기 때문이다. 국내 뉴스에서는 악재로 다루고 있지만, 우리는 여기에서 조선주들의 신규 수주와 성장을 봐야 한다.

이번에는 엔터테인먼트 관련 이야기를 해보자. 미국 연예 매체《버라이어티》에서 2021년 할리우드 배우들의 영화 출연료 순위를 공개했는데, 1위가 '다니엘 크레이그'로 1억 달러(당시 한화 1186억 원), 여배우는 제니퍼 로렌스가 약 2500만 달러(당시 한화 297억 원)다.

우리나라에서 가장 많은 출연료를 받는 영화배우가 8억 원대로 알려져 있으니, 미국 1위 배우와의 차이는 100배 이상이다. 우리나라 배우가 연기를 못해서 출연료가 그 정도밖에 안 되는 것일까? 당연히 아니다.

다음 페이지의 표는 한국과 할리우드 흥행 영화의 역대 관람객 수를 비교한 자료다. 물론 국내에서는 관람객 수를 중시하고 할리우드 영화는 총수입을 중시하지만, 비교를 위해 관람객 수로 비교해보자. 보다시피, 연기가 문제가 아니라 시장의 크기가 출연료를 결정짓는다는 것을 알 수 있다. 배우와 가수 등의 엔터테인먼트 산업이 그러하다.

최근 한류 열풍이 거세다는 것은 누구나 알고 있다. 봉준호 감독의

2014년까지의 역대 영화 관람객 수 BEST 5

		한국		
순위	제목	한국 배급사	개봉 날짜	관객 수
1	명량	CJ ENM	2014년 7월 30일	17,615,590
2	극한직업	CJ ENM	2019년 1월 23일	16,264,984
3	신과함께: 죄와 벌	롯데엔터테인먼트	2017년 12월 20일	14,411,662
4	국제시장	CJ ENM	2014년 12월 17일	14,263,332
5	어벤져스: 엔드게임	월트디즈니컴퍼니코리아	2019년 4월 24일	13,977,602

		미국		
순위	제목	원제	개봉 연도	관객 수
1	바람과 함께 사라지다	Gone With The Wind	1939년	202,296,200
2	스타워즈 에피소드 4: 새로운 희망	Star Wars Episode IV: A New Hope	1977년	178,119,500
3	사운드 오브 뮤직	The Sound of Music	1965년	142,485,200
4	E.T.	E.T. the Extra-Terrestrial	1982년	141,854,300
5	타이타닉	Titanic	1997년	135,549,800

출처: 위키피디아

〈기생충〉이 미국 아카데미 시상식에서 작품상을 받고, 윤여정 배우는 제 93회 아카데미 시상식에서 여우조연상을 받았다. 넷플릭스의 2022년 4월 기준 인기드라마 순위에는 〈오징어 게임〉, 〈갯마을 차차차〉 등의 한국 작품이 보인다. 방탄소년단, 블랙핑크 등 국내에서만 활동하는 것이 아니라 글로벌 팬덤을 가진 한국 가수들이 늘고 있다. 당연히 그들의 몸값은 이전과 다르다.

엔터테이먼트 산업은 그냥 하던 대로 하고 있지만, 시대의 흐름상 이익이 급증할 가능성이 높은 성장주다.

3) 가장 쉬운 투자인 인덱스펀드와 ETF

주식 명언 중에 '주식 투자는 바보도 돈을 벌 수 있고, 천재도 수익을 올릴 수 있지만 그 중간에 있는 사람은 돈을 벌기 어렵다'는 말이 있다. '선무당이 사람 잡는다'는 속담도 있는데, 일맥상통한 이야기라 생각한다. 무당은 사람을 잡지 않는다. 당연히 무당이 아닌 사람도 사람을 잡진 않는다. 문제는 선무당이 사람을 잡는다는 것이다.

'주식은 자본주의 사회의 꽃'이라 말하는 것처럼, 자본주의 사회에 사는 사람이라면 주식 투자는 필수다. 세계 경제는 봉건제도, 중상주의를 거쳐 중농주의를 살짝 거칠 뻔하다 애덤 스미스에 의해 자본주의가 본격 발전하였다. 애덤 스미스의 국부론에서 가치를 생산하기 위한 3요소는 '자본, 노동, 토지'다. 토지는 지대를 받지만 그것을 마음대로 늘리기는 어렵다. 노동은 특별한 노력을 하지 않아도 24시간이라는 노동 시간이 새로 주어지지만 25시간 26시간으로 늘릴 순 없다. 하지만 자본은 지속적으로 늘릴 수 있다. 따라서 가치를 생산하는 요소 중 가장 중요한 것이 자본이다. 따라서 이런 자본을 투입할 수 있는 주식 투자는 자본주의 사회에 사는 사람이라면, 특히 부자가 되고자 한다면 반드시 해야만 한다.

주식에 대해 공부도 하기 싫지만, 지금 노동으로 벌어들이는 자금으로는 노후를 전혀 준비할 수 없는 사람, 너무 바빠서 주식이나 경제 상황을 체크하기는 힘들지만, 내 아이는 나보다는 잘 살게 해주고 싶다는 생각을 하는 사람이라면 특히 이번 주제의 내용이 큰 도움이 될 것이다.

주의해야 할 점은 인덱스펀드와 ETF 투자는 최소 10년 이상 지나야 제대로 된 수익을 올릴 수 있다는 것이다. 그래서 사회 초년생이나, 자녀 또는 손자손녀를 위한 사람의 투자 방법이라는 점을 기억해두기 바란다.

금융지식이 약한 사람이나 평생 노동으로 자본을 만든 사람은 주식의 등락에 따라 약삭빠르게 움직이지 못해 트레이딩으로 수익을 올리기 어렵다. 기업의 가치를 판단하는 것도 익숙하지 않아서, 좋은 종목이지만 비싸게 매수를 하여 투자로도 수익을 올리기 어려울 수 있다. 하지만 이런 사람도 인덱스펀드와 ETF 투자를 통해 부의 크기를 늘릴 수 있다. 단지 이 투자들은 지식이 아니라 뚝심과 무덤덤한 평정심만 가지면 된다.

무조건 장기 투자가 답은 아니다

주식 강의를 하다 보면 손자손녀를 위해 주식 투자를 하고 싶다 또는 막 태어난 아이를 위해 주식 계좌를 만들어 투자를 해주고 싶은데 어떤 종목이 좋은가에 대한 질문을 많이 받는다. 이런 경우 일반적으로 우량주인 삼성전자가 좋을 것 같다 혹은 해외 주식 중에서는 애플이 좋을 것 같다는 추천을 많이 받아봤을 것이다. 하지만 이들 기업은 지금 시각으로 봤을 때 좋은 것이지, 이제 막 태어난 아이가 20대가 되었을 때도 좋을지는 알 수 없다.

"우량주니깐", "좋은 기업이니깐" 하는 말들은 항상 현재의 우리가 봤을 때라는 점을 기억해두자. 내가 어릴 때만 하더라도 사진관이 많았다. 수학여행을 갔다와서 사진이 필요한 학생들은 사진 뒷면에 자기 번호를 적고 며칠이 지나 사진을 받고는 했다. 그때는 사진관만 차리면 먹고 사는 데 지장이 없다는 말도 있었다. 정말로 그럴 것 같았으나 요즘은 사진관조차 찾아보기 힘들다.

세상은 바뀌는 법이다. 예전에는 카메라가 있어야만 사진을 찍을 수 있었다면 요즘은 스마트폰으로 사진을 찍는다. 필름카메라가 사진의 전부였을 때는 필름을 만드는 업체가 무척 유망했는데, 그 대표가 바로 코닥Kodak이었다

코닥은 1882년 현대식 필름의 초기 형태를 만들어내고, 1883년에는 세계 최초의 감광필름을 만들어내 이것을 양산화하는 데 성공하면서 본격적으로 성장했다. 이때만 하더라도 코닥은 성장주였다. 1910년에는 필름을 "코닥"이라고 부를 정도로 필름의 대명사가 되었고 회사는 급성장했다. 1930년대 후반에는 현대적인 필름을 개발하는 등 승승장구하는 모습을 보였다. 하지만 디지털카메라가 필름카메라를 대체하면서 2012년 1월 19일 파산보호신청을 하게 된다. 코닥의 성장성을 보고 1950년대 아이에게 코닥 주식을 사주었다면 아이가 은퇴할 60대에 코닥 주식은 종잇조각이 되었을 것이다.

주지할 만한 사건은 이 디지털카메라도 사실 코닥이 1975년에 세계 최초로 만들었다는 점이다. 하지만 코닥은 필름 시장의 붕괴를 우려해 디지털카메라의 상용화를 중지시켰지만, 그로부터 20년 뒤 일본 카메라 기업들이 보급형 디지털카메라를 출시하면서 필름카메라 시장이 급속도로 줄어들었다.

비슷한 예로 미국의 복사기 회사인 '제록스Xerox'가 있다. 제록스는 1959년 최초의 종이복사기인 '제록스914'를 상용화함으로써 회사가 성장하기 시작하였다. 1960년대에는 사무실 책상 위에 올릴 수 있는 '제록스813'을 선보였으며, 1970년대에는 32비트 메인프레임 컴퓨터인 시그마를 생산하기도 했다. 제록스의 하드웨어는 애플이, 소프트웨어는 윈도우로 성장한 마이크로소프트가 그 기초가 되었다고 일부는 말

하기도 한다. 그만큼 기술력을 가지고 있는 회사였고 복사라는 신사업에서 절대강자였다. 하지만 그런 기술력을 가지고 있었음에도 불구하고 회사는 2018년 2월 일본 후지필름에게 인수되었다. 역시 제록스가 가장 잘나가던 시기인 1970년대에 제록스 주식을 아이를 위해 모아갔다면, 60년 뒤 아이는 부모에게 감사하다고 할까?

이처럼 기업에 장기 투자를 하는 것은 리스크가 크다. 산업의 방향성이 어떻게 갈 것인지, 그 기업이 제대로 기술 개발을 할 것인지 여부를 따져야 하고, 선도적인 기술을 가지고 있다고 하더라도 회사 경영진의 판단에 의해 회사는 여지 없이 붕괴될 수 있다는 점을 기억해야 한다.

2000년도의 시총 상위 종목들 순위는 삼성전자, SK텔레콤, KT, 한국전력, POSCO, KT&G 순이었다. 그때 삼성전자에 투자를 했다면 장기적으로 긍정적인 실적을 거두었겠지만, KT, POSCO에 투자를 했다면 어땠을까? 지금 시총 상위 우량주인 삼성전자, LG에너지솔루션, SK하이닉스, NAVER, 삼성바이오로직스, 카카오에 장기적으로 투자하면 20년 뒤에 무조건 좋은 성적을 거둘 수 있을까?

혹자는 "우리 증시는 장기 투자에 적합하지 않다, 미국 주식이 장기 투자에 적합하다"라고 하기도 한다. 2000년에는 GE, 엑슨모빌, 화이타, 시스코, 월마트, 마이크로소프트, 씨티그룹, AIG, 머크 인텔이 가장 우량한 종목들이었다. 2022년 3월에는 애플, 마이크로소프트, 구글, 아마존, 테슬라, 버크셔해서웨이, 엔비디아, TSMC가 미국의 가장 우량한 기업으로 시총 상위에 포진해있었다. 결국 마이크로소프트를 제외하고는 2000년대에 장기 투자를 시작한 종목 중 의미있는 성과를 올렸다고 하기는 어렵다.

우리 증시나 미국 증시나 장기적인 투자를 할 경우 산업의 변화 기업의 변화에 따라 때로는 대박을, 때로는 무시 못할 손실을 볼 가능성이 높다. 이런 점은 앞에서 설명한 것처럼 성장주가 항상 성장주가 아니고, 우량주가 항상 우량주가 아니기 때문이다. 그럼 우리 아이들을 위해서 혹은 내가 열심히 일하면서 장기 투자로서 우량주를 매수한다면 지금 시장에서 가장 우량한 기업 중 하나를 선택해서 매수하는 방법이 장기 투자의 방법이 될 수 있다는 것이 바른 생각일까? 따라서 우량주에 장기투자를 하려면 부단한 노력과 공부가 필요하다. 그냥 우량주이기에 아이에게 또는 손자에게 또는 내 노년에 도움이 될 것 같다는 순진한 생각은 버리기 바란다.

어떤 ETF에 투자해야 할까

하지만 안심해도 좋다. 전혀 공부를 하지 않아도 부를 키울 수 있는 방법이 있다. 바로 지수에 투자하는 것이다. 앞서 기업에 투자했을 경우에는 우량주에 투자하더라도 수익보다는 손실을 입을 수 있고, 때에 따라서는 원금 전체를 날릴 수도 있다. 하지만 지수는 종목의 시총이나 유동성 등에 따라 지수 정기 변경(지수에 편입되어 있는 종목을 심사하여 신규 편입하거나 제외하여 지수의 구성 종목을 조정하는 것)을 통해 지수가 꾸준히 상승하도록 자동으로 조절한다.

장기적으로 지수에 투자하는 경우 일반 주식형 펀드에 투자하는 것보다 더 높은 수익을 올리는 경우도 많다.

주식 투자로 미국의 갑부가 된 워런 버핏도 종목을 선택하는 능력이 부족한 대부분의 개인 투자자는 몇몇 기업에 집중투자를 하는 것보다,

미국 주식 시장의 대표 지수인 S&P500을 추종하는 ETF를 사는 것이 현명하다고 말했다.

그럼 지수에 투자하는 방법은 어떤 방법이 있을까? 두 가지 방법이 있는데, 하나는 인덱스펀드에 투자하는 방법이 있고 다른 하나는 상장지수펀드Exchange Trade Fund, 다시 말해 ETF에 투자하는 방법이 있다. 인덱스펀드Index Fund는 특정 지수의 수익률을 모방하도록 만들어진 펀드를 의미한다. 예를 들어 코스피200지수가 1% 상승하면 이를 추종하는 인덱스펀드도 1% 상승하는 방식이다. 이를 위해서 펀드는 지수를 구성하는 종목들에 기계적으로 투자한다. 우리가 프로그램 매매에서 보는 비차익거래의 상당 부분을 이 인덱스펀드가 차지한다.

ETF는 인덱스펀드처럼 지수를 모방해 수익을 내는 구조로 만들어져 있다. 단지 실시간 매매가 가능하다는 것이 인덱스펀드와 가장 큰 차이점이다. 다시 말해 펀드는 매매 의사를 표현한 시점과 실제 인덱스에 투자하는 시점 간 며칠의 차이가 있지만, ETF는 그런 차이가 없다는 것이 큰 특징이다. 그리고 인덱스펀드의 평균 보수는 연 0.52% 수준이며, ETF는 연 0.3% 정도다. 보통은 이 비용의 차이 때문에 인덱스펀드에 투자하는 것보다는 ETF에 투자하는 것이 더 유리하다고 생각한다.

그럼 어떤 ETF에 투자하는 것이 좋을까? ETF를 투자하기로 결심을 하고 찾아보면 그 종류가 생각한 것보다 무척이나 많다. 국내 상장되어 있는 KODEX200에서 KODEX는 삼성자산운용에서 만든 KOSPI200을 추종하는 ETF라는 뜻이다. TIGER라는 이름이 붙은 ETF는 미래에셋자산운용에서 만든 것이다.

추종하는 자산에 따라서도 KODEX200, TIGER 미국나스닥

100레버리지처럼 시장을 대표하는 지수를 추종하는 지수ETF, 자동차, 반도체, 2차전지, 보안처럼 특정 업종이나 섹터에 투자하는 섹터지수ETF, 기업 특성과 성과 형태가 유사한 주식 집단으로 구성된 ETF, 해외국가지수ETF, 채권이나 부동산에 투자하는 ETF, 금과 석유 같은 원자재에 투자하는 ETF, 지수 변화의 일정배율 이상 연동하는 운용 성과를 목표로 하는 레버리지ETF와 지수 변화의 역방향을 일정배율의 수익률로 추구하는 인버스ETF 등 국내에서 거래되는 그 종류는 굉장히 많다.

더욱이 최근에는 미국에 상장되어 있는 ETF에도 국내 투자자들의 투자가 증가하고 있다. 예를 들어 미국에 상장되어 있는 나스닥100지수를 추종하는 ETF인 '인베스코 QQQ트러스트'로의 투자 규모가 증가하고 있다.

ETF의 이름과 그 종류만 봐도 공부를 안 하고 투자가 가능하다고 한 설명이 무색하기는 하다. 하지만 종류가 많더라도 장기 투자에 활용할 수 있는 ETF는 국가지수ETF라고 생각한다. ETF는 국가의 성장에 장기적으로 배팅하는 것이기도 하기 때문이다. 자동차, 반도체, IT 등의 특정 산업은 장기적으로 지속 성장한다고 볼 수 없다. 이는 앞에서 산업 섹터의 변화로 인해 20년 전에는 초우량주였으나 지금은 그렇지 않다고 한 것과 비슷하다. 원자재 역시 그렇다. 1차산업혁명 당시에는 증기기관과 주 에너지원은 석탄이었다. 그래서 석탄의 영광은 지속될 것으로 보였으나, 1890년부터 시작된 2차산업혁명에서는 내연기관에 그리고 에너지원으로 석유가 사용되었다. 석탄이 여전히 사용되긴 하지만 에너지의 주역은 석유가 되었다는 것을 기억해둘 필요가 있다.

하지만 국가 경제에 배팅하는 것은 조금 다르다. 대체로 국가의 행정부는 대부분 나라 경제, 소위 GDP를 성장시키기 위해 노력한다. 일본에 대해 우리는 이제 경제 동력이 사라진 초고령국 등의 이미지를 갖고 있다. 하지만 국가는 항상 경제 성장률을 일정 수준 이상으로 유지하려고 노력한다. 그로 인해 경기는 호황과 불황을 거듭하지만 그 추세는 우상향하는 경우가 많다. 따라서 투자의 개념이라면 당연히 국가의 대표지수ETF에 투자하길 바란다.

거듭 말하지만, 지수 추종 ETF만이 장기적인 투자가 가능하다고 판단한다. 여기서 장기라고 이야기하는 것은 다분히 1, 2년을 의미하는 것이 아니다. 그리고 제대로된 투자를 하기 위해서는 꼭 시드머니가 필요하다. 대부분은 이 시드머니를 만들기 위해 은행을 이용하는 경우가 많지만 현실적으로 은행 이자로는 만들기 어렵다.

시드머니를 만드는 기간은 최소 10년으로 보고 진행하기 바란다. ETF에 투자하는 자금은 6개월 뒤 차를 산다든지 1년 뒤에 집을 계약하기 위한 금액이 아니다. 월급의 일정 부분을 투자하기 시작했다면 그 투자한 자금은 없는 돈으로 치고 잊고 지내야 한다.

제2의 1960년대 대한민국을 찾아라

글로벌 인덱스 투자 또한 가능하다. 여기에는 작은 혜안이 필요하다. 기업이 창업을 하고 성장을 하고 성숙기에 진입하듯이 국가도 그러하다. 대한민국 역시 1960년대에는 아프리카의 우간다보다도 못살았다. 그래서 1963년부터 1980년까지 국내 실업 문제의 해결과 외화 획득을 위해 독일에 약 7900명의 광부를 파견하기도 했다. 하지만 20세기 중

후반 대한민국은 싱가포르, 대만, 홍콩과 더불어 아시아에서 신흥공업국의 대표주자인 '아시아의 용'으로 불렸고, 지금은 GDP에서 러시아와 이태리를 누른 경제 선진국 반열에 올라섰다.

강의장에서 많은 분이 과거를 돌아보며 "IMF 시절 삼성전자를 샀어야 했는데", 혹은 "강남이 개발될 때 아파트를 샀어야 했는데"라는 아쉬움을 토로하는 사람이 많다. 그러면서 "다시 IMF가 온다면…"이라는 있어서는 안 될 상황이 다시 오길 기대하는 사람도 많다. 타임머신이 있다면 가능한 이야기이지만, 불가능하다. 그럼 우리는 그 기회를 어디서 봐야 할까? 바로 해외다.

IMF가 터졌을 때 개인 투자자들은 지수가 바닥을 치고 조금 상승하자 환매에 주력했다. 오른쪽의 1998년 기사는 고객 예탁금이 평소 명절 전과는 달리 큰 폭으로 감소했다는 내용이다.

그때의 지수 위치는 350p 근처다. 지금 생각해보면 그때는 환매를 할 때가 아니라 공격적으로 주식을 사야할 때였다고 생각되지만, 그 상황에 있는 개인은 경제와 시장에 대한 공포로 주식을 팔고 펀드를 환매하기에 급급했다.

고객예탁금 급감

추석연휴를 앞두고 고객예탁금이 썰물처럼 빠져나가고 있다. 2일 증권업계에 따르면 고객예탁금은 지난달 28일 1조7천9백75억원이었으나 29일 3백38억원이 줄어든데 이어 30일엔 5백50억원이 감소한 1조7천45억원을 기록했다. 이틀동안 무려 8백89억원이나 줄어든 것이다. 또 추석연휴 직전인 1~2일에도 1천억원 정도의 고객예탁금이 빠져나간 것으로 집계돼 주가가 약세를 면치 못하고 있다.

출처: 한국경제신문 1998년 10월 30일 자

하지만 외국인들은 그 시기에 한국 주식을 강하게 매수했다. 벨기에의 한 양조업체가 OB맥주의 지분 50%를 인수했고, 템플턴 자산운용은 하나은행과 삼성중공업을 대량 매수했다. 아시아 외환위기가 시작된 이

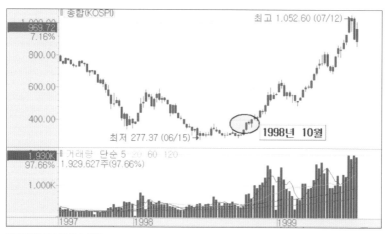

IMF 전후 코스피 지수 변동 　　　　　　　　출처: 키움증권HTS

후에 한국에 유입된 외국인 직접투자 규모는 105억 달러로, 1962년에서 1996년까지 투자한 규모의 절반을 넘었다.

이렇게 종목을 선택하기 어려운 시기가 바로 지수에 투자해야 할 타이밍이다.

이 또한 지나가리라. 겨울에는 내일도 춥고, 모레도 춥고, 다음 달도

출처: 한국경제신문 1998년 10월 1일 자

그 다음 달도 겨울이 계속될 것처럼 느껴지지만, 겨울 다음에 봄이 온다는 것을 우리는 안다. 어찌 보면 상식이다. 전쟁, 경제 침체, 금융위기 등 여러 위기들 속에서는 그 위기가 지속될 것처럼 느껴지지만 위기는 항상 지나간다는 것을 안다. 문제는

그 위기가 얼마나 지속될 것인지 알 수 없는 정도일 것이다.

위기가 지나간다는 것을 안다면, 거기서 종목을 선택하기보다 그 위기를 맞고 있는 국가, 혹은 우리나라가 1960년 최빈국에서 현재 선진국으로 올라선 것처럼 강한 경제 상승을 보일 나라를 해외에서 찾는 것도 하나의 방법이다.

10년쯤 전에 청주대학교에서 강의를 했을 때, 돈이 있다면 베트남에 투자하면 좋겠다는 이야기를 한 적이 있다. 주식이 아니라면 부동산을 살 수 있는 방법을 적극적으로 모색하는 것도 나쁘지 않을 것 같다는 말도 덧붙였는데, 이는 그 당시 강하게 성장하고 있는 중국과 인도 사이에 있는 지역이 바로 인도차이나 반도의 나라, 그 중에서도 교육열이 가장 뜨거운 곳이 베트남이었기 때문이다.

지금은 동유럽에 주목하고 있다. 글로벌 경제가 블록화되고 있다는 사실은 사실 최근의 일이 아니다. 미국의 오바마 대통령 시기부터 이런 블록화의 형태가 보이기 시작했다. 최근은 코로나 때문에 이런 형태가 조금 더 빨리 만들어지고 있는 것으로 보인다.

원래 글로벌 공급체인은 노동력이 싼 아시아에서 제품을 생산하여 선진국이라고 할 수 있는 유럽과 미국에서 소비하는 형태로 진행되었지만, 최근 코로나가 터진 이후 이런 물류 체계가 원활히 돌아가지 않고 있다. 1달러 짜리 부품이 동남아시아에서 만들어지지 못해 2만 달러짜리 자동차를 만들지 못하는 웃픈 상황이 전개되었다. 이로 인해 글로벌 공급체인은 기본적으로 블록화될 가능성이 높아졌다. 또한 동유럽은 유럽의 공장으로서의 역할이 커질 가능성이 높다.

만약 앞의 논리에 동의한다면 이제 동유럽국가들은 대한민국의

1980년대를 지나고 있다고 봐도 무리가 없을 것이다. 그럼 동유럽국가의 무슨 종목을 사야 할까? 이때 필요한 것이 그 국가의 경제성장률을 사는 것이다. 다시 말해 헝가리라면 헝가리BUX지수를 매수하는 것이 하나의 방법이 될 수 있다. 또는 국가 위기나 전쟁 등의 일련의 사건 때문에 국가 경제가 침체로 들어가는 경우에도 국가 지수에 관련된 투자는 긍정적이라고 볼 수 있다.

인덱스, 즉 지수는 경기 변동에서 장기추세를 따라 움직인다(189쪽 그래프 참고). 지수를 추종해서 적립식으로 매매할 때 중요한 것은 항상 같은 금액으로 매수해야 한다는 점이다. 매수를 시작한 다음 지수가 하락하는 경우, 많은 투자자가 계좌의 마이너스를 보면서 매수를 멈추는 경향이 있다. 반대로 수익이 나면 그때부터 다시 매수를 진행하곤 한다. 이는 명백히 인덱스 투자를 잘못 이해하고 있는 것이다. 예를 들어 매달 100만 원씩 KOSPI200지수를 추종하는 KODEX200을 매수하기로 했다고 가정해보자. 처음 매수를 시작할 때는 만 원이었다면 100주를 매수할 수 있었을 것이다. 그런데 지수가 하락해 5000원이 되면 200주를 매수할 수 있다. 단가가 그만큼 큰 폭으로 떨어지게 되는 것이다. 2만 원으로 상승하는 경우에는 50주밖에 살 수 없다. 즉 얼마에 매수를 해서 단기적으로 몇 %의 수익을 올렸는지는 중요하지 않다. 얼마나 싼 가격에 얼마나 많이 모을 수 있는지가 중요한 것이라고 생각을 바꿀 필요가 있다.

경제는 시장의 주도주가 바뀌고 시장의 우량주가 바뀐다고 하더라도 경기사이클에 따라 장기적으로는 우상향하며 호황과 불황을 반복하며 상승한다. 따라서 인덱스 투자는 장기로 투자해야 하는 것이다. 인덱스

펀드에 투자를 해도 좋고 상장지수펀드인 ETF에 투자해도 좋다. 자본주의 사회에서 기업이 얻는 이익을 같이 향유하고 싶다면 지금부터라도 투자를 시작해야 한다.

인버스ETF와 레버리지ETF도 장기 투자가 가능할까

"종목을 선택하기 힘들다면 ETF를 매수하세요!" 이런 광고가 많이 나온다. 앞에서 언급한 바와 같이 개인은 주식 '투자'와 '매매'를 잘못 알고 있는 경우가 많다. 그래서 ETF 역시 매매의 일환으로 사용하려는 경향이 있다.

주식 매매로 인덱스를 이용하는 것은 개인적으로 부적합하다고 생각한다. 인버스ETF는 지수와 반대 방향으로 움직이며, 예컨대 추종지수가 1% 상승하면 1% 하락하는 구조다. 레버리지ETF는 지수보다 가치가 더 많이 변동하며, 레버리지가 2배인 경우 추종지수가 1% 상승하면 2% 상승하는 구조를 갖는다. 주의할 점은 인버스ETF는 시장이 꾸준히 하락하는 경우를, 레버리지ETF는 꾸준히 상승하는 시장의 타이밍을 노려서 투자해야 한다.

이들은 시장이 등락을 거듭하는 경우 일반 ETF보다 수익성이 떨어진다. 예를 들어 KOSPI200 지수를 추종하는 ETF와 레버리지ETF에 각각 만 원씩 투자하는 경우를 생각해보자. KOSPI200이 하루에는 5% 상승하고 다음 날 5% 하락할 경우, ETF의 경우 [만 원 × 1.05 × 0.95]로 9975원이 되지만, 레버리지 ETF는 [만 원 × 1.1 × 0.9]로 9900원이 되어 손실이 더 커지게 된다. 실제로 시장이 횡보하는 경우 ETF의 경우 투자 수익도 같이 횡보하지만, 레버리지ETF는 수익의 고점이 지속적으로 하락하는 형태를 보인다.

앞서 인버스는 추종지수가 하락할 때 수익이 나는 구조를 가지고 있다 했다. 하지만 경제 성장률은 일반적으로 상승추세를 타고 등락을 거듭하기 때문에 장기로 가져가는 경우 손실을 볼 가능성이 높다. 따라서 인덱스를 기반으로 한 투자를 할 때는 인버스보다는 인덱스 투자를 하는 것이, 특히 성장 혹은 지구 경제를 대표하는 국가의 지수에 투자하는 것이 바람직하다.

4) 노동 없이도 돈을 벌게 해주는 배당 투자

"주식 투자는 빠를수록 좋다", "어릴 때부터 주식 투자를 가르쳐야 한다" 등의 이야기가 많다.

아이의 주식 투자는 짧게는 10년, 길게는 20년 이상의 장기 투자가 될 것이다. 이것을 앞에서 본 가치 투자 종목이나 확률이 적은 성장주 투자로 접근하는 건 리스크에 노출될 가능성이 높다. 매매를 할 경우에는 아이에게 줄 자금이 없을 수도 있다.

투자 방향에 따라 당연히 투자 방법도 달라져야 한다. 시드머니를 모으는 것이 목적이라면 수익률보다 리스크를 최소화하는 방법을 취해야 한다.

25년 동안 개인 투자자들을 만나 강의를 하고 한국경제TV에 출연하며 만난 많은 개인 중 지금도 연락을 하는 사람은 극소수다. 나머지 분들은 해외로 떠났을까? 아니면 너무 부자가 되어버려 이제는 연락을 하지 못하는 걸까? 아마 주식에서 큰 손실을 보고 주식을 떠난 사람이 대부분일 것이다. 그럼 주식을 일찍 시작하라는 말은 이 시장은 너무 위험하니 빨리 쓴맛을 보고 떠나라는 이야기일까?

요즘은 자녀의 주식 투자 열풍으로, 아이의 돌반지를 판 돈이나 세뱃돈 등을 주식에 투자하기 위해 아이의 증권계좌를 만들어 투자하는 경우가 많은 것 같다. 문제는 그 돈을 운용하는 사람이 투자를 본격적으로 공부하지 않은 부모라는 점이다. 이들이 단기적으로 수익은 올릴 수 있다. 중요한 것은 장기적으로 리스크를 최소화하면서 수익을 내는 금융지식이 있는가다.

이번 장에서는 개인적으로 장기 투자자라면 큰 공부 없이도 부자가 될 수 있는 최상의 방법, 개인 투자자는 중요하게 생각하지 않지만 외국인들은 무척이나 중요하게 생각하는 투자법에 대해 알아보도록 하자. 주식을 이론적으로 공부해본 사람이라면 주식의 가격결정모형 중에서 가장 먼저 만나는 것이 배당 성장 모형이다. 현대적 의미의 주식 투자의 시작으로 알려진 네덜란드 동인도회사 역시 초기에는 그 주식을 매매할 수 없었다. 목적은 배당이었다. 개인적인 의견이지만, 주식 투자의 핵심은 배당 투자라 생각한다. 워런 버핏이 시장에서 대표적인 가치 투자로 부자가 된 것처럼 알려져 있지만, 최근 애플과 몇몇 주식을 제외하고 이전의 투자 방법을 보면, 배당 투자 스타일이 강하게 느껴진다. 그의 투자 종목을 역사적으로 분석해보면 대부분 배당을 4% 이상 지급하는 회사에 투자하는 경향이 있다.

2019년 기준으로 워런 버핏은 총 47개의 상장 주식을 소유했는데, 이중 33개는 배당금을 지급하는 회사였다. 마찬가지로 '워런 버핏' 하

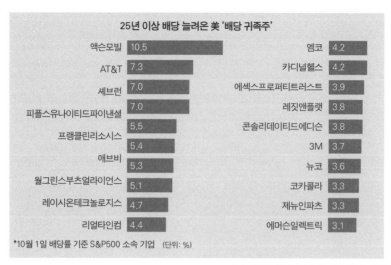

25년 이상 배당 늘려온 美 '배당 귀족주'

종목	배당률	종목	배당률
엑손모빌	10.5	엠코	4.2
AT&T	7.3	카디널헬스	4.2
셰브런	7.0	에섹스프로퍼티트러스트	3.9
피플스유나이티드파이낸셜	7.0	레짓앤플랫	3.8
프랭클린리소시스	5.5	콘솔리데이티드에디슨	3.8
애브비	5.4	3M	3.7
월그린스부츠얼라이언스	5.3	뉴코	3.6
레이시온테크놀로지스	5.1	코카콜라	3.3
리얼티인컴	4.7	제뉴인파츠	3.3
	4.4	에머슨일렉트릭	3.1

*10월 1일 배당률 기준 S&P500 소속 기업 (단위: %)

출처: 한국경제신문 2020년 10월 8일 자 신문

면 떠오르는 코카콜라 역시 배당금을 꾸준히 증가시키는 종목 중 하나다. 하지만 배당은 투자하는 금액에 비해 그 이득이 너무 작거나, '배당은 3%인데 주식은 10% 마이너스' 같은 다분히 단기적인 시각에 의해 개인들이 심리적으로 어려워하는 투자법이기도 하다. 배당 투자에서 투자 수익률과 그 종목을 보유하며 발생하는 배당을 통한 현금흐름은 분리해서 생각해야 한다. 당연히 투자 수익률보다 현금흐름을 더 중시해야 한다.

주식을 통해서 부자가 되고 싶다면, 주식을 매매하고 가치 투자 또는 성장주 투자를 해서 번 돈을 배당에 투자하는 것이 옳다. 빵을 1억 원어치 가지고 있는 사람보다 빵을 만드는 설비를 1억 원어치 가지고 있는 사람이 부자가 된다. 목돈이 있다면 그 돈이 돈을 벌 수 있는 플러스 현금흐름으로 바꾸어야 한다. 다른 투자 방법은 트레이더나 투자자가 노동을 들여야 하지만 배당은 그 기업에 투자한 것만으로도 기업 이익의 일부분을 받아 현금흐름을 창출할 수 있기 때문이다.

어느 지주의 소작농으로 일하던 사람이 열심히 일을 해서 돈을 모았다. 그 돈을 가지고 지주가 가지고 있는 땅을 매입해서 농사를 짓는 게 현명할까? 아니면 지주에게 지주가 얻는 세출의 일부를 받기로 계약을 하는 게 더 현명할까? "난 땅을 받을 거야"라고 하는 사람도 있겠지만, 땅을 받는다는 것은 노동을 계속해야 함을 의미한다. 당연히 세출을 나눠받는 것이 현명할 것이다.

주식에서 배당은 이런 의미를 가진다. 내 노동력이 더 이상 자본을 만들지 못하는 상태가 된다고 하더라도 회사가 이익을 만들어내는 기간에는 그 이익을 향유할 수 있다는 것이다.

폭락장이 더 기회가 된다

찬바람이 불면 각종 매체와 경제TV 등에서 배당에 관한 이야기가 나오기 시작한다. 대부분 금융사를 제외한 국내 상장사의 경우 12월 결산 법인이 많아, 한 해의 마지막 날에 주식을 보유하고 있어야 배당을 받을 수 있기 때문이다. 그런데 이렇게 배당에 대한 접근을 하게 되면 배당으로 받는 수익보다는 주식의 등락으로 인해 잃는 손실이 더 클 가능성이 높다. 그래서 이런 의미에서의 배당주 접근은 크게 의미가 없다.

차라리 매매의 입장이라면, 대형 우량주의 주가가 하락해서 배당 수익률이 5% 이상 나올 가능성이 높아지는 시점에서는 기관과 글로벌 투자자들의 매수세가 유입될 가능성이 높아져 주가가 오를 확률이 높다는 점에 착안해 매매로 활용하는 것이 더 낫다.

그럼 배당주는 언제 접근하는 게 좋을까? 경제가 후퇴기(189쪽 그래프 참고)에 들어서기 시작하면 매매를 통해서 수익을 올릴 확률이 떨어지기 시작한다. 이는 앞서서 언급한 바와 같이 시장의 전체 추세가 경기 후퇴기에서는 하락으로 전환될 가능성이 높은데, 시장이 하락추세로 전환되면 70~80% 이상의 종목이 하락추세를 형성할 가능성이 높기 때문이다. 이로 인해 시장 상승기에는 매수를 하고 적절히 매도를 못한다 하더라도 조금 기다리면 본전, 조금 더 기다리면 수익으로 전환되는 종목이 많은데 비해 하락추세에서는 적절한 타이밍에 매수했다 하더라도 매도 타이밍을 놓치면 손실이 점차 확대되어 비자발적인 장기 투자로 손실이 커질 가능성이 높아진다.

그래서 초보 트레이더라면 경기 후퇴기는 현금이 답일 수 있다. 특히 원화보다는 달러를 모으는 것이 더 현명하다. 왜냐하면 글로벌 긴축기는 인플레이션을 잡기 위한 초기 금리 인상 혹은 양적긴축 등을 통해 시장의 유동성을 축소하는데, 이는 자산 가격의 하락을 가져오기 때문이다. 사실 가격의 상승과 하락은 상대적인 개념이다. "유가가 오른다"는 표현(유가는 일반적으로 달러로 가격을 표시)을 들여다보면, 유가의 가치는 그대로 있는데 달러의 가치가 하락한 것으로 이때 유가는 특별한 이슈 없이 오른 것처럼 보이기도 한다. 반대로 산유국의 석유 생산량의 감소로 인해 유가 상승 요인이 생겼으나 미국의 금리 인상이나 유동성 축소 또는 글로벌 경기 둔화로 인한 달러 자산 선호 등의 영향으로 인해 유가의 상승 요인보다 달러의 강세 요인이 더 강한 경우에는 유가는 오르기보다는 하락한 것처럼 보일 수도 있다. 이처럼 가격의 상승과 하락은 상대적인 개념이다. 그러므로 자산 가격의 하락은 맥락 그대로일 수도 있지만, 현금 가치의 상승으로 볼 수도 있다. 그래서 긴축이 시작되면 자산을 가지고 있는 것보다 현금이 더 유리하다고 볼 수 있다. 특히 현금 중에서도 이머징마켓의 통화보다는 긴축통화 또는 안전자산의 대표로 볼 수 있는 달러의 가치가 더 높이질 가능성이 있다. 이 때문에 경기 후퇴기에는 달러를 보유하는 것이 조금 더 나은 답이 될 수 있다.

경기 후퇴기에는 성장주 투자 종목, 가치 투자 종목들도 대부분 주가가 하락한다. 투자 관점에서 보면 1~2년은 그리 긴 기간은 아니니 싸게 종목을 살 수 있는 기회로 볼 수도 있지만, 경기 후퇴 초입의 경우 성장주나 가치주의 주가 하락으로 인해 초보 투자자에게는 마음이 약해지는 포인트가 될 수 있다. 따라서 여러 모로 초보 주식 투자자의 입장에서 이 시기에는 현금을 보유하는 것이 답이 될 수 있다.

배당주는 시장이 수축기에 진입한 시점부터 접근이 가능하며, 일부는 후퇴기에서도 충분히 가능하다.

인덱스 투자가 아니라면, 개인은 경기회복기에 가치주를, 경기 성장기에는 성장주를 또는 경기회복기부터 경기 성장기까지 매매로 자산을 불린 다음 경기 후퇴기에서 수축기까지는 배당 종목에 투자해서 자산을 형성하는 방법이 가장 바람직하다고 생각한다. 당연히 시장이 다시금 상승국면으로 진입한 경우에는 배당으로 투자한 자금을 회수하는 것이 아니라 배당 받은 자금으로 주식 투자를 해야 한다.

앞서 이야기한 것처럼 국내 시장은 미국 투자자에게 가장 영향을 많이 받고, 미국 투자자들은 글로벌 긴축 시기에는 미국으로 자금이 회귀하는 경향이 있다고 했다. 이로 인해 국내 기업의 실적이 좋더라도 수급 요인에 의해 주가가 하락하는 경향을 보이게 된다. 이런 요인으로 투자할 만한 가치주가 만들어진다고 했다. 외국인 뿐만 아니라 경제가 후퇴기로 진입하게 되면 시장 자금의 유동성이 줄어들게 되고 유동성의 감소는 주가의 하락을 가져온다. 실적과 무관하게 말이다. 이렇게 주가가 하락하면 가치 투자 관점에서 저평가 종목으로 진입하는 종목 중 배당 투자가 가능한 것들이 발견된다.

얼마 전 코로나 팬데믹으로 인해 지수가 폭락했다. 폭락은 개인에게는 패닉을 가져오지만, 투자자에게는 흥분의 기회가 된다. 예를 들어 기아는 2021년 주당배당금(이하 배당금)이 3000원인데, 2019년 주가는 평균적으로 4만 6000원 근처에서 움직였다. 시가 배당 수익률(이하 배당률)이 6% 정도였다. 하지만 팬데믹 때문에 2020년 주가가 2만 1500원까지 하락하면서 13%대 배당이 나오는 시점까지 하락했다. 기아를 그냥 들고 있어도 10%, 적어도 2020년 이전 배당 수준으로 보더라도 4.6% 이상의 현금흐름을 만들 수 있는 기회가 온 것이다.

만약 이들 주식을 10년을 보유했다고 가정해보자. 단기적인 5%, 10%, 심지어 30% 주가가 하락하더라도 단순 계산으로도 기아에 1억을 투자해서 10년을 보유하면 배당만으로 1억 3천(세전 금액, 13% 배당인 경우 1300만 원×10년) 이익을 얻게 된다. 물론 이때 주가는 플러스 알파가 된다.

기업이 망하지 않는다면 장기적인 배당 투자는 손실을 입을 가능성이 낮다. 하지만 종목을 10년 보유하고 있는 것이 어려울 것이다. 그래서 워런 버핏은 10년을 투자할 종목이 아니라면 10분도 가지고 있지 말라고 했고, 투자 원칙을 첫 번째는 손실을 보지 말라, 두 번째는 첫 번째 원칙을 반드시 준수하라고 한 것 역시 주식을 장기적으로 보유하는 것이 쉽지 않기 때문일 것이다.

배당 투자는 심지어 매매를 하지 않아도 관계없다. 아니 매매를 하면 안 된다. 회사가 열심히 일을 하고 그 수익을 배당으로 나눠주는 것이기 때문에 이것이 바로 나의 현금흐름이 된다. 내가 일을 하지 않더라도 돈이 일하는 형태가 되는 것이다.

건물은 감가상각으로 30년 정도 지나면 그 가치는 제로가 된다고 한다. 그리고 세입자를 들이기 위해 부동산에 수수료를 주거나, 건물을 관리해야 하는 등의 내가 해야 하는 일이 생기지만 배당은 그렇지 않다. 그냥 내가 하는 일 또는 내가 좋아하는 것을 하면 된다. 그런 의미에서 배당 투자는 주식 투자에서 마지막 목표로 삼아야 한다고 생각한다.

워런 버핏은 이전에 시장이 폭락하면 주식을 담는 대표적인 투자자로 알려졌다. 왜 그런지 앞의 사례를 보면 확실해진다. 보통 기아의 경우 배당률이 3%를 넘지 않고, POSCO홀딩스도 마찬가지다. KB금융, 신한지주도 코로나 팬데믹으로 인한 지수 하락기에는 6% 이상, 8% 이상 나올 정도로 주가가 하락했지만 보통은 2~3%를 넘기지 않는다. 배당 투자를 하는 투자자에게는 아무도 시장에 관심을 가지지 않는 폭락기가 소위 높은 배당을 주는 주식을 손쉽게 고르는 시기인 것이다.

그래서 글로벌 긴축, 세계 경기가 좋지 않다는 뉴스가 나오면, 일반 투자자, 트레이더들은 가슴이 철렁하지만 배당 투자자들은 가슴이 뛴다. 많은 사람이 10년에 한 번 경제가 무너진다는 이야기를 하지만, 배당 투자자 입장에서는 10년에 한 번 오는 기회가 다가오는 것이다.

강의를 할 때, 주식의 기본 목표를 내가 일하지 않고 그냥 집에서 뒹굴뒹굴해도, 그냥 친구들이랑 등산이나 취미생활을 하며 보내더라도 연간 4000만 원 이상 나오는 것을 목표로 삼으라는 말을 한다. 그럼 대부분 "그러기 위해 자금이 얼마나 필요할까요?"란 질문을 많이 한다. 만약 시장이 상승을 해서 배당률이 2%인 경우에는 20억 원 정도가 필요하다. 그런데 시장이 하락을 해서 7%인 경우에는 6억 원이면 가능하다. 그러다 시장이 폭락해서 10% 정도가 되면 4억 원이면 가능하다. 다시 말해 일반적으로 20억으로 만들 수 있는 현금흐름을 시장이 폭락하면 4억 원이면 가능하다는 말이 된다. 아래 표를 보면 바로 알 수 있듯이, 주가가 하락할수록 목표금액의 현금흐름을 만들기 위한 자본의 크기는 감소한다.

유튜브 또는 뉴스를 보면 글로벌 긴축, 스태그플레이션(경기 침체 stagnation와 인플레이션inflation이 합쳐진 단어로 침체 상황에 물가까지 상승하는 상태, stagflation) 등 경기에 대한 불안 심리를 조장하는 말과 논리가 수두룩하다. 하지만 이런 내용들은 "자, 이제 돈을 준비하세요! 10년에 한 번 뿐인 기회가 오고 있답니다"라는 말로 들린다.

얼마 전에 유명한 펀드매니저가 TV에 나와 "저는 월세 삽니다. 전 차가 없어서 자전거를 타고 다닙니다"라며 "집을 사는 건 좋은 투자가 아닙니다. 차를 사는 것도 마찬가지입니다"라고 말을 덧붙였다. 하지만 "돈을 벌어서 집을 사고 차를 사는 건 금융 문맹에서 오는 것입니다"라는 말

A주식의 현재가	배당금	시가 배당률	필요 자금	연간 목표금액
10만 원		2%	20억	
7만 원		3%	14억	
5만 원	2,000원	4%	10억	4,000만 원
3만 원		7%	6억	
2만 원		10%	4억	

에 얼마나 많은 사람이 공감할까? 좋은 집을 소유하고 좋은 차를 소유하는 것이 부자가 되는 것처럼 보일 수 있지만, 부자들의 기본 개념은 내가 가지고 있는 자산에 중심을 두기보다는 현금흐름에 중심을 둔다. 좋은 집을 소유해서 재산세를 내야 하고 집을 수리해야 한다면 현금흐름이 월세를 사는 사람보다 마이너스일 수 있다. "부동산은 많이 오르잖아요"라고 한다면, 주식은 배당까지 주면서 더 많이 오르는 종목도 많다. 물론 좋은 차를 소유하게 되면 자동차세에 기름값, 보험료까지 내야 한다. 그리고 감가상각을 1년에 1000만 원 이상 당한다. 다시 말해 가치가 1000만 원 이상 하락하는 것이다. 하지만 배당주에 투자하면, 배당을 주면서 주가는 오를 확률이 높다. 현금흐름이 플러스가 되는 것이다.

경제학에서 빵을 1억 원어치 가지고 있는 사람과 빵을 생산할 수 있는 설비 1억 원어치를 가지고 있는 것 중에 더 유효한 것은 설비를 가지고 있는 것이라고 한다. 자본주의 사회에서는 자본을 얼마를 가지고 있는지도 중요하지만 현금흐름을 창출해낼 능력이 많을수록 부자에 더 가까운 것임을 기억해두자.

배당률이 높은 종목이 무조건 좋을까

대부분 당연히 배당을 많이 주는 종목을 선택해야 된다고 여길 것이다. 실제 종목으로 예를 들어보겠다. 효성티앤씨의 2022년 4월 23일 종가가 42만 6000원이었다. 2021년 배당금은 5만 원이었다. 그럼 [5만 원 ÷ 42만 6000원 × 100 = 11.74%]의 배당률이 나온다. 배당으로 11% 이상 수익을 올릴 수 있는 종목이니 배당주로 적합할까? 이크레더블은 4월 23일 종가가 만 9300원인데, 2021년 배당금이 2720원이었다. [2720원 ÷ 만 9300원 × 100 = 14.09%]이니 배당주로 적합할까? 그럼 두 종목 중 어느 게 더 배당주로 매력적일까? 많은 초보 투자자가 배당률만 보고 배당주를 선택하려고 하는데, 어쩌면 그건 함정일 수도 있다.

'한국전력'은 2015년 3100원의 배당금을 지급했다. 2016년 1월 말 주식의 종가는 5만 2600원이었는데, 이는 배당률이 5.89%로 낮지 않은 수익률이었다. 하지만 2016년 배당금은 1980원, 2017년에는 790원, 심지어 2018년과 2019년은 지급하지 않았다. 2020년에는 1216원을 지급했다. 그러다 2021년에는 다시 지급하지 않았다.

만약 1억을 투자했다면 2017년에는 376만 원 정도 배당금으로 받았을 것이고, 2018년은 150만 원 정도 받았을 것이다. 2019년과 2020년은 한푼도 받지 못했을 것이다. 2021년에는 230만 원 정도의 배당을 받아, 총 5년 동안 756만 원 정도를 받을 수 있었다. 물론 연평균 이자로 따져보자면 동기간에 은행 예금 이자 정도인 1.5%(세전)를 받을 수 있었겠지만, 기대에는 크게 못미칠 것이다. 아마 투자 당시에는 5.89%로 매년 589만 원, 5년 동안 3000만 원 정도를 기대했을 것이다.

시장의 대부분 배당 투자자는 앞의 사례를 접하게 된다. 이는 배당 투자에서 가장 중요한 부분인 배당을 통한 현금흐름을 분석하지 않고, 단순히 배당률이 높은 종목을 선택해서 나오는 결과다. 이런 의미에서 앞서 말한 효성티앤씨와 이크레더블은 배당 투자로는 적합하지 않다.

배당 투자를 위해서는 먼저 회사가 어떤식으로 배당금을 지급하는지를 체크하는 것이 중요하다. 효성티앤씨는 2021년 5만 원의 배당금을 지급했지만, 2020년 5000원, 2019년 2000원을 지급했다. 단순히 보면 늘어나는 것처럼 보이지만 상장 시기가 2018년이라는 점을 감안해 본다면 보수적으로 아직 배당금을 어떻게 지급할 것인지 명확하게 판단하기 어렵다.

이크레더블은 2016년 530원, 2017년 530원, 2018년 670원, 2019년 740원, 2020년 700원의 배당을 지급하다 2021년 2720원을 지급했다. 배당이 평균보다 4배 가까이 증가한 수치다. 이런 배당이 향후에도 지속될 것인지는 아직 알 수가 없다. 개인적으로는 700원 정도의 배당을 고려해서 3.6% 정도를 고려한 투자라면 가능할 수도 있을 것이다.

배당은 단순히 1, 2년을 생각하는 투자가 아니다. 내가 일하지 않아도 회사가 열심히 일을 하여 안정적인 배당을 받는 것이 목적이다. 따라서 배당 투자를 할 때는 단순히 현재의 배당률이 높은지 낮은지를 체크하기 이전에 최소 10년 정도 회사가 배당을 어떻게 지급했는지, 작년 배당이 갑자기 높아진 것은 아닌지 체크하는 것이 중요하다. 그리고 당연히 배당 지급에 영향을 주는 기술 변화 또는 경제, 산업 변화에 영향을 적게 받는 종목을 선택하는 것도 무척 중요하다.

안정적인 배당 구원투수, 외국인

안정적인 배당 투자를 위해 외국인 투자자의 지분율을 살펴보는 것도 좋은 방법이다. 〈우리나라 기업의 배당결정요인 연구〉(한국산업경제학회 춘계국제학술발표대회논문집, 2011)에 따르면 외국인의 지분율은 기업의 배당 지급 여부와 관계가 높은 것으로 나타났다. 실제로 외국인의 지분 증가는 경영자의 지분 감소로 인해 배당에 대한 지급 요구가 증가할 가능성이 높다.

예를 들어, 외국인이 한국전력의 지분율을 높인 이유가 그 기업을 지배하기 위함이 아니라 배당 수익을 얻기 위함인 것은 당연하다고도 할 수 있다.

아래 차트에서 보듯이, 배당금 500원이 나온 2015년과 3100원으로 확정된 2016년까지는 외국인의 보유비중이 공격적으로 증가했지만, 배당금이 1980원으로 줄어들 수 있다는 소식이 들린 2016년 하반기부터는 그 비중이 줄어든 것을 확인할 수 있다. 790원의 배당금을 확인한 2017년 외국인들의 이탈이 더 강해진 것도 확인할 수 있다. 따라서 외국인들의 지분이 높은 종목의 경우 그들의 공격적인 매도로 인한 주가 하락은 경영진에게 부담이 될 수밖에 없다. 따라서 안정적인 배당을 실시하는 경향이 있다.

물론 한국전력의 경우 정부의 배당확대 정책에 따라 배당이 높아졌다가 다음 행정부 때 낮아진 사례로, 일반 기업의 배당 정책과는 궤를 달리한다. 하지만 외국인이 배당에 얼마나 민감하게 반응하는지를 보여주는

2015년~2017년 외국인의 한국전력 보유 비중 추이   출처: 키움증권HTS

한국전력 "2015년 결산배당 1조9900억 결정"

입력 2016.02.29 09:07 | 수정 2016.02.29 09:07

한국전력(23,800 0.00%)은 29일 조회공시 답변을 통해 "2015년 연결기준 순이익 13조4139억원 가운데 1조9900억원 가량을 올해 배당하기로 결정했으나, 이는 이날 열리는 이사회를 거쳐 다음달 22일 열리는 정기주주총회에서 최종 확정할 계획"이라고 밝혔다.

출처: 한경코리아마켓www.hankyung.com/koreamarket/

대표 사례라고 할 수 있다.

아래의 그래프는 두산의 주당순이익(EPS)와 주당배당금(DPS)를 비교한 자료다. 2010년부터 주당순이익이 지속적으로 감소하였고, 2015년에는 주당 만 4671원이라는 대규모 적자를 냈다. 2016년 실적이 턴어라운드하는 모습을 보였지만 매출액이 늘어나지 않은 상태라 여전히 회사가 성장을 회복했다고 보기 어려우며, 2018년에 또 적자를 기록했다.

일반적으로 배당은 회사의 이익에 기반하기 때문에 이렇게 이익이 감소하면 배당금도 감소하는 것이 기본이다. 거의 10년 동안 회사는 흑자를 회복하지 못했지만 배당금은 지속적으로 증가하고 있다. 이런 현상은 외국인 등의 투자자들의 자금이 빠져나가지 않게 하기 위한 고육지책苦肉之策으로 봐야 한다. 이와 같은 종목은 초보 투자자들에게는 적합하지

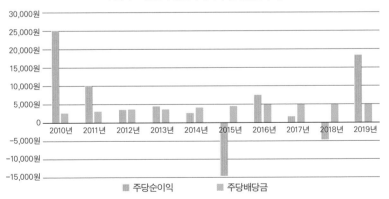

두산의 10년간 주당순이익과 주당배당금 추이

않다. 또한 기억해야 할 점은 이렇게 회사의 이익이 장기적으로 감소함에도 불구하고 배당금을 늘리는 기업은 업황이 턴어라운드를 할 때 회사가 자금조달을 위한 증자 등의 이벤트가 발생할 수 있다는 점이다. 영업이익이 나지 않음에도 불구하고 배당금을 늘렸으니 업황이 턴어라운드를 하면 투자를 늘려야 하지만, 기업은 잉여금이 부족할 수밖에 없고 이로 인해 자금조달에 나설 수밖에 없는 것이 당연하다. 앞서 배당 투자의 가장 적기는 경기 수축기, 뉴스로는 금리를 다시 인하한다든지 하는 경기 부양책이 나오는 시점부터라고 했던 이유가 여기에 있다.

경기가 활황일 때는 성장성이 있는 기업 또는 가치가 올라갈 가능성이 높은 기업은 주가가 이미 많이 상승한 상태다. 당연히 이들 기업의 배당률은 낮을 수밖에 없다. 이런 시기에 배당률이 높은 기업, 다시 말해 주가가 상승하지 못한 기업들은 경기가 활황임에도 불구하고 주가가 오르지 못하는 이유를 가지고 있다고 볼 수 있다.

요약컨대, 배당률로 봤을 때는 투자할만 한 것처럼 보이지만, 기업의 내용을 들여다보면 그렇지 않은 경우가 많다는 것이다.

확정형 배당 vs. 이익형 배당

회사의 배당 지급을 10년 이상 살펴보다 보면, 배당을 주당순이익에 연동해서 주는 회사와 이익 규모와 관계 없이 일정 수준의 배당을 주는 회사가 있다. 일반적인 배당 투자에서는 배당 성향이 높은 회사에 투자하라는 말이 많지만, 중요한 것은 회사가 이익의 얼마를 배당하는지가 아니라 내가 투자한 금액에 비해 얼마의 배당률을 받느냐가 중요하다. 그래서 배당 성향보다는 확정형 배당 종목인지 이익형 배당 종목인지를

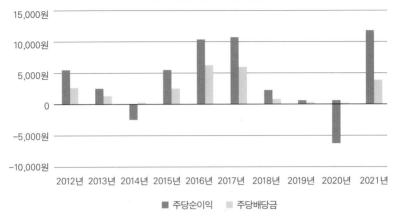

S-Oil의 10년간 주당순이익과 주당배당금 추이

■ 주당순이익   ■ 주당배당금

체크하는 것이 중요하다.

확정형 배당은 말 그대로 일정 수준의 배당금을 꾸준히 주는 회사를 의미한다. 예를 들어 삼성SDI는 2014년부터 배당금을 1000원으로 거의 동일하게 지급하고 있다.

현대차는 2015년부터 4000원 배당을 지급하고 있다. 물론 2020년에는 3000원으로 감소했고 2021년은 5000원으로 증가했지만 4000원 배당을 주는 회사라고 생각해도 무방할 듯하다.

반면 S-OIL은 이익형 배당 종목이다. 상단의 그래프에서 보는 것처럼 이익 증가는 배당 증가로, 이익의 감소는 배당의 감소로 이어진다. 초보 배당 투자자라면 어떤 형태의 종목이 더 좋을까? 올해는 실적이 바닥일 것으로 예상되고 내년부터 좋아질 것이다 등으로 판단할 수 있는 능력이 있다면, 이익형 배당 종목이 나쁘지 않다. 초보자들은 그런 판단이 힘들 테니 확정형 배당 종목에 투자할 것을 권한다.

배당을 꾸준히 줄 수 있는 기업은 어디인가

대부분 사업을 시작할 때 성공할 것을 생각하고 사업에 나선다. 당연히 망할 것을 생각하며 사업을 시작하는 사람은 없을 것이다. 하지만 경남대학교 산업경영연구소에서 나온 자료에 따르면 신생업체의 3/4 가량이 5년 내에 폐업하는 것으로 나타났고, 자영업자의 평균 생존 기간은 3, 4년 정도다. 상장기업은 일반 자영업자보다는 생존 기간이 길고 이익도 클 수 있으나, 나에게 10년 이상 배당을 줄 정도로 지속적으로 이익을 낼 수 있을 것인지를 고민해본다면, 그 종목의 향후 장밋빛 성장만 가지고는 투자할 수 없다.

그래서 첫 번째로, 성장기업보다는 성숙기업에, 최소 10년 이상의 재무데이터를 보여줄 수 있는 기업에 투자하는 걸 권한다.

두 번째는 조금 더 보수적으로 시총 상위 종목들로 한정하는 것도 나쁘지 않다. 물론 이들 기업의 일반적인 배당률은 처참하다. 최근 시장이 2021년 6월 25일 3316p 대비 20% 정도 하락했음에도 불구하고, 배

삼성카드의 최근 6년간 주가 　　　　　　　　　　　　　　 출처: 키움증권 HTS

당률이 일반 은행의 정기 예금 금리인 1.9%를 넘어서는 종목은 삼성전자 4.4%, LG화학 2%, POSCO홀딩스 2.7%, KB금융 2.9%, 신한지주 3.6%, 삼성물산 2.1%, LG생활건강 3.9%(2022년 4월 22일 종가 기준) 정도 수준이다. 나는 배당률이 최소 6% 이상되는 종목들만 공략한다.

그럼 시총 상위 종목들 위주로 일단 투자하자는 말은 무슨 뜻일까? 앞에서 시장의 버블이 깨지면 혹은 시장이 크게 하락하면 배당 투자자에게 기회가 온다는 말을 했다. 다시 말해 시장의 폭락은 시총 상위 종목의 큰 하락으로 이어지고, 이는 시총 상위 종목을 배당률 6% 이상 혹은 10% 이상의 시점에서 잡아낼 수 있다는 뜻이 된다. 그러므로 시장이 큰 폭으로 하락한다고 패닉에 빠질 필요가 없다. 이는 큰 기회다.

업종으로 봤을 때는 은행주나 보험주 그리고 카드주 등은 긍정적으로 볼 수 있다. 이 업종들은 경제적 파급 효과도 크고 미래에도 회사의 본업이 크게 바뀌지 않는다. 은행은 여전히 외환과 대출로 이익을 낼 것이고, 보험업체는 여전히 사람들의 불안감을 담보로 안정적인 이익을 낼 것이다. 카드사 역시 신용 구매의 형태는 바뀔 수 있어도, 신용으로

삼성카드의 최근 6년간 배당 추이

연도	매수가	배당	배당률	수익
2016년	30,650원	1,500원	4.89%	4,890,000원
2017년		1,500원	4.89%	4,890,000원
2018년		1,600원	5.22%	5,220,000원
2019년		1,600원	5.22%	5,220,000원
2020년		1,800원	5.87%	5,870,000원
2021년		2,300원	7.50%	7,500,000원
			합계	33,590,000원

물건을 사고 카드론을 이용하는 형태는 크게 바뀌지 않을 것이다.

2015년 말에 삼성카드를 3만 650원에 1억 원어치 매수했다고 해보자(앞 페이지의 차트 참고). 2022년 2월 22일 종가가 3만 1950원으로 매수가의 4.24% 상승으로 수익은 420만 원 정도다. 하지만 2016년 9월 13일을 정점으로 주가가 지속적으로 하락하고 있어, 당시 투자자는 이 주식이 '모멘텀도 없어 보이는데 팔아야 되나?' 하며 고민했을 것이다.

하지만 269쪽의 표처럼 배당 투자의 관점에서 보자면 배당만으로 6년 동안 3300만 원 이상의 수익을 올린 셈이다.

2015년 배당 투자로 신한지주에 3만 9000원에 1억 원어치 매수했다면, 매매의 관점에서는 2022년 4월 22일 종가 4만 2150원으로 큰 수익을 올리지 못한 것으로 보인다. 하지만 배당의 관점으로 보면 25% 이상 수익을 올렸다는 점을 알 수 있다. 물론 코로나가 터진 2020년에 배당으로 받은 1600만 원을 추가로 투자했다면 배당금은 더 커졌을 것이다.

코로나 팬데믹으로 인해 2020년 신한지주의 주가는 2만 1850원까

신한지주의 최근 6년간 배당 추이

연도	매수가	배당	배당률	수익
2015년	39,000원		0.00%	
2016년		1,450원	3.72%	3,720,000원
2017년		1,450원	3.72%	3,720,000원
2018년		1,600원	4.10%	4,100,000원
2019년		1,850원	4.74%	4,740,000원
2020년		1,500원	3.85%	3,850,000원
2021년		1,960원	5.03%	5,030,000원
				합계 25,160,000원

지 하락했는데, 그 시점에 매수를 했다면 2021년 배당금이 1960원이므로 배당률은 거의 9%에 달하는 셈이다. 부동산 투자도 7% 이상의 배당을 이야기하면 사기일 가능성이 높다고 하지만, 시장의 위기는 때때로 이런 황금 같은 기회를 준다는 점을 기억해두자.

공기업과 지주사

배당 투자의 기본은 이익을 지속적으로 내면서 배당을 꾸준히 줄 수 있는 기업에 하는 것이라고 말했다. 결국 망하지 않고 안정적으로 길게 가는 기업을 찾아야 한다. 앞서 말한 업종 외에 또 어디에 집중해야 할까? 바로 공기업이다. 시장에 상장된 공기업은 한국전력과 한국가스공사, 지역난방공사, 한전KPS, 한전기술 등 5개 에너지 공기업과 기업은행, 강원랜드, GKL 등의 금융, 레저 공기업이 있다. 또 국민연금공단이 최대주주인 KT&G 정도를 체크할 수 있다.

먼저 한국전력과 한국가스공사는 이익형 배당 종목이다. 다시 말해 이익이 증가하면 배당도 증가하고 이익이 감소하면 배당이 감소하는 경향이 있다. 이 두 기업은 회사의 이익보다는 국민의 편익에 더 초점을 맞춘 기업이라고 할 수 있다. 예를 들어 전기를 생산하는 발전소를 짓고 그것을 가동하기 위한 원자재 가격이 급등하더라도 바로 전기료를 인상하지는 않는다. 이는 한국가스공사와 지역난방공사도 마찬가지다. 배당주에서 이렇게 중요한 회사들은 사라지지 않는다는 장점은 있으나 앞서 말한 국민의 편익 도모로 인해 회사는 적자를 기록하는 경우가 많다. 당연히 안정적인 배당도 어렵다고 볼 수 있다.

한전KPS는 전력설비정비와 기술개발 및 신재생에너지사업을 영

연도별 에너지원 비율

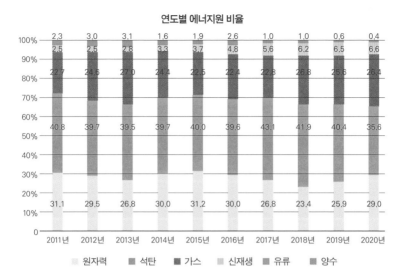

출처: https://simplyeco.tistory.com

한전 KPS의 2008년~2021년 배당 및 배당률 추이

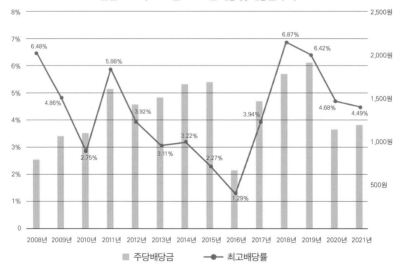

위하는 회사다. 다시 말해 설치된 발전소를 운영·관리·정비를 하는 회사로, 계속적인 이익을 창출할 수 있는 회사라고 할 수 있다. 이 역시 이익형 배당 종목으로 배당금은 회사의 이익에 따라 증가 혹은 감소할 수 있다.

대한민국의 에너지원별 비중을 보면 상단의 그래프처럼 원자력이 30% 정도 수준이다. 당연히 한전KPS의 이익 중 원자력이 차지하는 비중이 클 수밖에 없다. 이번 행정부에서는 원전의 지속 사용에 대한 공약도 나왔고, 그린텍소노미에서도 원전을 그린에너지로 인증함에 따라 단기적인 시각에서는 원전에 대한 리스크는 크지 않을 것으로 보인다. 설령 탈원전으로 진행된다고 하더라도 한전KPS는 원전을 관리·보수하는 회사가 아니라 국내 전력설비의 유지관리 및 보수를 진행하는 회사라는 점을 고려해볼 때 안정적인 이익이 가능하며, 이에 따른 배당도 가능할 것으로 판단한다.

문재인행정부 당시 탈원전에 대한 부담에도 불구하고 한전KPS의 이익은 크게 변동하지 않았으며, 하단의 그래프를 통해 배당 역시 꾸준히 진행된 것을 알 수 있다. 당연히 2007년 이후 6%정도나 그 이상의 배당을 노린 투자가 2008년, 2011년, 2018년, 2019년에 기회가 있었음도 알 수 있다.

강원랜드와 GKL은 이번 코로나 팬데믹으로 이익이 적자를 기록했고, 2020년과 2021년은 배당금을 주지 않았으나 이익이 있는 경우에는 꾸준히 주는 기업이다. GKL은 700원, 강원랜드는 900원을 기준으로 배당률을 구해서 타이밍을 잡아볼 수 있다.

대부분 KT&G를 담배제조판매 기업으로 알고 있다. 사실은 비상장

KT&G의 20년간 배당 추이

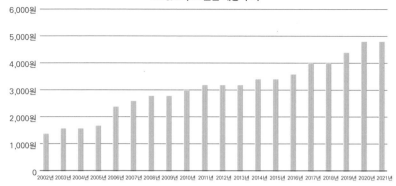

회사 24개를 거느린 대기업이다. 부동산 임대/운영/개발/금융투자 및
건강기능식품과 의약품, 화장품 제조판매 기업으로 단순히 담배를 파
는 회사는 아니다. 앞서서 외국인의 비중이 높은 종목에 주목할 필요가
있다고 했는데 외국인 지분율이 가장 높은 기업은 오리온, 그 뒤를 잇는
2위가 바로 KT&G다. 이로 인해 KT&G의 배당은 그래프에서 알 수
있듯이 안정적으로 지급되고 있다. 국내에서 배당금이 지속 증가하는 몇

KT&G의 20년 전 주가 흐름   출처: 키움증권HTS

안 되는 기업 중 하나다. 만약 여러분이 20년 전에 배당 투자의 매력을 느꼈다면 당연히 KT&G에도 관심을 가졌을 것이다.

차트에서 보이듯 2000년대 초반 KT&G는 만 4000원에서 만 8000원 사이를 2년 가까이 횡보하였고, 배당은 1400원으로 만 6000원 이하에서는 거의 9%의 배당 수익을 기대할 수 있었기 때문이다. 실제로 2002년 KT&G를 1억 원어치 매수했다면 2021년까지 배당 받은 금액만 3억 8000만 원 이상이다. 물론 주가 상승은 덤이다. 2021년 KT&G의 배당금은 4800원으로 만 6000원 대비 30%를 배당으로 돌려주고 있다. 쉽게 3000만 원 정도의 배당금을 매년 받는 셈이니, 3년이면 원래 원금을 만들 수 있는 것이다.

이 외에도 그룹사 내에서 캐시카우 역할을 하는 기업이나 지주사에도 배당 투자가 가능하다. 우리는 대기업을 재벌들의 기업이라고 생각하지만, 최근 2세 경영에서 3세 경영으로 진입하면서 지분율이 낮아지는 경향을 보이고 있다.

일반적으로 경영자 지분이 높은 기업은 낮은 배당 성향을 보이는 것이 일반적이다. 하지만 세대를 거듭하면서 대주주의 지분율 감소와 이로 인한 배당 증가를 충분히 고려할 수 있는 시점에 가까워진 것으로 보인다. 또한 지주사의 경우 거기에 편입되어 있는 기업보다는 이익 변동성이 줄어들 가능성이 높다고 판단한다. 이는 편입되어 있는 회사 모두가 적자가 나거나 흑자가 나는 경우는 드물어서 지주사의 전체 이익은 일정 수준을 유지할 것으로 예상되기 때문이다.

참고로 최근의 지수 하락으로 여러 기업이 전보다 배당률이 높아질 것으로 전망한다.

제2, 제3의 '황금알을 낳는 거위'를 찾아라

배당에서는 황금알을 낳는 종목을 찾아야 한다. 팔고 싶어도 그것을 얼마에 팔아야 할지 몰라서 팔 수 없는, 오리 고기가 먹고 싶어도 황금알을 낳는 거위이기 때문에 도축할 수 없는 황금알을 낳는 거위말이다.

워런 버핏은 코카콜라를 1987년 10월부터 1988년 2월까지 매수했다고 한다. 정확한 매수 단가를 알기는 어렵지만, 당시의 평균 주가가 2.5달러에서 2.2달러라는 점을 감안해서 2.3달러 정도가 평균 매수가가 아닐까 한다.

최근 코카콜라의 배당은 1.4달러에서 1.68달러 수준이다. 이는 원금

코카콜라의 1988년~2021년 배당 추이

출처: 코카콜라 홈페이지

의 60%에서 70% 수준의 배당을 받고 있다는 것인데, 이해하기 쉽도록 1억을 투자한 경우 매년 6000만 원에서 7000만 원을 배당으로 받는다는 의미다. 이게 바로 황금알을 낳는 거위다.

국내에도 이런 회사가 있다. 메리츠종금이라는 회사다. 이 기업은 2008년 금융위기 당시 주가가 2550원까지 하락했다. 당시 메리츠종금의 배당은 225원 수준이었다. 시가 배당률이 11%로 1억을 투자할 경우 연간 1100만 원의 현금흐름을 기대할 수 있는 시점이었다.

2020년에는 주당 1280원 배당으로, 2250원의 매수가 대비 50%의 배당을 지급했다. 1억 원의 배당 투자로 5000만 원을 받는 셈이다.

이렇듯 배당 투자의 가장 큰 묘미는 이런 황금거위 종목을 찾는 데 있다. 배당률 6, 7% 종목 중에서 워런 버핏의 코카콜라 혹은 예시로 든 메

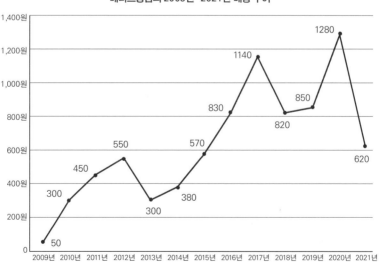

메리츠종금의 2009년~2021년 배당 추이

리츠종금처럼 부자의 현금흐름을 만들어줄 종목이 반드시 나올 것이다.

주의할 점은, 배당에서 가장 큰 리스크는 이사진 혹은 대표이사가 바뀌는 것이다. 회사의 방침에 따라서 배당 지급에 대한 원칙이 바뀔 수 있기 때문이다. 실적 둔화는 단기적인 리스크라고 볼 수 있지만, 이사진의 배당에 대한 방침 변화는 우려를 더하게 된다. 특히 한국의 대기업은 대물림되는 경향이 많은데, 이로 인해 회사의 정책이 바뀌는 경우도 많으니 관련 뉴스가 나오면 주목해서 보자.

주식 투자에서 "텐배거 종목을 찾아라"는 말을 많이 한다. 텐배거는 앞에서도 종종 거론했지만 자세히 설명하자면, 야구의 '10루타ten bagger'를 의미한다. bag은 '베이스'를 뜻하는 야구 속어다. 다시 말해 10-base hit이란 뜻이다. 이 말은 마젤란펀드의 펀드매니저 피터 린치가 6배 수익을 올리면 6루타, 8배 수익을 올리면 8루타로 표현하면서 '10배 가는 종목'을 뜻하게 되었고, 나아가 그 이상의 수익을 내는 대박 종목이란 뜻을 가지게 되었다.

얼마 전 한국경제TV에서도 〈텐배거를 찾아라〉는 코너에서 수익 내는 종목을 추천했었다. 그만큼 주식 투자를 하는 사람이라면 골프의 홀인원을 기대하듯 텐배거 종목에 대한 열망이 있다. 하지만 단순히 주식을 매매하거나 가치 투자로는 그런 종목을 찾기 어렵다. 성장주 투자로 가능한데, 4차산업혁명의 시기인 지금 그 가능성이 더욱 높아졌다. 엄밀히 말하면 그 확률은 배당주 투자가 가장 높다. 더욱이 배당주는 시장에 얽매이지 않고도 현금흐름을 꾸준히 창출해주니, 앞에서도 강조했듯 텐배거가 가능한 황금오리가 아닐 수 없다.

요컨대, 모두가 꿈꾸는 대박 수익은 결국 투자 방식에 적합한 전략을 실천하다 보면 못 이룰 꿈이 아니다. 다만 대박만 쫓다 자신의 주식 정체성을 잊고 실수를 범하지만 않으면 된다.

Chapter
5

시대의 흐름에 맞춰
돈도 흐르게 하라

글로벌 경제는
어떻게 바뀔 것인가

"앞으로의 세상은 우리가 만나지 못한 새로운 모습을 보여줄 것이다." 이런 이야기를 많이 들어봤을 것이다. 맞다, 현재 세상은 급변하고 있으며, 우리가 꿈꾸던 상상이 머지않아 실현될 것이다. 하지만 우리는 세상이 바뀌는 속도를 느끼지 못할 가능성이 높다. 그리고 그 세상에 맞춰 우리가 변하지 못한다면, 생각하는 것보다 미래의 삶은 더 힘들어질 수도 있다. 심각하게 말하면, 끓는 물 속의 개구리처럼 점점 따뜻해져 마침내 끓게 되어도 위험한 줄 모르다가 죽게 되는 개구리가 될지도 모르겠다.

보통 30~40년 정도인 한 세대의 익숙한 환경은 항상 그랬던 것처럼 여겨진다고 한다. 예를 들어 최근 일어나고 있는 인플레이션 상황이 그러하다.

우리는 글로벌 사회, 다시 말해 노동력이나 원자재가 싼 이머징마켓에서 제품을 생산하여 선진국에서 소비하는 경제 상황에 매우 익숙해져 있다. 그리고 그것이 정상인 것처럼 느끼고 있다. 인플레이션보다는 디플레이션을 걱정하는 저금리 상황이 당연한 것처럼 느껴지는 경제 속에 살아왔다. 하지만 최근 제품을 싸게 만드는 대표적인 지역인 중국이 미국과의 경제적 마찰과 기술 분쟁으로, 전 세계의 공장 역할을 했던 중국의 영향력이 줄어들고 있다. 중국의 인건비 상승도 한몫하여 그보다 싼 다른 국가들로 일거리가 옮겨갔지만, 최근의 팬데믹으로 인해 아직 의료 체계가 완벽하게 만들어지지 않은 이들 국가들은 신종 감염병에 취약하여, 결국 아시아에서 값싸게 물건을 만들어 유럽, 미국 등의 선진국에서 판매하는 기존의 글로벌 공급사슬supply chain은 위기를 맞게 되었다.

이로 인해 물건을 단순히 싸게 만들어 이윤을 남기는 것이 최우선시되던 것에서 비용이 더 들더라도 소비국 근처에서 원활하게 공급하는 것이 더 중요해졌다. 결국 경제는 블록화될 가능성이 높아졌다. 또한 지구온난화 등 기상 이변에 대한 관심이 높아지면서 상대적으로 저렴하게 전기를 생산할 수 있는 석탄 기반의 화력발전보다 중간 단계인 LNG로 전기를 만드는 복합 화력발전 또는 원자력을 거쳐 태양광, 풍력, 수소 등을 기반으로 한 친환경에너지로 중요도가 옮겨가고 있다. 석탄 화력발전보다 신재생에너지의 발전 단가가 2배 이상 비싸다는 점과 물건을 생산하는 데 전기가 필수라는 점을 고려해본다면, 전기료 상승과 블록화로 인한 임금 상승, 원자재 공급을 위한 물류비 상승 등으로 인해 글로벌 경제는 이제 디플레이션 시대를 마감하고 인플레이션 시대로 전환되고 있다.

인플레이션 시대에
자산 가치를 불리는 방법

인플레이션 시대로의 진입은 돈의 가치가 떨어진다는 의미로 해석이 가능하다. 돈의 가치가 떨어짐에도 부를 그대로 유지하기 위해서는 투자는 이제 선택의 영역이 아니라 필수다. 우리는 투자는 위험한 것이라는 생각 때문에 안전하다고 믿는 은행에 적금이나 예금을 한다. 하지만 은행은 우리가 맡긴 자금으로 대출이나 운용을 통해 이윤을 창출하고, 그 일부만을 우리에게 주는 것이다. 은행이 안전하다고 믿지만 사실 은행도 투자를 하고 있는 것이다. 다시 말해 우리는 은행을 통해 투자를 하지만 그 이익은 제대로 받고 있지 않다고 생각된다. 더욱 당혹스러울 때는 은행 금리가 인플레이션을 따라잡지 못할 때다. 예를 들어 만 원을 가지고 있다고 해보자. 지금 만 원으로 A라는 물건을 사고 싶지만, 은행 이자 3%를 받기 위해 은행에 예금을 해두었다. 1년이 지나 만 원은 3% 이자를 포함해 만 300원(세금은 편의상 계산하지 않음)을 가지게 되었지만,

인플레이션이 4%라서 만 원하던 물건이 만 400원이 된 경우다. 경제학에서는 은행에서 제시하는 명목금리, 그리고 이것에서 인플레이션을 뺀 실질금리라는 단어로 앞의 상황을 설명한다. 다시 말해 인플레이션 시대에는 실질금리가 마이너스가 되어, 은행에 돈을 예치해 이자를 받더라도 자산의 가치는 줄어드는 일이 발생할 수 있다.

하지만 실망하기는 이르다. 투자로 충분히 이 갭을 채울 수 있기 때문이다. 앞의 내용에서 투자의 포인트를 잡아본다면, 글로벌 공급사슬이 붕괴된다는 것과 블록화를 통해 글로벌 경제는 세계화 이전의 상태로 돌아갈 가능성이 높아진다고 볼 수 있다. 이는 해운 또는 물류 시장이 확대될 가능성이 높다고도 볼 수 있다. 글로벌 공급사슬 이전에는 무역상사의 중요성이 컸던 것처럼, 이후 시장에서도 역시 해운과 물류 관련 종목들은 관심을 가져야 할 것이다. 신재생에너지, 2차전지, 그리고 LNG 등의 선박 관련 종목들에 관심을 가져야 한다는 것은 이전에도 언급한 바 있다.

감염병의 증가는 제약, 바이오, 헬스케어 시장의 확대를 가져올 가능성이 높다. 그런데 회사나 공장을 운영하는 사람들의 입장에서 생각해보자. 감염병의 증가는 노동자들을 격리시켜 회사에 나오지 못하게 만든다. 이는 공장 가동률의 감소로 이어지고, 회사 이익의 둔화를 가져온다. 그럼 자동화를 하면 어떨까? 커피를 로봇이 만들고, 키오스크로 주문을 받고, 무인카페로 운영하면 노동자가 없기 때문에 감염병의 영향을 받지 않는다. 노동자가 없는 공장이라면 생산량도 영향을 받지 않을 것이다.

우리는 공장 자동화와 스마트팩토리를 헷갈려 하는데 결론만 말하자면, 공장 자동화는 공장 노동자를 대체하고 스마트팩토리는 공장 노동자뿐만 아니라 관리자도 대체할 수 있다. 당연히 감염병으로 인한 공장 가동률 하락을 최소화 할 수 있을 것이다.

팬데믹은 기상이변 등의 요인으로 향후에도 이전보다 빠른 주기로 나타날 수 있다고 한다. 회사의 CEO라면 이에 대한 준비를 당연히 할 것이다. 특히 이번 팬데믹으로 성장한 배달 관련 사업 역시 드론이나 로봇의 배달이 가능해지고 있다는 점을 생각해보면, 로봇의 생활화가 이제 미래가 아니라 현실이 될 가능성이 높으므로 로봇 관련주에도 관심을 꾸준히 가져야 할 것이다. 이제는 은행을 통한 자산 증식은 어려운 시대로 가고 있다.

암호화폐와 달러, 금의 가치는
앞으로 어떻게 바뀔까

암호화폐가 진정 화폐가 될 수 있는지에 대한 질문에 답하려면, 화폐는 무엇인지부터 알아야 할 것 같다. 어떻게 하면 화폐로서 가치를 가질 수 있는지도 알아보자.

우리가 쓰는 화폐는 한국은행에서 만드는 것이다. 한국은행은 대한민국의 중앙은행이지만 행정부에서 독립된 은행이다. 그래서 금리 인상이나 인하를 할 때도 독립성을 가지는 것이 필수적이다. 하지만 정말 독립성을 가지는지 아니면 행정부의 나팔수인지에 대한 말들이 많다. 그런데 왜 화폐를 행정부에서 찍어내지 않고 은행에서 찍어내는지 생각해본 적이 있는가? 로마시대에는 황제의 얼굴이 각인된 화폐를 썼다. 조선시대에도 나라에서 만든 화폐를 사용했는데, 왜 지금은 은행에서 화폐를 발행하는 것일까?

원래 화폐는 무슨 이유인지는 확실히 모르지만, 금은과 같은 귀금속

288

을 기반으로 만들어졌다. 로마시대의 화폐도, 중세 유럽의 화폐도, 중국에서 사용된 금자金子, 은자銀子 역시 금과 은을 기반으로 하고 있다. 중세의 파운드pound, 실링shilling, 페니penny 역시 귀금속과 관련 있다. 현재 화폐의 모습은 영국의 영란은행(잉글랜드은행)에 의해 만들어졌다.

중세의 영국은 왕은 세금을 거두려고 하고 의회는 세금을 내지 않으려고 하는 줄다리기를 했다. 결국 영국은 1688년 명예혁명을 통해 제임스2세를 퇴위시키고, 윌리엄3세를 왕으로 추대하였다. 그리고 1689년 권리장전을 통해 의회의 동의 없는 세금 징수, 평시의 상비군 징집과 유지는 금지한다고 규정하였다. 문제는 프랑스로 도주한 제임스2세가 프랑스군과 1689년 3월 아일랜드에 상륙했는데 아일랜드 의회는 잉글랜드 의회와 달리 제임스2세가 국왕이라고 선언을 하면서 프랑스와 전쟁을 시작했다는 것과 전쟁에는 막대한 자금이 필요하다는 것이다. 물론 전쟁을 한다는 것은 세금을 무지막지하게 걷어야 함을 의미한다. 하지만 영국은 권리장전으로 인해 의회의 적극적인 지지가 없으면 계속해서 세금을 걷을 수 없었다. 프랑스와의 전쟁으로 영국 왕실의 재정은 바닥을 보이게 된다. 국채를 발행했지만 결국은 국채를 소화할 자금이 넉넉하지 않아 이마저도 여의치 않게 되었다. 마지막 수단으로 윌리엄3세는 네덜란드 시절부터 친분이 있던 금융가에 긴급 협조를 요청했다. 하지만 왕이 요청한 120만 파운드는 네덜란드의 유대인들에게도 너무나 큰 금액이었다. 이때 나온 아이디어가 '전쟁기금 모금기구'를 만들어 돈을 빌려드릴 테니 그 채권을 담보로 '은행권'을 발행하게 해달라고 요구한 것이다.

이렇게 발행된 은행권은 세금을 내는 데도 사용할 수 있게 되었다. 영국의회는 '국가 채무에 대한 의회의 지불 보장'을 법으로 제정하고, 1694년 영국의 월스트리트라고 할 수 있는 '시티 오브 런던City of London'에 영란은행을 설립했다.

실제로는 120만 파운드가 아니라 80만 파운드를 왕실에 빌려주었는데, 일부는 은행권 형태로 지불되었고 그만큼의 금괴는 영란은행에 남아 지불 보증금으로 보관되었다. 신용과 금이 모두 화폐가 되기 시작한 것이다.

앞의 내용 중에서 은행이 발권한 화폐로 세금을 낼 수 있다는 것은 무척 중요한 의미를 가진다. 영국에 사는 사람들은 모두 영국 정부에 세금을 낸다. 세금을 내기 위해서는 영란은행이 발권한 화폐를 가지고 있어야 하기 때문에 영국민들은 영란은행이 발권한 화폐로 물건을 사고, 지불을 해도 다 받아주었을 것이다. 또한 석유를 사기 위해 각국에서 달러를 보유해야 하는 것처럼 국민 입장에서는 세금을 내기 위해서라도 은행권을 가지고 있어야 할 것이다. 이로 인해 영란은행의 은행권은 국가 화폐로의 권위를 가질 수 있었다.

하지만 세월이 흘러 현재의 각국 중앙정부의 화폐는 그 가치를 유지할 수 있을지 나는 의문이 든다. 물론 중앙은행의 시초인 영란은행의 탄생과 각국 중앙은행의 탄생이, 그 은행들의 은행권으로 국가의 세금을 납부할 수 있는 공신력에 의해 그 힘이 부여된다는 점을 감안하면 국가의 경쟁력이 희석되지 않는 한 화폐의 공신력도 유지된다고 할 수 있다. 하지만 화폐라는 것이 외형과 속성이 계속 지속적으로 변해왔다는 점을 고려해본다면, 암호화폐 역시 미래에는 화폐로서의 가치 부여가 가능하지 않을까 하는 생각도 든다.

단지 암호화폐가 진정 '화폐'가 되기 위해서는 통화 중에서도 기축통화(국가 간의 결제나 금융 거래의 기본이 되는 화폐)의 성격을 가져야 한다. 기축통화는 19세기 파운드화, 그리고 지금의 달러다. 파운드화가 기축통화로 역할을 하기 시작한 것은 아편전쟁(1840년) 이후 영국이 본격적으로 '해가 지지 않는 제국'이라고 불리면서부터다. 그때 대영제국은 남극을 제외한 모든 대륙에 식민지를 가지고 있었고, 인류 거주지의 1/4을 지배하는 강국이던 시대였다. 당연히 영국의 파운드가 통용된 지역이 전 세계의 1/4이었다는 점을 감안해보면, 파운드는 기축통화의 위치를 차지했다고 볼 수 있다.

미국의 달러 역시 마찬가지다. 금본위제에서 각국의 화폐는 금으로 태환이 가능해야 하는데, 2차세계대전 이후 유럽은 산업 기반 시설의 파괴로 인해 미국에서 대부분의 제품을 수입할 수밖에 없었다. 다른 나라에서 물건을 수입한다는 것의 의미는 자국의 금을 타국에 주고 물건을 가지고 오는 것을 의미한다. 하지만 유럽 재건에는 시간이 걸리고 미국에서 수입을 하면서 미국으로의 금유출은 있지만, 유럽은 미국에 수출할 물건이 없었기에 기존의 금본위제하에서는 유럽의 경제를 재건하기 위한 수입을 지속하기가 어려웠다. 유럽의 금은 무한정 있는 것이 아니기 때문이다. 결국 새로운 금융 체계가 필요할 수밖에 없었다. 2차세계대전 이후 브레튼우즈 체제(미국의 달러를 금처럼 기축통화로 하는 금본위제. 각국의 통화는 달러에 고정시키고, 달러를 금 1온스에 35달러로 고정), 다시 말해 미국의 금을 기준으로 한 달러를 기축통화로 쓸 수밖에 없었다. 닉슨 대통령은 달러의 금 태환 중지 이후 1974년에 사우디국왕과 사우디의 원유는 달러로만 결제할 수 있다는 계약을 맺었다.

석유는 모든 나라에서 필요한 자원이지만 모두 시추할 순 없는 자원이므로, 석유를 사기 위해서는 달러가 필요했고 각국은 일정 부분의 달러를 보유하고 있어야만 했다. 그로 인해 달러는 기축통화의 위상을 지켜올 수 있었다.

하지만 지구온난화의 주범이라고 불리는 화석연료의 대한 부정적인 시각과 더불어 석유 사용의 50%를 차지하고 있는 운송에서의 탈석유화가 진행되고 있으며, 10%를 차지하는 발전 부문에서의 탈화석연료 분위기가 만들어지고 있어, 석유를 기반으로 한 달러의 위상이 미래에도 유지될 것인지에 대한 의문점은 남아있다.

화폐에 대해 좀 길게 설명한 것은 지금 우리가 보는 화폐의 역사가 그다지 길지 않다는 것을 알려주기 위해서다. 화폐는 지속적으로 변화해왔고 앞으로도 그럴 가능성이 높다. 당연히 암호화폐가 정말 화폐로서의 기능을 발휘할 것인가에 대해서도 절대로 그렇지 않다고 할 수 없다. 실제로 남미의 일부 국가에서는 암호화폐를 국가 화폐로 사용하고 있다. 암호화폐의 변동성을 보면 화폐로 정말 사용이 가능할까 의문이 들기도 하겠지만, 국가 화폐의 변동성을 감안하면 차라리 암호화폐가 더 변동성이 적다고도 할 수 있다. 또한 화폐에는 다양한 위조방지 기술이 들어가는데, 일부 국가는 그 기술이 없어 선진국에서 발행한 화폐를 수입하는 경우도 있으니 그들에게는 암호화폐를 쓰는 것이 더 이득이 될수도 있다. 또한 아프리카 국가에서는 코인을 거래 수단으로 이미 사용하고 있다.

그렇다면, 인플레이션 또는 기술이나 은행 수수료 문제 등으로 남아메리카와 아프리카 국가들이 비트코인이나 이더리움 기반의 토큰을 화폐로 사용하고 있다면, 화폐의 가치가 안정된 국가나 은행시스템이 이미 잘 갖추어진 국가들의 화폐는 어떻게 변화할까?

뒤에서도 언급하겠지만, 선진국은 디지털트윈, 메타버스 시대로의 변화를 이어갈 것이다. 디지털사회, 메타버스 사회에서 물건을 구입할 때는 당연히 종이돈을 쓸 수 없다. 디지털화폐로 물건을 구입하는 것이 일반적일 것이다. 이미 우리는 각종 앱에서 물건을 구입할 때 실제 종이돈으로 물건을 구입하지 않는다. 종이돈의 사용 빈도는 점차 줄어들고 있다. 그럼에도 불구하고 돈을 들여서 그것을 만들 필요가 있을까? 현재 각 행정부들은 디지털화폐 연구와 개발, 상용화에 속도를 내고 있다. 암호화폐는 아니더라도 화폐의 디지털화 속도는 빠르게 진행될 것이며, 각국의 탈달러 속도도 빨라질 것으로 예상된다.

그럼 영원한 안전자산으로 대우를 받고 있는 금은 어떠한가? 디지털 자산이 금을 대체할 수 있을까? 어려울 것으로 본다. 또한 금의 가치가 단순히 귀금속에서 최근에는 최첨단 IT제품의 부품 또는 나노로봇의 부품으로까지 그 쓰임세가 더욱 커지고 있어, 단기적으로 시세의 등락은 있어도 장기적으로는 금 매장량이 많은 다른 행성에서 금을 채굴하지 않는 한 그 가치는 지속적으로 증가할 가능성이 높을 것이다.

암호화폐는 어떨까? 앞으로의 세상이 다시 기축통화 시스템에서 블록화되고 그 경제 블록 안에서 통용되는 화폐가 중요해지는 '화폐 다양화 시대'가 열린다면, 암호화폐의 가치도 상승할 것으로 본다.

수많은 암호화폐 중
무엇을 보유해야 될까

만 개가 넘는 암호화폐 중 무엇을 선택해야 할까? 일단은 많은 사람이 필요로 하는 화폐인 것이 중요하다. 최근 게임업체들은 게임으로 돈을 버는 P2E 형태의 게임을 선보인다고 말했다. 다시 말해 게임을 하는 과정에서 생긴 아이템이나 레벨업을 통해 생긴 가치를 코인으로 만들고, 이걸 나중에 현금화할 수 있게 하는 것이다. 특히 베트남, 필리핀의 경우 게임에서 버는 돈이 평균 임금보다 높아 P2E 열풍이 걷잡을 수 없을 만큼 커졌고, 국내에서도 컴투스, 엔씨소프트, 넷마블, 네오위즈 등 많은 게임 회사가 이 시장에 로드맵을 발표했다. 위메이드의 경우 2022년 말까지 100개의 게임을 내놓겠다고 발표하기도 했다. 단지 국내의 경우 게임 심의기관인 게임물관리위원회에서 사행성 조장을 이유로 등급 분류를 거부하고 있는 상황이다.

이런 P2E 관련 코인이 그 가치를 지속적으로 유지할 것인지에 대한 고민은 해봐야 할 것 같다. 게임을 하면서 만들어진 코인을 팔려고 하는 사람은 많을 텐데, 이런 사람들만 많으면 그 가격은 장기적으로 하락할 수밖에 없기 때문이다. 따라서 암호화폐가 그 가치를 유지할 수 있으려면 매수세가 일정 부분 담보가 되어주어야 한다.

앞의 내용을 NFT 시장의 확대와 연관지어 풀어보겠다. NFT 시장이 확대되고 있다는 것은 대부분 알고 있는 사실일 것이다. 이것을 사기 위해서는 특정한 암호화폐나 코인이 필요하다. NFT 굿즈를 사기 위해 혹은 저작권을 사기 위해, 어떤 목적이든 투기 목적이 아니라 필요에 의해 암호화폐를 구입해야 하는 것이다. 마치 한국에서 세금을 내기 위해 달러를 가진 사람이 달러로 원화를 사야 하는 것과 비슷하다. 당연히 NFT 시장에 활성화되어 있는 암호화폐가 그 가치를 유지할 가능성이 높다고 할 수 있다.

나는 컴퓨터를 1986년에 처음 사용하기 시작했다. FC-150이라는 금성 컴퓨터였는데, 어떤 친구는 삼성의 SPC, 또 다른 친구는 대우의 MSX 그리고 한 친구는 애플 컴퓨터를 가지고 있었다. 그때 우리나라는 소위 컴퓨터의 춘추전국시대였다. 하지만 컴퓨터 간에 소프트웨어 호환이 안 된다는 게 나와 친구에게는 가장 큰 문제였다. 그때는 게임이 무척 좋았던 시절인데, 각자의 컴퓨터에서 각자의 것만 되니 게임을 사느라 용돈이 부족했다. 그래서 애플사의 8비트 컴퓨터가 무적이었다. 애플로 할 수 있던 게임이 다른 컴퓨터보다 많았기 때문이다. 친구들도 하나둘 애플로 바꾸기 시작했다.

왜 어릴적 이야기를 꺼내는지 궁금할 것이다. 3차산업혁명 당시에도 메일 및 검색 서비스를 제공하는 많은 업체가 있었음에도 불구하고 소비자가 많이 쓰는 업체의 독과점이 나타났듯이 암호화폐도 그러한 수순을 밟을 거란 생각이 들어서다. 비트코인 계열, 이더리움 계열, 리플 계열, 다크코인, 플랫폼코인, 유틸리티코인, 결제코인 등등 여러 종류가 있지만, 필요에 따라서 결국에는 유명하고 쓰임이 많은 코인이 중심을 먼저 잡지 않을까 싶다. 나는 개인적으로 확장성이 높고, NFT 구매에 유용한 이더리움을 선호한다. 물론 선택은 당신의 몫이다.

기후와 산업의
변화로 인한 수혜주

지구의 온도는 계속 높아지고 있다. 이대로 가면 지구라는 행성은 인간이 살기 어려운 환경, 더 나아가 인간이 살 수 없는 행성이 될 것이다. 따라서 지구의 온도를 높이는 이산화탄소의 감소와 지구 생태계에 대한 관심은 이제 어떤 기업이 친환경 기업이냐 논의할 때의 문제가 아니라 필수 항목으로 변하고 있다.

이런 이유로 이산화탄소를 배출하는 화석연료를 이용한 발전, 운송, 제품들이 퇴출되고, 이산화탄소 배출이 높은 육류를 대체하는 대체육 사업이 미래산업이 될 가능성이 높다. 또한 지구온난화 때문에 폭우나 가뭄 그리고, 태풍 발생 빈도가 높아져 기후에 영향을 많이 받는 농사법보다는 스마트팜의 시장 비중이 높아질 것으로 보인다.

지구의 기후, 바람, 해류는 기본적으로 양극지방의 기온이 낮고 적도 부근의 기온이 높음으로 인해 그 부근의 해류가 양극지방으로 움직이고, 추운 양극지방의 바닷물은 염도가 높아져 해저로 가라앉아 다시금 적도로 움직이는 것이 기본적인 움직임이다. 큰 그림에서는 바람 역시 이런 해류와 방향성을 같이 한다. 하지만 최근 온난화 때문에 극지방의 빙하가 녹고 있다. 원래 빙하는 흰색이라 태양열을 반사한다. 극지방 빙하의 감소는 태양열의 반사를 약하게 하고, 이로 인해 영구동토층(1년 내내 평균 0도 이하의 지층)이 빠르게 녹기 시작할 것이다. 영구동토층은 지구 대기 중에 있는 탄소량의 두 배 정도를 함유하고 있어 온난화를 더욱 가속화할 가능성이 높다. 녹으면서 과거의 감염성 바이러스가 다시 창궐할 가능성도 있다고 한다. 일각에서 제시하는 팬데믹의 주기가 빨라지고 3년 이내 다시 팬데믹 상황이 올 수 있다는 시나리오는 여기에 기인한다. 따라서 코로나 바이러스의 종식이 제약·바이오와 백신 종목의 끝이 아니라, 앞으로는 주기적으로 감염병이 발생할 가능성이 커, 이들 기업의 두각 역시 주기를 가지고 시장의 관심을 끌 가능성이 높다.

또한 아직은 일부 섬나라에 국한된 이야기이지만, 해수면 역시 지속적으로 상승할 가능성이 높다. 실제로 미국의 캘리포니아주는 그 대책을 세우고 있다. 해수면이 상승한다는 것이 단순히 모래사장이 줄어들고, 해변가 주택에 물이 차오른다는 의미 외에 바닷물이 지하수를 침범한다는 의미도 된다. 사실 지구는 가지고 있는 물 중 사람을 포함한 동식물이 사용할 수 있는 담수 비율은 3%가 되지 않으며 극지방과 고산지대에 고체 상태로 존재하는 빙하를 제외한 물은 1% 수준이다. 결국 온난화가 끝나지 않는 이상, 담수를 만드는 기술을 가진 기업들 역시 시장의 관심을 받을 것이다.

다시 산업혁명 이야기를 해보자. 현재 4차산업혁명이 5년째 진행 중이다. 산업혁명은 언제나 제때 하느냐 하지 않느냐가 무척이나 중요한 화두다. 많이들 알고 있는 강화도조약은 1876년 2월 조선과 일본 사이에 체결된, 일본의 강압적인 위협으로 맺어진 불평등조약이다. 그럼 우리를 강압적으로 위협한 일본은 언제 개항을 했을까? 일본의 개항은 1854년 3월 미일화친조약을 일본 가나가와神奈川에서 맺으면서 시작되었다. 강화도조약 22년 전의 일이다. 22년 먼저 산업혁명을 시작했다는 것이 후일 큰 차이를 만들었고, 우리는 자주적인 산업혁명의 기회도 얻지 못했다. 100년, 50년도 아닌 22년 먼저 산업혁명을 시작했다는 차이로 인해 우리는 36년을 일본의 침탈에 놓았다.

유럽의 그리스는 원래 해상무역으로 강국이었고, 스페인의 펠리페 2세는 신성로마제국 합스부르크가 출신 카를 5세의 아들로, 유럽의 최강자이자 당시 아메리카에서 가장 많은 식민지를 거느린 왕이었다. 당시 스페인은 강대국이었다. 이 두 나라는 지금 유럽에서 부유한 국가가 아니다. 강대국도 아니다. 공통점은 산업혁명을 하지 않은 농업국가라는 점이다.

산업혁명을 얼마나 제대로 이뤄내는가에 한 국가의 미래가 달려 있다고 해도 과언이 아니다. 간단하게 말하면, 4차산업혁명은 블록체인, 빅데이터, 인공지능, 로봇공학, 양자, 나노, 사물인터넷 정도로 나눠볼 수 있다. 사실은 다 연결된 것으로, 빅데이터를 이용해 인공지능을 만들 수 있고 이 인공지능을 바탕으로 로봇이 단순히 인간의 지시가 아니라 기존의 빅데이터를 이용해 배운 지능을 바탕으로 공장을 효율적으로 가동시키는 스마트팩토리, 사람이 운전을 하지 않더라도 사고 없이 목적지까지 자율주행을 하는 로봇택시, 환자의 빅데이터를 통해 향후 생길 병들을 미리 진단하는 스마트헬스케어 등으로 구분할 수 있다.

4장에서 잠시 언급했듯, 영화에서 자동차를 훔칠 때는 항상 꺾쇠 같은 것으로 문을 열거나 창문을 부셔서 핸들 밑의 전선을 합선시켜 시동을 거는 모습을 자주 봤을 것이다. 미래에는 차량 인터넷을 해킹해서 훔치는 장면이 연출되지 않을까? 혹은 UAM(도심항공모빌리티, urban air mobility)을 이용해서 공항에서 도심으로 가고 있는데 누군가 해킹을 한다면 어떨까? 앞의 기술들은 인간이 특별히 간섭하지 않아도 기계가 알아서 해준다는 점은 무척 편리할 수 있으나 해킹의 위험이 있다. 그래서 암호화 기술인 블록체인과 양자암호 등 해킹이 어려운 네트워크보안 관련주들도 같이 성장할 가능성이 높을 것으로 보인다.

또한 앞의 기술이 실생활에 접목되기 위해서는 먼저 제대로된 인프라가 필요한데, 그것은 모두 전기를 기반으로 움직인다. 지금 사용하는 전기보다 많이 필요할 것이고, 이에 따라 발전소와 그 효율에 대한 고민이 다시 시작되고, 스마트 그리드(전기 공급자와 사용자에게 정보를 제공하여 더욱 효율적으로 전력 서비스를 제공하고 에너지 이용을 극대화하는 전력망)가 더욱 부각될 가능성이 높다. 우리는 미국과는 달리 전력 서비스를 제공하는 회사는 한국전력이 독점적인 지위를 가지고 있다. 물론 한국전력의 서비스는 공공의 성격이 강해 이익을 추구하는 회사는 아니지만, 미래에는 그 중요성이 더 강해질 것이라는 점은 충분히 알 수 있다.

전력 외에도 기술이 실생활에 접목되기 위해서는 모든 사물이 인터넷으로 연결되어야만 한다(사물인터넷, IoT). 자동차끼리 서로 센서로 반응하고, 도로의 C-ITS 인프라와 상호 연결이 되어야 한다. 인간이 지니고 있는 헬스케어 기기가 의료소프트웨어와 연결되어 있어야 하고 그것이 119나 응급실에 연결되어 있어야 한다. 4차산업혁명 시대를 '초연결시대'라고 이야기하는 것도 앞의 기술이 상용화되기 위해서는 모든 사물이 연결되어야 하기 때문이다.

그럼 통신서비스업체의 이익은 어떻게 될까? 과거 단순히 유선전화를 사용하던 시대에서 삐삐, 휴대폰, 집에서 사용하는 인터넷선으로의 사업이 확장되면서 통신서비스 기업은 빠르게 성장하였다. 집을 이사하면 어떤 통신사를 이용할지를 고민하는 것처럼, 향후 초연결시대가 오면 자동차를 사거나 다른 어떤 사물을 살 때도 통신사를 고민해야 되는 시기가 올 수도 있다. 당연히 관련 업체들은 사업영역을 더 넓게 될 것으로 보인다.

기술이 상용화되기 위해 또 하나 필요한 것이 디지털트윈이다. 앞서 거론했지만 더 자세히 설명하자면, 기술은 미국의 제너럴 일렉트릭이 주창한 개념으로, 컴퓨터에 현실과 같은 사물 쌍둥이를 만들고 현실에서 발생할 수 있는 상황을 컴퓨터로 시뮬레이션하여 결과를 미리 예측하는 기술을 의미한다. 그런데 이 디지털트윈을 확장해보면, 메타버스와 비슷한 개념으로 발전된다는 것을 알 수 있다. 네비게이션도 그 기술 중 하나라고 볼 수 있다. 현실에 있는 한 곳을 제대로 찾아가기 위해 지도를 디지털화한 소프트웨어에 목적지를 정해주면, 현실의 도로망을 디지털로 네비게이션에 복제하기 때문에 그것이 알려주는 대로 가면 현실의 목적지에 도달하게 되는 것이다.

스마트팜이나 스마트팩토리에서 습도 및 온도 센서를 농장 곳곳에 뿌려놓으면, 농장이나 공장의 어느 곳이 온도가 적절한지 또는 습도가 너무 낮은지를 디지털 화면으로 파악할 수 있고, 드론이나 다른 기계를 이용해서 습도나 온도가 적절하지 않은 특정한 곳의 환경을 다시금 조절할 수 있는 방법도 디지털트윈 기술이다.

아날로그와 디지털을 넘나드는 확장현실(VR[가상현실]과 AR[증강현실]을 아우르는 혼합현실)도 사실 이 범주 안에 든다. 혹시 스마트폰의 카메라가 왜 계속 증가하는지, 카메라 모듈은 도대체 몇 개까지 증가할 것인지 생각해본 적이 있는가? 카메라 수의 증가는 바로 AR을 완벽하게 구현하기 위함이다. 일부에서는 이 때문에 스마트폰의 카메라 모듈이 12개 이상이 될 수도 있다. 당연히 카메라 모듈, 2D가 아닌 3D를 구분해낼 수 있는 기술 또는 센서 관련 종목들의 동향도 체크해야 할 것이다.

사물인터넷에 대해 더 말하자면, 모든 사물이 인터넷으로 연결되어 예컨대 커튼을 열고 닫을 때 리모콘이나 중앙 콘솔을 이용해 음성으로 명령을 내릴 수도 있다. 이를 위해서는 연결이 가능한 통신칩, 그리고 PCB(전기 부품들이 납땜되는 판) 등이 포함된 통신모듈이 필요하다. 당연히 시스템반도체, PCB 그리고 빛, 소리, 온도, 습도 등을 체크할 수 있는 센서의 수요량은 증가할 것이다.

이번 4차산업혁명에서 가장 주목해야 하는 부분이 있다. 4장에서 언급한 바 있는 나노와 양자다. 사실 스마트폰, 컴퓨터 등 IT기기에는 양자역학이라고 하는 나름은 생소한 기술이 이미 들어가 있다. 나노 기술 역시 마찬가지다. 반도체 공정을 이야기할 때 '5나노, 3나노 공정' 등을 들어본 적이 있을 것이다. 우리는 이미 양자, 나노 시대에 진입하고 있다. '희토류'도 요즘은 많이 들어봤을 것이다. 천연 상태의 매장량이 적거나 물리 화학적으로는 추출하기 힘든 특성의 금속 원소를 통칭한다. 그런데 태양광, 풍력 등 신재생발전과 전기차의 배터리, 그리고 구동모터를 만드는 데 모두 희토류가 들어간다. 4차산업혁명에는 어마어마한 양이 필요한 것이다. 우주에서 채광하지 않는 한, 이제는 희토류를 대체할 수 있는 소재를 개발하거나 희토류를 사용하더라도 그 효용성을 최대로 끌어올릴 수 있는 기술이 필요할 것이다. 예를 들어, 수소를 원재료로 하는 수소연료전지에는 백금이 들어간다. 이런 귀금속, 또는 희토류를 대체할 수 있는 소재 개발을 하는 기업들에게 관심을 가져보라.

나노 기술은 그 물질의 물성을 최대한으로 끌어올리거나 기존의 물질이 나노화하여 성질이 달라지는 등 소재의 신세계를 만들어줄 가능성이 높다. 커피에 각설탕을 넣는 것과 설탕가루를 넣는 것 중 어느 쪽이 더 빨리 단 커피를 마실 수 있는가? 입자가 작을수록 커피에 닿는 면적이 커지기 때문에 당연히 설탕가루다. 4차산업혁명에서 나노기술은 바이오, IT 등의 신소재를 개발하는 중요한 터전이 될 가능성이 높다. 양자컴퓨터도 마찬가지로 일반 컴퓨터에 비해 더 많은 데이터를 더 빨리 처리할 수 있다는 점에서 의미가 있다.

또한 퀀텀닷quantum dot(양자점, 자체적으로 빛을 내는 나노미터 크기의 초미세 반도체 입자) 디스플레이는 우리가 사물을 보는 것과 같은 명도와 채도로 구현이 가능하다. 이외에도 양자암호로 네트워크 보안이 더욱 더 철저해지고, 양자와 나노 구조를 이용한 태양전지는 그 효율을 더욱 높여줄 수도 있다.

또 초전도, 탄소나노튜브의 발전 등 새로운 기술, 새로운 시대가 오고 있다는 것은 다시 말해 주식으로 성장하는 종목 역시 그만큼 많을 수 있다는 의미다. 이 장의 서두에 우리는 보통 한 세대가 경험한 것이 이전부터 당연히 그래왔다고 생각하는 경향이 있다는 말을 했다. 오전 9시에 출근해서 오후 6시에 퇴근하는 것, 대학을 나와 취업을 하는 것, 대기업이 대규모로 청년을 채용하는 것… 이런 것은 계속될 수 있을까? 또는 노년이 되어도 막 노동을 하든 폐지를 줍든 생활을 이어가는 것처럼, 어떻게든 생활을 영위하는 게 당연한 일일까? 값싸게 음식을 구하고 굶지 않는 생활을 하는 게 당연할 것일까? 사실 인류가 배고픔에서 벗어난 지는 그리 오래되지 않았다. 기업이 대규모로 채용을 하고, 오전에 출근하고 오후에 퇴근하는 것 역시 2차산업혁명 이후 대규모 사업체들이 생기기 시작한 후부터다. 그런데 그 일자리를 이제 스마트한 IT기기가 대체하기 시작했다. 실제로 현대차의 경우 〈2030년까지 현재 노동자의 30%가 정년퇴임을 하지만, 대규모 채용을 고려하지 않는다〉는 기사를 내기도 했다. 서서히 인간에서 기계로 대체되기 시작한 것이다.

기술 변화도 너무 빠르다. 어릴 때 〈한지붕 세가족〉이라는 드라마에서 순돌이 아빠가 브라운관TV를 수리했는데, 이제 그런 TV는 박물관에서나 볼 수 있을 것이다. 벌써 LCD, PDP TV를 지나 OLED TV 시대를 지나고 있다. 만약 대학에서 브라운관TV를 전공한 학생이나 PDP기술을 연구한 학생은 지금 무엇을 하고 있을까?

앞으로 이런 변화들은 더 빨라질 수도 있다. 이런 시대에 우리의 잣대로 아이들을 교육하는 것은 어쩌면 위험할 수도 있다. 지금의 중년층이 현재의 노년층처럼 살아갈 수 있다고 생각하는 건 틀렸을 수도 있다는 말이다. 변화하는 세상에 대비해 전과는 다른 준비를 해야 한다. 그런 의미에서 미래의 생활을 뒷받침해주는 경제적 도구가 바로 현재의 주식투자라고 생각한다.

앞으로의 투자

지금까지 25년 동안 주식 투자와 매매를 하면서 왜 개인이 주식을 통해 돈을 벌지 못하는지, 어떻게 하면 주식으로 내 스스로 노동을 하지 않더라도 현금흐름을 만들 수 있는지를 설명했다. 마지막으로 한 번 더 언급하고 싶은 것은, 주식 매매와 투자를 반드시 구분해야 한다는 점이다. 내가 무엇을 하고 있는지 알지 못하면, 결국은 실패할 수밖에 없다는 것을 기억해야 한다.

또한 주식의 목적을 단순히 '일확천금' 또는 '큰돈을 번다'에 두지 않았으면 좋겠다.

개인 트레이더나 투자자들이 가장 혹하는 말이 "나는 1000만 원으로 몇 십억을 만들었어요" 또는 "나는 주식으로 한 달에 얼마씩 벌어요" 하는 말일 것이다. 워런 버핏은 14년 간 연평균 40%의 수익을 올려 미국에서 두 번째 부자가 되었다. 연평균 40%는 월간으로 단순 나누기를 해보면, 단리로 평균 3.34%의 수익이다. 그런데 시장에는 10%, 20%의 수익을 매달 올려주겠다는 말을 하는 사람이 많다. 만약 그런 사람이 있다면, 당연히 전 세계에서 가장 큰 부자가 됐어야 할 것이다. 하지만 나는 우리나라에서 워런 버핏보다 부자인 사람을 본 적이 없다. 그런 사람이 있다면, 우스갯소리로 국가가 나서서 국민연금을 운용하게 한다면 전 국민은 노후를 걱정할 필요가 없을 것이다.

주식 투자 강의를 할 때 카지노의 리스크 이야기를 한 번씩 한다. 카지노에서는 무엇이 리스크일까? 손님이 잭팟을 터뜨리는 것이 리스크일까? 손님이 큰돈을 벌면 카지노에서는 그것을 축하하며 호텔 VIP숙박권, 무제한 음료권, 공연관람권 등을 축하선물로 준다. 잭팟이 터지면 카지노는 손해를 보는데, 왜 손님에게 이렇게 돈을 퍼부으며 축하를 해주는 걸까? 사실 잭팟은 카지노에게 리스크가 아니기 때문이다. 차라리 잭팟이 터진 손님을 축하해주면, 주변의 다른 사람들이 '나도 한 번?!'이라며 카지노에서 돈을 더 쓸 가능성이 높다. 또한 호텔VIP숙박권을 주며 카지노에 있는 시간을 늘려주면, 결국 그 손님의 돈이 다시 카지노로 흘러들어가게 될 것이다. 카지노의 리스크는 잭팟이 터진 손님이 집으로 그냥 돌아가거나 다른 카지노에서 돈을 쓰는 것이기 때문이다.

주식을 통해 잭팟이 터질 수도 엄청난 수익을 올릴 수도 있다. 하지만 기억하라. 목돈이 사람을 행복하게 만드는 경우는 그다지 많지 않다. 실제로 복권에 당첨된 사람들이 불행한 노년 또는 쓸쓸한 여생을 보냈다는 기사를 심심치 않게 찾아볼 수 있다. 한 번에 갑자기 큰돈이 들어오는 것보다는, 지금부터 꾸준히 현금흐름을 만들어 노후생활에 모자라지 않을 정도의 자금이 차곡차곡 모이도록 하는 것이 현명하다.

현재 경제가 후퇴기라서 두려운가? 걱정보다는 어떻게든 현금을 확보하고 공부하라. 경제가 침체기일 때는 주변 사람들이 뭐라고 하든지, 매매를 시작하고 배당이 높은 종목을 찾고 가치주를 찾아서 투자하라. 그리고 시장이 활황일 때는 성장주를 찾아 투자하라. 다시 경제가 후퇴기에 진입하면 기존에 주식으로 벌어들인 수익을 지키는 데 총력을 기울이고, 침체기에 진입하면 배당주를 모아라.

주식은 경제가 호황일 때 하고 불황일 때 하지 않는 것이 아니다. 그 주기에 따라 하는 방식이 달라질 뿐이다. 이렇게 두 번 또는 세 번 정도의 경기 사이클을 주식과 같이 보내면, 자신도 모르는 사이에 연봉보다 높은 현금흐름을 확보하게 될 것이다.

현금흐름에 마이너스를 내고 있는 부분 중 내게 반드시 필요하지 않은 것들을 줄여라. 남에게 잘 보이기 위해 쓸 돈들은 모두 자산으로 돌려, 미래의 내가 잘 살 수 있도록 남보다 자신을 위해 투자하라.

주식으로 부자가 될 기회는 누구에게나 있다. 연금이 아니더라도 누구나 노후를 잘 보낼 수 있는 자금을 마련할 수 있는 시대다. 폭락장이라고, 경기가 안 좋다고 아무것도 하지 않으면 결국 아무것도 얻을 수 없다. 이제부터라도 제대로 된 방법으로 주식을 하라. 무엇보다 투기를 하기보다는 매매를 하라. 매매보다는 투자를 해서 현금흐름을 만들어라. 그리고 부자가 되어라.

폭락장에도
텐배거는 있다

초판 1쇄 발행   2022년 7월 20일

지은이   강준혁

펴낸이   김현태
펴낸곳   해의시간
등록   2018년 10월 12일 제2018-000282호
주소   서울시 마포구 잔다리로 62-1, 3층(04031)
전화   02-704-1251
팩스   02-719-1258
이메일   editor@chaeksesang.com
광고·제휴 문의   creator@chaeksesang.com
홈페이지   chaeksesang.com
페이스북   /chaeksesang   **트위터**   @chaeksesang
인스타그램   @chaeksesang   **네이버포스트**   bkworldpub

ISBN   979-11-5931-857-3 03320